교수 학습자
의사소통
강화를 위한
피드백, 튜터링

리터러시 총서 02

교수 학습자 의사소통 강화를 위한
피드백, 튜터링

초판 1쇄 인쇄　2022년 12월 05일
초판 1쇄 발행　2022년 12월 21일

지 은 이　공성수 곽수범 최선희 김수정 권미란 지현배 김영철 서은혜 김남미 한새해 이효숙
펴 낸 이　박찬익

펴 낸 곳　(주)**박이정**
주　　소　경기도 하남시 조정대로45 미사센텀비즈 8층 F827호
전　　화　(02)922-1192~3 / (031)792-1193, 1195
팩　　스　(02)928-4683
홈페이지　www.pjbook.com
이 메 일　pijbook@naver.com
등　　록　2014년 8월 22일 제2020-000029호

I S B N　979-11-5848-840-6 93300
책　　값　22,000원

리터러시
총 서
02

교수 학습자 의사소통 강화를 위한 피드백, 튜터링

공성수
곽수범
최선희
김수정
권미란
지현배
김영철
서은혜
김남미
한새해
이효숙

한국리터러시학회

머리말

　최근에는 피드백과 튜터링에 대한 연구 영역이 전공 글쓰기 영역 및 장르별 글쓰기 영역까지로 확대되고 교과영역을 넘어선 비교과 영역의 교육적 실현 방법론으로까지 범주를 확대하는 추세입니다.

　피드백이나 튜터링의 개념 및 가치에 대한 논의를 비롯하여, 실제 교육 현장에서 구체적으로 적용할 수 있는 교육 전략도 연구되는 실정입니다. 이를 공유하기 위한 방법론을 연구하고 각 방법론의 실효성을 검증하는 단계까지로 연구 성과가 확대하고 있습니다.

　피드백과 튜터링의 교육적 기여를 확대하기 위한 일환으로 한국리터러시학회의 두 번째 총서는 '교수 학습자 의사소통 강화를 위한 피드백, 튜터링'이라는 제목에서 등재지 『리터러시연구』에 게재되었던 그동안의 연구 성과들을 모았습니다.

　이 책의 제1부는 피드백 이론에 실린 공성수(2022), 곽수범(2021), 최선희(2016) 등의 논의로 국내외에서 이루어진 대학 글쓰기 피드백 연구의 경향과 시사점은 물론 피드백 모델 이론이 반영되었습니다. 이런 이론에 기반하여 실제 교육 현장의 효과적 적용 연구들을 제2부의 피드백 유형 및 사례에 모아내었습니다. 김수정(2020), 권미란(2017), 지현배, 김영철(2012), 서은혜(2021) 등의 논의에는 피드백에 관여하는 변인에 주목하여, 피드백 주체, 피드백 방식 등 피드백에 대한 유형적 접근은 물론 전공 및 장르별 접근까지 반영하여 성공적인 피드백 전략을 제안하고, 피드백에 대한 학습자 반응 양상까지를 논의하고 있습니다.

제3부의 튜터링 이론 및 사례에 수록된 김남미(2022), 한새해(2015), 이효숙(2021) 등의 논의에는 학습자 맞춤형 개별 또는 소집단 면담 형식의 튜터링의 원칙과 교육 방안, 실제 튜터링 현장에서 이끌어낸 교육학적 중요 담론, 튜터링 교육 환경을 비교과프로그램으로까지 확대하는 방안이 담겨있습니다.

제1부에서 제3부까지의 논의에서 피드백 및 튜터링 연구는 글쓰기를 단순한 작문으로만 한정짓지 않고 문제 해결의 총체적 과정으로 보는 입장에 서 있습니다.

이에 피드백이나 튜터링이라는 교육활동 역시 문제 해결을 위한 협력적 저작 활동이라는 관점이 관여하며, 비평적 사유의 핵심 논제들에 대해 실증성, 분석적으로 접근하는 시각의 유효성에 대해 인정합니다. 피드백과 튜터링이 다양한 영역과 융합하여야 한다는 교육적 사명에 합의합니다.

이 총서의 성과와 관점이 이후 피드백과 튜터링 연구자들에게 중요한 기반이 되기를 소망하고, 학문 후속 세대들에게 교육학적으로든 학술적으로든 긍정적으로 기여하기를 바랍니다.

끝으로 리터러시 총서 시리즈를 처음부터 마무리까지 기획 및 편집해주신 출판위원회 김남미 부회장님, 그리고 공성수, 유미향, 신호철, 박보현 이사님께 깊은 감사를 드립니다.

2022년 12월
한국리터러시학회 회장 신현규

목차

머리말 ··· 4

1부 피드백 이론 ··· 11

1장 대학 글쓰기 피드백 연구의 경향과 시사점 ·············· 13
2장 대학 글쓰기 피드백 체계 탐색 ························· 77
3장 대학생 필자의 직관적 판단에 근거한 첨삭 지도법 연구 ········ 101

2부 피드백 유형 및 사례 ······························ 133

4장 동료 첨삭 논평에 대한 글쓰기 학습자의 반응 양상 연구 ········ 135
5장 학생의 학습동기를 자극하는 교수의 성공적인 피드백 전략 ······ 161
6장 첨삭의 표준 문장과 첨삭 조언지 활용 사례 ················ 181
7장 서평 구성 관련 피드백 방식과 수정의 관련성 ················ 201

3부 튜터링 이론 및 사례 ······················· 233

8장 튜터링 원칙과 튜터 교육 방안 ······················· 235
9장 사후[제출 후 글쓰기] 튜터링의 중요성 제고 ······················· 261
10장 대학 글쓰기 비교과 프로그램에서의 튜터링의 교육적 효과 ··· 285

1부

피드백 이론

1장 대학 글쓰기 피드백 연구의 경향과 시사점

2장 대학 글쓰기 피드백 체계 탐색

3장 대학생 필자의 직관적 판단에 근거한 첨삭 지도법 연구

대학 글쓰기 피드백 연구의 경향과 시사점

공성수

1. 서론: 피드백의 개념 및 연구의 필요성

글쓰기 피드백의 본질은 텍스트를 매개로 이뤄지는 대화적 교섭과 지식의 순환에 있다. 상대방을 제압하고 승리하는데 목표가 있는 토론이나 논쟁과 달리, 피드백이란 대상 글(쓰기)의 질적 향상이라고 하는 공통의 목표를 향해 합의를 만들어가는 소통적 대화에 기반하고 있기 때문이다. 튜터와 튜티, 교수자와 학습자, 독자와 서자처럼 글쓰기 피드백에 참여하는 주체들을 호명하는 방식은 저마다 조금씩 다를 수 있고, 글의 종류나 장르적 성격에 따라 그 내용과 형식에서는 차이가 날 수 있지만, 기본적으로 글쓰기 피드백은 누군가의 글(쓰기)에 대한 또 다른 누군가의 반응으로 나타나 서로의 생각을 교류하고 지식을 교환한다는 점에서 협력적 성격을 지니게 된다.

더구나, 글쓰기 피드백은 글 쓰는 이의 반성적 사유를 자극하는 핵심적인 과정이라는 점에서 특별한 교육적 위상을 가지고 있다. 이를테면, 최근의 글쓰기 교육이 학생들로 하여금 생각을 발견하고, 그것을 정리하여 구체화하도록 만드는 데 주안을 두고 있다는 점을 떠올려보자. 또한 글쓰기 수업의 최종적인 목표가 완성된 글을 평가하는데 있는 것이 아니라, 오히려 그것이 만들어져가는 과정을 돕는 데 있다는 점도 고려해보자. 그렇다면, 피드백은 학생들로 하여금 자신의 글(쓰기)에 대해 되돌아볼 수 있는 기회를 제공한다는 점에서 중요한 역할을 맡게 된다. 글감을 고르고 생각을 정리하며 그것을 구체화하고 표현하는 모든 과정마다, 피드백은 학생들이 스스로 오류를 발견하고 문제를 해결할 수 있는 계기를 마련하게 해주기 때문이다.

문제는 글쓰기 피드백이 학생 혼자의 힘만으로 이뤄지기에는 어려운 활동이라는 점에 있다. 사실, 글쓰기의 능력과 지식이란 수행의 과정과 내용을 내면화할 때에야 비로소 얻을 수 있는 절차적 지식에 가깝다. 어떤 이론이나 지식을 무작정 축적한다고 해서 얻어지기는 어려운, 수많은 시행착오 끝에 자기만의 노하우를 터득해야만 하는 능력에 더 가까운 것이다. 따라서 피드백의 구체적 전략이나, 피드백 과정에서 교수자의 태도와 역할을 고민하는 일은 글쓰기 교육 연구의 중요한 과제로 다뤄질 수밖에 없다. 글쓰기를 통한 사유의 발견과 확대, 주제의 구체화와 심화, 그리고 상호 이해를 바탕으로 하는 대화적 소통의 역량을 자극하기 위해서, 글쓰기 피드백의 고도화와 체계화는 필수적이기 때문이다.

이러한 문제의식 속에서, 본고는 지금까지 산발적으로 논의되어 왔던 글쓰기 피드백의 연구들을 갈무리하고, 그 결과를 분석하는 연구를 진행하고자 한다. 그동안 글쓰기 피드백 분야에서 축적된 연구 성과들을 재정리해 세련된 피드백 이론의 학술적 체계를 세우고, 그런 과정에서 피드백의 효과적인 전략과 방법을 공유해보려는 것이다. 요컨대 2000년대 초반부터 현재까지 발표된 글쓰기 피드백의 논문들을 대상으로 일종의 피드백 연구사를 정리하려 시도하는 본고는, 이러한 작업을 통해서 피드백 활동의 핵심적인 원리를 파악하고, 실제 교육 현장에서 구체적으로 적용할 수 있는 효과적인 피드백 전략을 발굴, 공유하는 데 그 목표를 두고 있다.

다만, 이러한 논의를 진행하기 위해 무엇보다 선결해야 할 문제는, 연구자들마다 다르게 사용되어왔던 용어들을 포괄할 수 있는 보다 보편적 용어를 결정하는 일이라 할 수 있다. 기존 연구들에서 사용된 다양한 용어들을 일관된 맥락 속에서 살피기 위해서, 그리고 다양한 용어들이 가진 의미상의 스펙트럼을 유연하게 아우르기 위해 특별하게 고려된 용어를 선택할 필요가 있는 것이다.

따라서 본고는 본격적인 논의에 앞선 예비 조사를 통하여 '첨삭(지도), 수정, 고쳐 쓰기, 튜터링, 교수자 논평, 반응, 대화, 협력' 등 현장에서 저마다 다르게 사용되고 있는 용례들을 살펴보았으며, 이들 용어들이 공유하고 있는 개념적 본질이 글 텍스트를 매개로 이뤄지는 대화적 교섭과 지식의 순환에 놓여있다고 전제하게 되었다.[1] 따라서 본고에서는 미묘한 의미상의 차이를 가진 다양한 용어들을 폭넓게 수용하면서도, 실제 글쓰기 교육 현장에서 벌어지는 개별 현상들을 가장 잘 설명할 수 있는 객관적 학술 용어로서 '글쓰기 피드백'을 선정하고자 한다. 무엇보다도 이 용어가 교수자와 학생들이라는 두 주체들의 대화적이며 상호 협력적인 관계를 강조하고 있다는 점은 이 용어를 대학 글쓰기 교육의 맥락에 적용하기에 적절하다고 판단한 중요한 근거가 되었다. 피드백이라는 용어에 담긴 '환류'라는 개념이 교육학 일반에서 폭넓게 사용되고 있을 뿐만 아니라, 그것이 과정 중심의 글쓰기 피드백의 교육적 의미를 충분히 보여주고 있다고 생각했기 때문이다.[2]

이러한 전제 아래에서, 본고는 글쓰기 피드백이라는 용어를 통해 기존의 연구 성과들을 하나로 취합하고, 다양한 방면으로 연구된 이들 연구들을 유형화함으로써 논의의 현황을 살펴보고자 한다. 또한 이러한 과정에서, 피드백의 중요한 개념과 원리를 재구성하거나, 그로부터 도출된 구체적인 방법론도 공유할 것이다. 그리고 물론 이처럼 기존 연구의 지형을 면밀하게 살피는 동안 기존 글쓰기 피드백 연구의 성과와 한계를, 그리고 나아갈 방향을 함께 모색해보게 될 것이다.

---

1 글쓰기 교육 분야에서 사용되고 있는 많은 용어들이 어떤 일정한 합의 없이 연구자에 따라 그때그때 다르게 사용되고 있으며, 바로 그런 이유 때문에 같은 용어들조차 실제로는 저마다 다른 맥락 속에서 사용되는 경우도 있음을 보여주는 연구로 김경화(2011)의 논의를 참고할 만하다. '첨삭', '피드백', '논평', '교수자의 반응' 등 글쓰기 교육 분야에서 자주 사용되어왔던 일련의 절차를 개념적으로 연구하고 있는 그의 연구는 여전히 많은 글쓰기 교육 용어들이 학문적 합의를 만들어 가는 중에 있다는 사실을 보여준다.

2 피드백이라는 용어에 포함된 교육적 의미에 관한 보다 더 구체적인 정의에 관해서는 다음의 논문을 참고. (염민호·김현정(2009), 대학 '글쓰기' 교과에 활용 가능한 피드백의 특성과 방법, 새국어교육 83, 한국국어교육학회, 311-336.)

2. 기존 논의 검토 및 연구 방법

과거 대학 교양교육의 목표가 전공교육에서 다루지 않는, 그러나 교양인이 되기 위해 필요한 지식을 함양하는 데 있었다면, 오늘날의 교양교육은 전인적 교육의 관점에서 학생들의 삶에 필요한 다양한 역량들을 발전·강화하도록 하려는 경향을 보인다(주민재, 2014). 동일한 맥락에서, 글쓰기 교육은 이러한 교육관의 변화와 함께 대학 교양교육의 핵심적인 일부로 인식되기 시작한다. 글쓰기의 본질이, 단순히 아름다운 문장을 만들고 자기를 표현하는 데에만 있는 것이 아니라, 학생들로 하여금 자기 안의 막연했던 생각을 구체화하고 초점화하며 그것을 다른 이와 공유하도록 돕게 만드는데 있음을 깨닫게 되면서, 글쓰기가 학생 역량을 촉진하는 창의적인 교수학습의 전략이 될 수 있다는 사실도 함께 인식하게 된 것이다(박영목, 2005; 정희모, 2005; 오윤호, 2008).

본고에서 논의의 대상으로 삼고 있는 글쓰기의 피드백 연구 역시, 글쓰기를 바라보는 이런 흐름 속에서 의미 있는 진전을 보이게 된다. 2000년대 이후 본격화된 글쓰기 연구와 함께, 글쓰기 교육의 핵심적인 요소로서 피드백의 기능과 역할에 대한 관심이 커졌기 때문이다.

게다가 이처럼 피드백 연구가 양적으로나 질적으로 큰 성과를 보이게 되면서, 그간의 연구 성과에 대한 메타분석도 필요해졌다. 쏟아져 나오는 관련 연구들 가운데 의미 있는 논의들을 정리하고, 주요한 연구들이 논의하고 있는 글쓰기 피드백 연구의 동향을 살핌으로써 새로운 전망의 기회를 가지는 일, 그리고 기존의 연구에서 미진한 부분이나 혹은 추가적인 부분을 점검하는 일들은 중요한 문제가 되었다.

이런 관점에서 보자면, 이재승(2005), 김경화(2011), 최웅환(2013), 주민재(2014), 김혜연·정희모(2015) 등의 논의는 대학 글쓰기 교육의 장(場)안에서 이뤄진 그간의 피드백 연구들을 정리하고, 그것을 바탕으로 발전적인 제언을 더한 논의들이라는 점에서 주목할 필요가 있다.

먼저 이재승(2005)은 1980~2000년대 초반에 이르는 광범위한 시기의 논문들을 대상으로 글쓰기 교육 연구의 큰 흐름을 살피고 있다는 점에서, 글쓰기 메타 연구의 선편(先鞭)으로서 언급할 만하다. 여전히 글쓰기 교육이 하나의 전공으로서 분명한 자리를 잡지 못하고 국어학, 문학, 교육학 등의 하위 학문으로 간주되었던 상황에서, 산발적으로 논의된 기존의 연구논문들을 한데 모아 정리한 거의 최초의 시도였기 때문이다. 물론 그의 논의가 본격적인 피드백 연구사를 검토했다고 말할 수는 없다. 그러나 그가 지적한 1990년대 구성주의나 대화주의적 글쓰기 교육의 "특정 전략"들이 글쓰기 첨삭과 피드백의 전략을 떠올리게 만든다는 점을 감안하면, 글쓰기 메타연구의 단초로서 그의 논문이 가진 특별한 성격을 간과하기는 어렵다.

하지만, 글쓰기 피드백 연구에 관한 본격적인 메타분석 연구로서 지목할 수 있는 대표적인 논문으로는 역시 최웅환(2013)과 주민재(2014)에 주목해야만 한다. 이를테면, 최웅환(2013)은 첨삭과 첨삭지도의 개념적 차이를 구분하고, 기존의 연구들을 통시적으로 살피고 있다는 점에서 피드백 교육연구사(敎育研究史)를 기획한 본격적인 시도라 할 수 있다. 그의 연구는 이전까지 발표된 개별 연구들을 대상으로 각각의 연구의 논점을 분석하고, 결말부에서 몇 가지 추가적인 제언을 더하는 방식으로 논의를 진행한다. 흥미로운 점, 결말부에 이르러 그의 논의가 '글쓰기 첨삭 지도의 표준 매뉴얼'의 필요성을 요구하는데 이른다는 사실이다. 마지막 결론부에서 그가 제시한 ①글쓰기 과정별 첨삭 ②글 유형별 첨삭 ③전공 영역별 특화 첨삭, ④학생 수준별 첨삭 ⑤글쓰기 효능감 및 요구 수준 등의 변인을 고려한 첨삭, ⑥표준화된 교강사 첨삭 등의 필요들은 결국에는 기존의 논의에서 부족했던, 그러나 연구자가 고려해야만 하는 글쓰기 피드백의 내용과 형식을 포함하고 있다.

비슷한 맥락에서, 주민재(2014)의 논의는 기존의 피드백 연구들을 보다 체계적으로 유형화함으로써 피드백 연구의 동향을 보다 일목요연하게 보여준다는 점에서 주목할 필요가 있다. 그의 연구는 지금까지 대학 글쓰기 교육의 분야에서 논의된 대표적인 피드백 연구와 수정에 관한 연구들을 선별해 그 내용을 면밀하게 분석하고, 각 연구의 핵심적인 주제들을 추출하는데 집중한다. 이러한 분석을 통해서 그간의 피드백 연구의 관심이 어떻게 펼쳐지고 있는지, 또한 기존 피드백 연구의 주요한 흐름은 어떤 것인지를 체계화하는 것이다. 요컨대 ①첨삭지도의 방법과 사례, ②학습자의 반응과 요구, ③첨삭지도의 원리와 개념, ④첨삭지도의 표준화 등의 요소들은 그간의 피드백 연구에서 주로 다뤄져 온 주제들을 분석한 결과들로, 이것은 피드백 연구의 핵심적 내용을 적절하게 유형화하고 있다는 점에서 특히 중요하다(<표 1>참조).[3]

연구 경향		주요 연구 성과
첨삭 연구	첨삭지도의 방법과 사례	최규수(2001), 박진숙(2009), 김경훤(2009), 염민호, 김현정(2009), 오윤호(2008), 최선경(2010), 김낙현(2012), 김남미(2012)
	첨삭지도에 대한 학습자의 반응 양상과 요구 분석	최규수(2009), 박상민, 최선경(2011), 지현배(2011a)
	첨삭지도의 원리와 개념 규정	최규수(2001), 이은자(2009), 최웅환(2013)
	첨삭지도의 표준화 시도	나은미 외(2009), 지현배, 김영철(2012)
수정 연구	수정의 이론적 접근	구자황(2008), 정희모(2009),
	첨삭지도와 수정의 관계 분석	정희모·이재성(2008), 박상민·최선경(2012)

<표 1> '첨삭'과 '수정'에 관한 주요 연구 성과 및 연구 경향(주민재, 2014)

---

3 〈표 1〉은 주민재(2014)에는 구체적으로 명시되지 않았으며, 본 연구 과정에서 임의로 재구성해 도표화한 것임을 밝힌다.

이상의 논의가 기존의 피드백 연구논문들을 대상으로 질적 연구를 펼쳤다면, 김혜연·정희모(2015)의 연구는 보다 많은 수의 연구논문을 대상으로 하는 통계적 연구를 진행했다는 점에서 흥미롭다. 이 연구는 기존의 메타분석 연구가 대부분 연구자의 주관적 해석에만 의지해왔다는 점을 지적하고, 계량화(計量化) 된 연구 논문 DB를 활용해 글쓰기 교육에 관한 객관적인 접근을 시도한다. 기존 논문에서 자주 반복되는 핵심 주제어의 빈도와 연관 관계를 분석함으로써, 글쓰기 교육 연구에 관한 일종의 개념적 빅 데이터를 구축해내는 것이다. 따라서 이러한 연구는 글쓰기 교육의 연구장 안에서 사용되는 핵심어들이 무엇이고, 그것들이 어디에서 어떻게 사용되며, 또 다른 개념들과는 어떻게 연관되는지 살핀다는 점에서, 피드백의 핵심 요소들과 그들 사이의 관계를 보다 명확하게 보여준다. 예컨대 이들의 연구 결과에 따르면, '첨삭, 고쳐 쓰기, 반응, 인식, 동료, 논술, 내용' 등의 용어들은 서로 밀접하게 연관된 담화 군집이라 할 수 있으며, 피드백 연구에 사용되었던 이러한 의미론적 네트워크는 그 자체로 피드백의 본질을 설명하게 된다.[4]

지금까지 살펴본 피드백 교육의 메타분석적 연구들은, 후속 연구자들을 위한 학문적 이정표를 마련해준다는 점에서 분명한 연구사적 의의를 가진다고 할 수 있다. 다만 기존의 메타연구들이 발표된 지 상당한 시간이 지났고, 이 연구들이 발표된 이후로 글쓰기 피드백을 주제로 하는 연구가 양적으로 크게 증가했다는 점을 감안하면, 새로운 연구 성과들에 대한 학

---

4 동일한 맥락에서, 김혜연(2016)의 논의 역시 통계적 방법을 통해 기존 논의의 동향을 살핀다는 점에서 눈여겨 볼 만하다. 해외 연구만을 대상으로 하고 있다는 점에서 국내 글쓰기 연구의 실제를 보여주는 어렵지만, 피드백에 관한 연구의 방법을 다양화하고, 그 이론적 정초를 마련하는데 기여한다는 점에서 분명 중요한 의미를 지닌다. 가령, 그의 논문에서 'feedback'과 관련된 주제어들이 시대에 따라 변화하고 있다는 사실은 흥미롭다. 1980~90년대에 주로 피드백(feedback), 반응(response), 논평(comment)의 개념이 집중적으로 연결되어 있었던데 반하여, 2000년 이후에 논평(commnet)가 줄어든다는 사실은 피드백의 개념이 교수자의 직접적인 개입으로부터 학생의 인식과 역량의 문제로 변화했을 가능성을 짐작하게 만든다. 피드백의 연구가 다양한 이론적, 사회 문화적 맥락들과 결합하면서 끊임없이 새로운 탐구의 방식을 모색하고 있음을 보여주기 때문이다.

술적 검토도 필요하다.[5]

따라서 본 연구에서는 기존의 메타연구사들을 주의 깊게 참고하면서, 그간의 글쓰기 피드백 연구의 경향과 새로운 가능성을 탐구하기 위하는 논의를 진행하고자 한다. 우선, 본 연구는 김혜연·정희모(2016)나 김혜연(2016)의 연구에서 추출한 피드백의 주요 용어들을 활용해, 2000년대 초반부터 2021년에 걸쳐 등재(후보)학술지에 게재된 대략 100편 이상의 연구논문들을 구체적인 논의의 대상으로 추려낼 수 있었다.[6]

다음 단계로, 이와 같은 예비조사의 과정을 거쳐 수집한 모든 논문에 대한 질적 분석을 시도했다. 이 과정에서, 본고는 주민재(2014)가 설계한 글쓰기 연구의 유형과 최웅환(2013)이 제시한 피드백의 요소들을 접목해 글쓰기 피드백 연구의 경향을 살피고, 기존 피드백 연구들의 핵심 주제와 내용, 방법론 등을 갈무리하여 〈도표 1〉과 같이 유형화할 수 있었다.

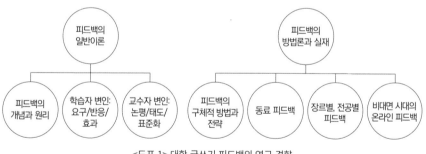

<도표 1> 대학 글쓰기 피드백의 연구 경향

---

5 실제로 앞의 최웅환(2013), 주민재(2014)에서 분석의 대상으로 삼고 있는 논문들은 대략 20편 내외로 제한된 반면, 반면 본고에서 다루는 논문은 이후로 출판된 수만해도 거의 100편을 넘는다. 이것은 그 사이에 피드백에 대한 관심이 매우 높아졌다는 사실, 그리고 그간의 연구성과들을 다시 한 번 정리할 필요가 높아졌다는 사실을 보여준다.

6 이때, 연구대상 논문을 갈무리하기 위하여 본고에서 사용한 핵심어들은 '피드백, 첨삭(지도), 고쳐쓰기, 수정(하기), 글쓰기 튜터(링), 논평' 등 이었으며, 이에 해당하는 논문들은 참고논문 목록에 포함되어 있다.

이와 같은 작업을 통하여, 본고는 기존의 피드백 연구논문들은 크게 피드백의 '일반이론'과 '구체적 방법론'을 규명하려는 데에서 연구의 큰 주제가 달라진다는 사실을 발견했다. 따라서 우선 본고의 3장에서는, 피드백의 일반 이론연구라는 관점에서 피드백의 개념과 원리를 재정리하는 한편, 성공적인 피드백을 결정하는 데 필요한 중요한 요인으로서 학습자 변인과 교수자 변인을 구분해 유형화해 보았다. 또한 4장에서는 피드백의 구체적인 방법론과 사례들에 대하여 연구한 논문들을 대상으로, 기존의 논문들에서 제안한 구체적 방법론들은 과연 어떤 것이었으며, 그것은 어떠한 교육적 원리를 실현하기 위해 노력했는지 살펴보았다. 이와 같은 분석을 통해 본고는 피드백의 구체적 방법론에 내재된 글쓰기 교육의 원리를 확인하고, 이러한 연구가 다시 장르별·전공별 피드백, 동료 피드백, 그리고 비교과프로그램·글쓰기센터를 매개로한 피드백 등 구체적인 경향을 보여주고 있다는 사실을 발견했다. 다음 장에서부터는 이러한 분석의 결과를 체계적으로 정리하면서, 글쓰기 피드백 연구의 주요한 흐름을 살피게 될 것이다.

3. 글쓰기 피드백의 일반 이론

3.1. 피드백의 개념과 원리 연구: 용어의 정리 및 피드백의 교육적 매커니즘

학문연구의 전통적인 방식 가운데 하나는, 대상의 개념을 한정하고 그 의미의 스펙트럼을 살피는 식으로 이뤄진다. 다른 개념과는 구분되는 고유의 특징을 탐구함으로써, 대상의 개념적 진리를 추적하는 것이다. 이런 관점에서, 교수자의 '지도'나 '제안', '반응', '논평', 그리고 '첨삭'이나 '첨삭지도', '수정', '고쳐(다시)쓰기' 그리고 '튜터링'과 같은, 글쓰기 과정에서 피드백을 대신해 자주 사용되는 용어들을 수집하고 그 의미의 차이를 살피는 연구들로 구자황(2008), 이은자(2008), 염민호·김현정(2009), 박진숙(2009), 김경화(2011), 김정자(2011), 최웅환(2013), 주민재(2014)에 주목할 필요가 있다. 또한 이와 같은 개념적 연구를 바탕으로, 피드백의 보편적 원리를 제시하기 위해 노력한 연구로 최규수(2001), 임칠성(2006), 정희모(2008), 이은자(2009) 역시 중요하다. 기존의 피드백 연구에서 자주 사용된 용례를 살피고 그 의미를 한정하려는 이런 논의들은, 피드백의 개념과 원리를 설명하고, 연구의 토대를 만드는 가장 기본적인 내용을 담고 있기 때문이다.

우선 박진숙(2009)은 한국 근대문학장 안에서 사용된 '첨삭'과 '첨삭지도'의 용처와 그 계보를 살핌으로써, 근대 한국의 글쓰기 공간에서 사용된 첨삭(지도)의 함의를 탐색한다. 개화기 신문과 잡지 등에서 사용된 '첨삭'의 의미에서부터, 유수의 문예 작가들에게 강조되었던 '퇴고'의 개념을 거쳐, 대학 입시논술 같은 글쓰기 일반의 '첨삭지도'에 이르기까지, 수많은 맥락 속에서 다양하게 나타나는 피드백의 의미 변화를 통시적으로 탐구해보는 것이다. 이러한 연구를 통해 그는 다양한 출처에서 얻은 첨삭(지도)의 개념 속에 다음과 같은 몇 가지 전제들이 내포되어 있음을 규명한다. 즉, 한국 근대 작문교육 공간에서 사용되어 왔던 첨삭(지도)의 개념 안에는 ①글을 다듬는 활동을 통해 누구나 좋은 글을 쓸 수 있는 능력을 갖출 수 있으며, ②필자(학습자)의 의도가 명확하게 드러날 수 있도록 첨삭지도 해야한다는 것, 그리고 그 과정에서 ③첨삭지도 주체(교수자 등)의 계몽의 방향이 개입된다는 생각이 내재되어 있었음을 밝혀낸 것이다.

그런데 여기에서 주목할 대목은, 한국 근대 글쓰기 교육장에서 이뤄져 온 이런 첨삭의 개념은, 다분히 전문가와 비전문가 사이에서 이뤄지는 수직적 관계를 전제로 한다는 점이다. 능력 있는 첨삭 교수자가 부족한 학생의 글을 수정·윤색하도록 돕거나, 등단이나 입시 같은 특별한 목표에 맞는 글을 쓰게 만든다는 이러한 관점은, 가르치는 사람과 배우는 사람 사이에 존재하는 특별한 지식과 능력의 차이, 곧 우열에 바탕을 둔 위계적 관계를 전제할 수밖에 없기 때문이다.

문제는, 이러한 관점에서라면 첨삭의 개념을 교수자의 일방적인 지도로 제한하거나, 글쓰기 능력을 미문(美文)을 완성하는 문예능력 정도로 축소해 버릴 수 있다는 데에 있다. 그러나 주지하다시피, 피드백의 의미를 이처럼 좁은 관점으로 한정할 때 학생들의 사유와 역량의 개발 도구로시 글쓰기 활동이 가진 의미를 간과할 위험이 생긴다. 특히 오늘날 글쓰기 교육의 개념이 쓰기를 통해 학생들의 다양한 역량을 강화하도록 유도하고, 보다 대화적인 의사교환을 통해 내용과 주제의 심화를 도우려하는데 있다는 사실을 다시금 떠올려 본다면, 쓰기에 관한 이론적 지식을 전달하는 데 급급하거나, 잘못된 부분을 교정하는 데에만 집중하는 협의의 피드백은 글쓰기 교육의 잠재적 가능성을 그만큼 낮출 수밖에 없다.

이런 이유로 구자황(2008)은 대학 글쓰기 교육에서 이뤄지는 '수정' 활동이 문장과 표현 차원에서의 '교정'이나 문예상의 '퇴고'와 동일시되어서는 안 된다고 주장한다. 글쓰기가 단순한 작문이 아니라, 의미를 발견하고 구성하며 발전시키는 과정을 의미한다고 할 때, 피드백의 핵심은 학습자의 내면에서 "의미의 재구성을 촉진"하는 일이어야 하기 때문이다. 오히려 그에게 피드백은 학습자의 의사소통과 문제해결 역량을 제고하는 효과적인 교육 방안으로 간주된다. 상호소통적 관계에 바탕을 둔 피드백이야말로 학생들로 하여금 창의적 사유를 위한 대화적 소통의 능력을 길러줄 수 있다고 보는 것이다. 사실 이러한 생각은 최웅환(2013)이나 주민재(2014)가 '첨삭'과 '수정', 그리고 '첨삭지도'를 보다 엄밀하게 구분하려고 노력할 때도 동일하게 나타난다. 글쓰기 과정에서 벌어지는 수정 활동을 학습자의 능동적인 사유 활동의 결과로 바라보고, 학생의 자기 주도적 사유를 극대화할 수 있는 대화적 글쓰기 교육을 지향하고 있다는 점에서 이러한 연구들이 유사한 입장을 취한다고 할 수 있다.

한편, 김경화(2011)의 경우 '첨삭', '피드백', '논평' 등 글쓰기 교육 분야에서 자주 사용되어왔던 일련의 절차를 학생글에 대한 '교수자의 반응(response)'이라는 용어로 설명한다. 피드백 과정에서 고려해야할 중요한 요소가 글로 써진 첨삭 논평으로 제한되지 않고, 교수자의 말과 태도 등 다양한 반응까지 포함될 수 있다는 사실에 주목했기 때문이다. 그의 연구는 교수자의 반응과 관련한 국내외의 주요 연구들을 자세하게 소개하면서, 피드백의 본질적 개념을 구체화하고 있다는 점에서 눈여겨볼 필요가 있다. 서로 유사하지만 차이 나는 용어의 의미를 섬세하게 살피는 그의 연구는 글쓰기 교육 분야에서 사용되고 있는 많은 용어들이 어떤 일정한 합의 없이 연구자에 따라 그때그때 다르게 사용되고 있으며, 바로 그런 이유로 동일한 용어들조차 실제로는 저마다 다른 맥락 속에서 사용되고 있는 현실을 보여준다. 학문적인 차원에서 용어에 대한 개념적 합의가 완전하게 이뤄지지 않고, 그때그때의 상황에 맞는 용어들이 사용되고 있는 것이다.

그러나 이렇게 저마다 다른 용어들로 설명되고 있기는 하지만, 기본적으로 글쓰기 교육 과정에서 피드백의 중요성에 대해서는 대다수의 연구자들이 공감하고 있는 것처럼 보인다. 더구나 최근의 논의들에서는 피드백의 역할을 학생들의 글쓰기 실력을 기르는 기본적인 도구일 뿐만 아니라, 학습자의 동기를 적극적으로 유발하고 다양한 내재적 역량을 자극하며, 심지어 학생들의 정서적 측면에 대해서도 긍정적인 영향을 미칠 수 있는 광범위한 수준의 교육 전략으로 바라보는 경향까지 나타난다.

이런 맥락에서, 글쓰기 피드백의 다양한 교육적 기능에 주목하면서 그 개념과 원리를 보다 체계적으로 탐색하는 연구들에 주목할 필요가 있다. 이를테면 염민호·김현정(2009)의 연구는 다양한 학문영역에서 광범위하게 활용되는 피드백의 개념을 ①출처, ②기능, ③인지, ④목표 달성간의 관계라는 4가지 특징으로 구분한 뒤, 이러한 기준에 따라서 글쓰기 피드백의 개념과 성격을 구체적으로 정리한다는 점에서 중요하다. 그동안 연구자들마다 두루뭉술하게 사용해 왔던 피드백의 개념들을 글쓰기 교육의 맥락에서 재해석함으로써, 대학 교양교육의 대표적인 전략으로서 글쓰기 피드백의 가능성을 보다 확실하게 보여주기 때문이다.

한편, 이상의 논의들이 피드백의 개념을 재정의하고 그 본질을 탐구하려했던 연구들이라면, 이러한 개념적 정의를 바탕으로 피드백의 보편적인 원리를 규명하고 제안하는 연구들도 있다. 원론적인 차원에서 피드백의 매커니즘을 규명하고 보편적인 피드백의 원리를 발견하려는 연구들이 여기에 해당한다.

가령, 최규수(2001)는 글쓰기의 과정에서 이뤄질 수 있는 피드백의 두 차원(단계), 즉 글을 완성하기까지 필요한 형식적·논리적 구성상의 피드백과 완성된 글을 평가하는데 필요한 피드백을 달리 구분하고, 각 단계에 필요한 글쓰기 피드백의 원리를 제시한다. 이를테면 글쓰기의 과정에서 고려해야할 요소들을 ①단어, 어구, 문장 등을 포함한 '표현', ②단락 간의 논리적 '구성', ③교수자의 '반응(총평)', 그리고 ④글의 '평가' 항목 등으로 구분하고, 각 단계에 맞는 피드백의 원리를 구체적인 첨삭의 술어를 통해 제안하는 것이다.

정희모(2008)는 '수정' 활동 중에 학습자의 머릿속에서 이뤄지는 인지적 변화에 주목하고, 인지 이론을 통해서 피드백의 방법을 고도화하려고 노력한다는 점에서 흥미롭다. 가령 그의 연구는 초고 텍스트의 고쳐 쓰기 과정에서 이뤄지는 학습자의 인지 절차를 추적하고, 각 단계에 해당하는 피드백의 전략과 방법을 마련하기 위해 노력한다. 그에 따르면, 학생들의 글쓰기 수정은 다음과 같은 일련의 인지적 절차(①과제 목표에 부합하는 가상의 완성본을 상정하고 → ②반성적 사고를 통해 현재 글을 진단하고 평가하며 → ③이런 비교를 통해 자신의 글을 목표 텍스트에 부합하게 만드는 전략과 방법을 선택함)를 따라 진행된다. 따라서 이들 각 단계의 특징을 보다 정확하게 이해할 수 있다면, 각각의 과정에서 더욱 효과적인 피드백의 방법을 구할 수 있다는 것이다.

유사한 맥락에서, 글쓰기 피드백의 궁극적인 목표가 학생들이 피드백의 능력을 내면화하는 일이라고 주장하는 이은자(2009)의 경우, 교수자 피드백의 원리와 방법을 체계화하는데 집중한다. 그의 관점에서, 교수자의 피드백은 다음과 같은 몇 가지 중요한 원칙에 따라 이뤄져야만 한다. 요컨대, 성공적인 피드백을 위해서는 ①학습자의 단계와 수준을 고려해야만 하며(개별성), ②교수자와 학생 사이에 상호 소통적인 성격을 유지해야하고(대화성), ③과정중심의 지속적인 피드백이 이뤄져야 하며(지속성) ④막연하고 모호한 논평이 대신 구체적인 설명을 세부적 문제를 다루는 피드백이어야 한다(구체성). 그리고 바로 이런 원리를 따를 때에야, ⑤학생의 자발성을 유도하고, 자율적인 동기 부여를 제공할 수 있다고 생각하는 것이다(자발성).[7]

이처럼 피드백에 대한 보다 원론적인 개념을 탐색하고 다양한 사례에 적용할 수 있는 보편적 원리를 제안하는 이런 연구들은, 글쓰기 피드백의 문제를 단순한 방법론이나 수업 책략의 일부가 아니라 그 자체로 중요한 학문적 연구의 대상으로 만든다는 점에서 특별한 연구사적 의미를 지니게 된다. 학교 현장에서 이뤄지는 대부분의 글쓰기 피드백이 교수자의 개별적인 역량에 의지하는 경향이 있다는 점, 학생들의 수준별 차이에 따라서 글쓰기 피드백의 전략이 달라질 수밖에 없다는 점, 그리고 그간의 피드백

---

7 이와 유사하게, 글쓰기의 과정을 문제파악, 문제해결, 표현의 층위로 구분하고, 각각의 상황에 필요한 지도 방법을 제안하거나, 글쓰기의 단계를 구분해 각 과정에서 적절한 피드백의 원리를 제안하는 연구도 있다(임칠성, 2006). 결국 이러한 논의들은 글쓰기와 평가의 단계나 상황, 가각이 조건에 맞는 피드백을 제공하려한다는 점에서 글쓰기 교육 현장에서 보편적으로 사용되는 피드백의 일반 원리를 모색하는 연구들이라 할 수 있다.

연구들이 주로 특별한 사례들을 대상으로 하는 각론의 차원에서 이뤄져 왔다는 점 등을 고려하면, 이런 연구들은 글쓰기 피드백에 관한 보다 학술적인 이론을 정립해왔다는 점에서 반드시 참고해야만 하는 논문들이라 할 수 있다.[8]

3.2. 피드백의 학습자 변인 연구: 학습자 수요 조사 및 피드백 결과 검증

피드백의 이론적 개념과 원리, 모형을 구상하는 논의들은 글쓰기 피드백의 교육적 가능성을 높여주고 있다는 점에서 중요한 의미를 가진다 다만 이와 같은 이론적 접근은 자칫 글쓰기 교육의 실제 현실과는 조금 떨어져, 추상적이고 관념적인 수준에서 전개될 위험이 있는 것도 사실이다.

따라서 어떤 연구들은 객관적인 통계 조사를 통해 피드백의 효과를 실증적으로 증명하거나, 학습자를 대상으로 한 수요자 조사를 통해 그들에게 필요한 내용들을 정확하게 이해하려고 노력하기도 한다. 피드백 이전과 이후의 글쓰기 결과를 통계적으로 비교 분석하거나, 설문조사를 바탕으로 얻어진 학생들의 만족도를 수치화함으로써 피드백의 효과를 객관적으로 검증하려는 것이다. 예컨대, 정희모·이재성(2008), 지현배(2010), 박상민·최선경(2011, 2012)와 같은 연구들은 피드백 교육이 실제로 어느 정도의 교육적 효과가 있는지를 실증적으로 검토한 연구들이라는 점에서 주목할 필요가 있다.

우선 정희모·이재성(2008)의 경우, 세 가지 다른 형식의 피드백(자기첨삭, 동료첨삭, 교수첨삭)을 대상으로 어떤 유형의 피드백이 보다 효과적인 결과를 만드는지, 학생 글의 변화를 통해 연구한다. 그동안 경험적으로만 짐작할 뿐이

---

8 동일한 관점에서, 정희모(2008)의 논지를 실증적 연구를 통해 재검토하고, 그 효과를 보다 명백하게 밝혀준다는 점에서 정희모, 이재성(2008)의 연구 또한 주목할 필요가 있다.

었던 첨삭의 기능과 효과를 피드백의 사전·사후 검사를 통해 통계적으로 분석하고, 각각의 결과의 차이를 통해서 피드백의 효과를 보여주는 것이다.[9] 이와 유사하게, 지현배(2010) 역시 학생 글쓰기에서 자주 발견되는 오류와 위반의 사례들을 유형화하고, 그런 오류에 대한 피드백의 효과를 분석한다. 이를테면 그는 학생 글에서 나타나는 대표적인 오류들로 '규칙·내용 오류', '형식문단 위반', '분량·시간 위반', '개요부합 위반', '군더더기 쓰임' 등을 포착하고, 피드백 이후 각 항목의 오류 개선도를 학생 수준별로 자세히 검토해서 보여준다. 이와 유사하게, 박상민·최선경(2012)의 경우, 피드백의 효과가 학생들의 수준(상, 중, 하)별로 어떤 특이성을 보이는지를 세밀하게 규명하기도 한다.

이상의 연구가 객관적인 평가를 통해 글쓰기 피드백 전·후의 차이를 구체적인 수치로 통계화하고 그 결과를 분석한 연구들이었다면, 피드백을 경험한 학습자가 느끼는 만족감이나 효능감의 계기를 도출하려는 연구들도 있다. 최규수(2009), 지현배(2011a, 2011b), 박상민·최선경(2011), 박상민(2014), 이순희(2014), 김효석(2016), 박준범(2017)은 이처럼 피드백에 대한 학습자의 만족도를 조사하는 대표적인 논문들로, 이들의 연구는 학생들에 대한 수요조사나 피드백 이후의 설문, 글쓰기의 결과물들을 분석함으로써 보다 효과적인 피드백의 설계를 가능하게 만든다.

이를테면 최규수(2009)의 경우, 피드백 과정에서의 정서적인 요소들이 생각보다 훨씬 더 중요할 수 있다는 점을 강조한다. 그의 연구는, 단순히 지식을 전달하는 '강의'나 정답을 확인하는 '평가'와 달리, 피드백의 과정에서 학습자와 교수자 사이의 정서적인 관계나 태도, 말투와 표현 등이 중요

---

9 이 연구를 통해 얻어진 흥미로운 결과 가운데 하나는, 일반적인 생각과는 달리 동료첨삭과 교수첨삭의 교육적 효과의 차이가 그리 차이나지 않으며, 어떤 부분에서는 오히려 동료첨삭이 더 나은 글쓰기 향상의 변화를 이끌어내고 있다는 점이다. 가령, 동료첨삭은 글의 구성요소 중 내용전개의 일관성, 단락사이의 논리성, 비문법적 문장, 문장의미의 명확성 등에서 유의미한 향상도를, 교수첨삭의 방법은 주제의 적절성에서 특히 유의미한 향상을 보여준다는 점은 피드백의 전략을 구상하는데 도움이 될 수 있다.

한 영향을 미칠 수 있다는 사실을 보여준다. 피드백의 효과를 높이기 위해서는, 기본적인 글쓰기의 지식을 잘 가르쳐주는 일도 중요하지만, 피드백 과정에서 학생들을 대하는 태도나 담화의 형식에 대해서도 고민해야만 한다는 것이다.

유사한 맥락에서 지현배(2011a, b)의 경우, 대규모의 학생 자료를 이용해 학생들의 요구와 반응을 보다 정확하게 분석하고 있다는 점에서 주목할 필요가 있다. 내실 있는 피드백의 선략을 설계하기 위해서는 피드백의 효과에 대한 정치한 분석이 필요하다는 전제에서 시작되는 그의 연구는, 대규모의 학생 설문조사를 기반으로, 첨삭지도의 항목, 내용, 방법 뿐만 아니라 글쓰기와 피드백을 통해 학생들이 경험하는 교육적 효능감과 반응 등 상세한 부분까지 조사한다. 대부분 막연한 어림짐작이나 통념의 수준에서 이뤄지고 있는 피드백의 효과나 역할을, 학생들의 반응과 추가적인 요구조사를 통해 구체적으로 보여주는 이러한 논의는 피드백의 설계 이전에 고민해야할 부분이 무엇인지 엿보게 해준다는 점에서 시사하는 바가 크다.

마찬가지로 첨삭주체별(교수첨삭, 조교첨삭, 동료첨삭, 조별첨삭), 첨삭방법별(대면첨삭, 지면첨삭, 사이버첨삭, 공개첨삭)로 구분된 다양한 피드백의 결과를 분석한 박상민·최선경(2011)과 박상민(2014)의 연구나, 과정 중심의 글쓰기 교육을 강조하면서 글쓰기의 각 단계별 피드백의 방법과 효과를 분석한 이순희(2014)과 김효석(2016)의 연구도 학생들이 실제로 피드백의 효과를 어떻게 체감하고 받아들이는지 보여준다는 점에서 눈여겨볼 필요가 있다. 글의 구상 단계에서부터 마지막 퇴고에 이르기까지, 한 편의 글이 완성되는 전 과정에 피드백이 개입될 수 있다는 점을 감안한다면, 결국 어떤 단계에서 어떤 방식으로 학생들에게 피드백하는 것이 가장 효과적인지, 학생들이 실제로 체감하는 바를 추적하는 작업은 꼭 필요하기 때문이다.

한편, 피드백 과정에서 학습자의 요인을 살피는 비교적 최근의 흥미로운 연구로 박준범(2017 a, b)에 주목할 필요가 있다. 글쓰기 교수자의 첨삭논평에 대해 글쓰기 학습자가 보이는 반응의 양상을 꼼꼼하게 살피는 이 논문은, 실제로 교수자의 어떤 반응을 학습자가 반드시 수용하지는 않으며, 때때로 그에 대해 거절할 수도 있다는 사실을 일깨워준다. 유사한 관점에서, 신희선(2017)과 이슬기(2019)에도 주목할 필요가 있는데, 이들의 연구는 피드백 과정에서 보여주는 교수자의 반응이나 태도가 첨삭 내용만큼이나 중요하다는 점, 학생들의 상황과 수준을 고려한 맞춤형 피드백 모형이 필요하다는 점 등 기존의 피드백 교육에서 개선이 필요한 많은 부분들을 구체적이고 실증적인 통계에 기반해 꼼꼼하게 지적하고 있다는 점에서 흥미롭다.

결과적으로 이러한 연구들은, 그간 막연하게 짐작되어 왔던 글쓰기 피드백의 효과를 구체적으로 검증하고 있으며, 이러한 실증적 연구를 통해 글쓰기 피드백의 과학적 이해를 가능하도록 만든다는 점에서 중요한 의미를 지닌다. 예컨대 이들의 연구는 학생들의 수준차이에 따라 피드백의 효과도 크게 달라질 뿐만 아니라, 오류의 종류에 따른 해결 방안도 각각 달라져야만 한다는 사실을 구체적으로 보여준다. 또한 글쓰기의 문제가 글을 쓰는 능력만이 아니라, 글을 읽고 이해하는 리터러시의 역량, 그리고 과제의 목표를 분명하게 이해하고 자신의 생각을 만들어내는 그런 능력과도 밀접하게 연결되어 있다는 사실도 증명한다. 글쓰기 능력이 단순한 작문실력을 넘어 지식과 정보를 다룰 수 있는 메타적 능력과 관련되어 있으며, 따라서 피드백 과정에서 고민해야할 요소들이 훨씬 더 많다는 점을 다시금 확인시켜 주는 것이다.

3.3. 피드백의 교수자 변인 연구: 교수자의 반응과 태도 및 표준화

흥미로운 대목은, 앞에서 살펴본 학습자의 반응이나 피드백의 구체적인 효과를 검증하는 논문들이 대부분 결말부에서 표준화된 피드백과 그 매뉴얼의 필요를 역설하는 경우가 많다는 사실이다. 앞에서 살펴 보았던 것처럼, 학생들이 제기하는 불만이나 과정상의 비효율 문제를 줄이기 위해서, 혹은 교수자마다 달라지는 피드백의 편차를 줄이기 위해서, 피드백이 시작될 때부터 끝날 때까지 각각의 단계에 필요한 피드백의 항목과 방법들을 마련하려는 것이다.

이런 맥락에서 어떤 연구들은 글쓰기 피드백의 표준(지도)안 개발을 위해 피드백 상황에서의 교수자 요인에 주목한다. 교수자의 '논평', '지도', '진술', '담화의 내용', 그리고 '태도'와 '반응' 등 피드백에 영향을 미칠 수 있는 교수자의 변인을 폭넓게 조사하고, 교수자의 성향과 교육관에 차이에 따른 피드백의 결과를 수집 조사하는 것이다. 이은자(2008, 2009), 이재기(2010, 2011), 주세형(2010), 김경화(2013), 박준범(2014, 2017), 장민정(2015), 김정자(2015) 등의 연구들은 실제 피드백에 참여한 교수자들로부터 자료를 수집하고, 그 내용에 대한 메타분석을 시도함으로써 글쓰기 피드백의 실재를 자세히 살피는 대표적인 논의들이라 할 수 있다. 이들의 연구는 방법론상의 차이는 조금씩 존재하지만, 실제 피드백 과정에서 수집한 교사의 담화나 반응을 자료로 삼아, 그에 대한 메타분석을 시도한다는 점에서 서로 유사한 관점을 견지하게 된다.

먼저 이은자(2008, 2009)의 경우, 피드백의 내용과 성격, 방법상의 차이 등을 통해 글쓰기 피드백의 유형을 구분하고, 각각의 유형에 따라 발생할 수 있는 예상치 못했던 문제들을 포착한다. 그동안 별다른 문제의식 없이 습관적으로 사용되어왔던 일상적인 피드백의 전략들조차 학생들에게 잘못된 영향을 미칠 수 있음을 보여준다는 점에서 이 논의는 시사하는 바가 크다. 가령, 글쓰기 피드백 과정에서 흔히 사용되는 '빨간펜'이나, 첨삭에 사용되는 전용 '용지(원고지)'를 선택하는 일마저도 학생들에게는 특별한 의미로 전달될 수 있다는 것이다. 또한, ①지식 중심의 일방적 첨삭, ②형식 중심의 첨삭, ③평가 중심의 첨삭, ④부정적 첨삭 등은 오히려 글쓰기 피드백의 효과를 떨어뜨릴 수 있다는 점도 간과해서는 안 된다.

유사한 맥락에서, 이재기(2010, 2011)는 글쓰기 피드백을 글쓴이(학생)와 읽는이(교수) 사이의 교섭을 바탕으로 하는 언어활동으로 간주함으로써, 교수자가 섬세하게 계획된 피드백의 언어와 기술을 사용해야만 한다고 주장한다. 그에 따르면, 글쓰기 수업에서 교수는 미숙한 학생 필자가 상정하는 구체적인 독자의 역할을 맡을 뿐만 아니라, 피드백 과정에서 보여주는 담화와 태도를 통해 학생들에게 직간접적으로 영향을 미치게 된다. 교수자가 사용하는 피드백의 언어들이 피드백의 효과를 결정하는 중요한 요인으로 작용할 수 있다는 것이다. 이런 맥락에서, 그의 연구는 교수자의 피드백에서 사용되는 담화의 유형과 양상, 빈도를 구체적으로 분석하고, 그 결과로 ①긍정적인 논평(코멘트), ②초점화된 피드백, ③계획적이고 분명한 피드백 등 학생들에게 긍정적인 영향을 미칠 수 있는 피드백의 방안을 제시하는데 이른다.

결국 이러한 접근은 궁극적으로 글쓰기 피드백의 다양한 문제들, 그중에서도 교수자 측면의 문제 요인을 살피고 그 해결 방안을 모색하려는데 초점을 맞춘다는 공통점을 보인다. 박준범(2017)의 논의가 보여주는 것처럼, 교수자의 태도와 반응을 학생의 반응이나 효과와 연결시켜 분석함으로써 교수자 피드백의 바람직한 방향을 제안하는 것이다. 교수자의 피드백에 대해 학생들이 어떻게 반응하는지, 즉 학생들이 교수자의 어떠한 피드백을 인정하고 어떤 피드백에 대해서 거절의 반응을 나타내는지를 실증적으로 분석함으로써 피드백 과정에서 교수자의 바람직한 역할이나 태도, 반응이 무엇인지를 살펴보는 이러한 연구는 그러므로 실제 교실 현장에서 피드백의 구체적인 방안을 설계하는 데에 기여하게 된다.[10]

물론, 피드백 과정에서 교수의 태도, 반응, 담화, 논평 등에 대한 구체적으로 분석을 바탕으로, 교수자의 피드백을 표준화하기 위해 노력하는 연구들도 있다. 나은미 외(2009), 박현동(2008), 지현배·김영철(2012), 안미애·김영철·지현배(2013), 양태영(2014) 등은 단순히 교수자 피드백의 문제를 지적하는 것을 넘어, 실제 피드백 상황에서 발견되는 다양한 문제들을 포착함으로써 보다 객관적이고 합리적인 피드백의 표준안을 만들기 위해 노력하는 연구들이다. 이들의 연구는 교수 개인의 경험이나 전공 차이에 따른 편차를 최소화하고, 학생들에게 일관된 피드백을 제공하기 위하여 표준화된 피드백 매뉴얼의 필요성을 강조한다. 첨삭기준안, 평가조언표, 표준문장 등 피드백의 표준화된 매뉴얼을 마련하고, 그 속에 포함될 내용들을 제안하기 위해 노력한다는 점에서 공통된 목표를 추구하는 것이다.

가령, 나은미 외(2009)는 국내 주요 대학에서 이뤄지는 글쓰기 피드백의 현황을 분석하고, 그 결과를 바탕으로 표준화된 피드백 기준안을 제안한다. 이들의 연구는 실제 사례에서 나타나는 교수자(첨삭자) 피드백의 다양한 문제들을 지적하고, 이에 대한 대안으로서 첨삭기준안의 필요를 주장한

---

10 비록 연구의 대상 자료가 초중등 교사의 피드백으로 한정되기는 하지만, 교수자의 반응에 대한 질적 분석을 시도하는 주세형(2010), 김경화(2013), 김정자(2015)도 동일한 맥락에서 꼭 살펴볼 필요가 있다. 이를테면 주세형(2010)은 교수자의 피드백 결과를 분석한 뒤, 학생들의 작문 능력을 길러줄 수 있는 실질적인 첨삭의 이론이 여전히 부재하다는 점을 지적한다. 단순한 평가자로서의 피드백이나 문법의 오류를 수정하는 첨삭 활동은 있지만, 학생들이 자신들의 생각과 논리를 제대로 실어낼 수 있도록 구와 절, 문장과 글의 생성 능력을 향상시키는 피드백은 여전히 제대로 이뤄지지 않고 있다는 것이 그의 입장이다. 같은 맥락에서, 김경화(2013)와 김정자(2015) 역시 피드백 과정에서 교수자가 어떤 질문과 표현, 반응을 자주 사용하는지 구체적으로 분석하고, 각각의 유형에 따른 효과를 살펴본다는 점에서 주목할 필요가 있다. 특히 김경화(2013)의 경우, 교수자의 담화에 관한 국내외의 논의들을 두루 살피고, 이를 통해 교수자의 반응과 피드백의 내용을 분석하는데 필요한 구체적인 준거를 제안하기도 한다. 여기에서 이론적 준거로 사용된 '학생 글에 대한 교사의 반응 내용'의 분석 준거들은 학생들의 글에 대한 교사의 반응과 담화들이 어떤 식으로 유형화되는지 보다 일목요연하게 보여줄 수 있다는 점에서 꼭 참고해 볼 필요가 있다.(《도표》)

다. 이를테면 교수자의 관점에 따라 천차만별로 달라지는 피드백의 문제나 서로 다른 형식의 피드백이 학생들을 혼란에 빠뜨릴 수도 있는 것처럼, 교실 현장에서 나타날 수 있는 피드백의 현실적인 문제들을 거론하는 것이다.

같은 맥락에서, 지현배·김영철(2012) 그리고 안미애·김영철·지현배(2013)의 경우, 자체 설계된 피드백 매뉴얼의 효과를 검증하고 다시금 발전시켜 나간다는 점에서 흥미롭다. 무엇보다 이들의 연구는 대규모 설문 및 통계 조사를 활용하고 있다는 점에서, 대상 표본과 그 분석 결과에 관한 신뢰도를 높여준다. 특히 이 연구들은 온라인 피드백 시스템을 구체적인 방안으로 사용하고 있는 데, 피드백의 내용이나 진술 방식의 차이가 어떤 교육적 효율의 차이를 보이는지 확인하고 이를 통해 보다 더 표준화된 피드백 지도의 매뉴얼을 제공하려 시도한다는 점에서 글쓰기 피드백 매뉴얼의 과학적인 검증을 시도하고 있다고 볼 수 있다.

그러므로 지금까지 살펴 본 연구들은, 그동안 제대로 인식하지 못했던 글쓰기 피드백 과정상의 다양한 문제들을 포착하고, 그처럼 예상 가능한 문제들에 대한 실질적인 대안을 마련하기 위하여 노력하고 있다고 볼 수 있다. 교수자의 피드백 반응이 어떤 식으로 나타나고 있으며, 나아가 그것이 학생들에게 어떤 영향을 미치는지 그 효과를 검증함으로써 표준화된 피드백 매뉴얼의 구체적인 자료를 마련하려 하거나, 혹은 학생들의 실제적인 글쓰기 역량을 자극, 강화할 수 있도록 첨삭의 기준표를 만들기 위해 노력한다는 점에서 이러한 논의들은 서로 유사한 입장을 취하고 있는 것이다.

분명, 글쓰기 교육 현장의 제한된 시간과 자원을 효과적으로 사용하고, 첨삭의 효용이 높은 영역에 피드백을 집중하도록 만들기 위해서 이런 피드백의 매뉴얼은 중요해 보인다. 서로 다른 개성과 능력을 가진 교수자들에게, 그들이 공유할 수 있는 피드백(첨삭)의 통일된 기준안은 효과적인 대안이 될 수 있다. 표준화된 피드백의 준거를 통해 실제 피드백 상황에서 도움이 될 수 있는 항목들을 요약적으로 제시함으로써, 교수자의 개성과 역량에 따른 피드백 결과의 편차를 줄이고, 나아가 보다 세련된 피드백을 제공할 수 있기 때문이다.[11]

4. 글쓰기 피드백의 구체적 방법론과 실재

4.1. 피드백의 구체적인 방법과 전략 연구

지금까지의 논의가 원론적 차원에서 피드백의 개념과 원리를 밝히거나, 교수자와 학습자 변인을 분석함으로써 글쓰기 피드백의 보편적 이론을 탐구하는 논문들이었다면, 이와는 달리 교수학습 상황의 개별적 형편을 반영한 연구들도 있다. 이러한 연구들은 글쓰기 피드백의 구체적인 방법론이나 피드백의 모형을 설정하고, 글쓰기 교실 현장의 실제적인 요구에 답하기 위해 노력한다. 글쓰기 수업 전체에 보편적으로 적용 가능한 일반론을 이야기하기보다, 다양한 사례들에 적용할 수 있는 개별적인 피드백 전략을 설계하고 그 원리를 밝히는 것이다.

---

11 한편 지금까지의 논의가 교수자의 요인에서 비롯된 피드백의 문제와 한계를 극복하기 위하여 표준 매뉴얼을 만드는 입장이었다면, 반대로 피드백 과정에서 학생의 변인에 주목하고 학생의 글쓰기 역량을 강화하기 위한 방안으로 피드백의 표준화 방안을 주장하는 논의들도 있다. 즉, 학생들이 글을 쓰는 과정에서 실질적으로 요구되는 여러 능력들을 유형화하고, 각각의 단계에서 학생들의 잠재 역량을 최대한 이끌어 낼 수 있도록 피드백의 표준안, 혹은 피드백을 위한 점검 도구를 마련하려고 노력하는 것이다. 이를테면 박현동(2008)의 경우, 글쓰기에 필요한 학생의 역량을 ①지식(논점의 파악, 지식의 활용, 내용의 통일성), ②표현(어휘, 문장, 구성의 적절성), ③사고력(자기 의견 생성, 논증, 설득, 독창성) 등으로 유형화하고, 각각의 역량을 자극하는데 필요한 피드백의 내용과 방법을 일종의 '평가 조언표'를 통해 구체화한다. 이러한 입장은 양태영(2014)에서도 반복되는데, 그의 연구는 학생 글쓰기에서 자주 발견되는 결함들을 구체적으로 분석함으로써, 그런 반복적인 문제를 학생들이 스스로 해결할 수 있는 글쓰기 점검 도구를 제안한다.

가령, 전통적인 글쓰기 교육의 관점에 입각해 문법이나 어법의 중요성을 강조하고 피드백을 통해 학생들의 오류를 수정해나가려는 시도들이 있다. 이를테면 김경훤(2009)의 경우, 좋은 글의 요건을 어법이나 논리상 결함이 적은 글로 정의하고, 어휘의 선택과 어법의 문제에 집중한 첨삭지도 교육 방법을 제안한다. 따라서 그의 연구는 문법이나 어법의 정확성을 높일 수 있는 피드백을 강조하고, 잘못된 글의 수정 보완에 목표를 둔 첨삭 활동에 집중한다. 이와 유사한 관점에서 이수곤·김태훈(2012) 역시 논리적이며 공감적인 의사소통의 도구로서 글쓰기의 역할을 강조하면서, 이러한 목표를 달성하기 위한 선결 과제로 좋은 문장 쓰기를 강조한다. 이상적인 교양인이 정서적, 윤리적, 논리적으로 균형 잡힌 인간을 모델로 한다고 할 때, 그 같은 교양인의 대화적 소통이 성공적으로 이뤄지기 위해서는 정확하고 적절한 문장, 오해의 소지를 최소화하는 문장이 필요하다고 생각하는 것이다.

사실 올바른 문장과 단어를 적재적소에 사용하지 못할 때, 성공적인 의사소통은 불가능해질 수밖에 없다. 게다가 학생 글에 나타난 어법상의 오류는 단순한 문법 지식의 문제로 국한되지 않는, 훨씬 더 본질적이고 심각한 원인에서 비롯되는 경우도 많다. 어법상의 오류는 학생들이 자신의 생각을 정확한 어휘로 구체화할 수 없거나, 담화의 규칙이나 장르의 형식을 제대로 인지하지 못 할 때 생기기도 하기 때문이다. 따라서 이러한 논의들은 학생들로 하여금 자기 생각을 정확하게 표현할 수 있도록 하는 일이 글쓰기 피드백의 가장 기본적인 역할이라고 주장하게 된다. 피드백의 과정에서 문법이나 어법상의 오류들을 적극적으로 교정하고, 정확한 문장과 표현에 필요한 언어 구사 능력을 익힐 수 있도록 구체적인 방법론을 마련한다면, 결국 그러한 노력들이 학생들의 사고의 능력을 확장시키는데 기여한다고 보는 것이다.

그런데 이와는 달리, 어법이나 표현상의 문제보다는, 오히려 글 전체의 구성이나 구조의 문제를 강조하거나, 글의 주제와 내용과 같은 보다 고차적인 문제에 집중해야한다고 주장하는 논의들도 존재한다. 더구나 최근의 글쓰기 연구자들은 지엽적인 첨삭이나 수정의 개념을 강조하는 대신, 사유의 도구로서 글쓰기의 철학적 바탕위에서 학생들의 생각을 키울 수 있는 피드백의 역할을 강조하는 경향을 보인다. 신희선(2010), 김남미(2012, 2018), 손혜숙(2012), 박상민(2013), 임상우·김남미(2017) 등은 이처럼 사유의 확장 도구로서 글쓰기와 그를 위한 구체적인 피드백의 방안을 제안하고 있는 대표적인 논문들로, 글쓰기 피드백을 통해 학생들이 사고하는 힘 그 자체를 길러주어야만 한다고 본다는 점에서 유사한 교육적 관점을 공유한다.

우선 신희선(2010)은 글쓰기 교육의 중요한 목표는 첨삭을 통해서 글의 완성도를 높이는 것이 아니라, 학생들이 글쓰기의 두려움과 공포로부터 벗어나 글쓰기 과정 자체를 향유할 수 있도록 만드는 것이라는 입장을 취한다. 학생들의 내적인 성장과 사유의 발전을 위한 적극적인 전략으로서의 글쓰기를 강조함으로써, 피드백이 단순히 문장이나 어법을 고치는 활동이 아니라, 학습자에 대한 멘토링(혹은 코칭)이 되어야 한다고 생각하는 것이다. 따라서 이런 관점에서는, 바람직한 글쓰기 피드백이란 교수자의 일방적인 가르침이 아니라, 학생들이 자기 "스스로 문제를 발견하도록 유도"하고 다양한 각도에서 문제를 해결할 수 있도록 계기를 마련해주는 일로 간주된다.

동일한 논의의 연장선에서, 김남미(2012, 2018), 임상우·김남미(2017) 등의 일련의 논의들은 글쓰기와 피드백의 절차와 내용을 세련해 좀 더 체계적인 피드백 방안을 제안한다는 점에서 주목할 필요가 있다. 무엇보다 이들의 논의는, 글쓰기가 가진 교육적 잠재력을 극대화할 수 있는 글쓰기 피드백의 전략을 보여준다는 점에서 흥미롭다. 이를테면 김남미(2012, 2018)는 대학 학습자의 글쓰기에서 나타나는 현실적인 문제들을 구체적으로 분석하고, 이러한 문제들을 해결할 수 있는 피드백의 방안을 제시한다. 글쓰기 피드백의 주요한 대상을 ①주제의 명확성, ②자료 수집과 선정, ③구성의 체계성, ④어휘 사용의 정확성과 다양성, ⑤언어 규범 등으로 항목화하고, 각각의 부분에서 나타나는 문제들에 대한 구체적인 피드백의 방법을 제안하는 것이다. 흥미로운 대목은 그가 제안하는 피드백의 방법들이 궁극적으로는 학생들로 하여금 글쓰기의 수준과 문제점을 객관적으로 바라볼 수 있게 만들고, 자신의 약점을 스스로 극복할 수 있게 고안되어 있다는 사실이다. 글쓰기가, 그리고 글쓰기 피드백이 교수자의 일방적인 지도나 지식의 전수가 아니라, 학생들이 자기 주도적으로 자신의 문제를 해결할 수 있게 만드는 일이어야만 한다는 핵심적인 교육의 철학이 그가 제안하는 피드백의 방법 속에 녹아 있는 것이다.

같은 맥락에서, 학생의 창의력, 분석력, 문제해결력을 향상시키는 교수학습의 전략으로 글쓰기를 상정하고 이러한 목표를 달성하기 위해 피드백을 강조하는 연구(박상민, 2013) 혹은 '1:1 교차 첨삭, 조별 첨삭, 교수자 첨삭' 등의 구체적인 방법을 통해 학생들의 사유를 발전시키려 노력하는 연구(손혜숙, 2012)에도 주목할 필요가 있다. 글쓰기에 필요한 다양한 능력이 궁극적으로는 학생들의 고차원적인 사유의 능력을 자극하게 된다고 믿는다는 점에서 이들의 논의가 유사한 관점을 취하기 때문이다. 요컨대 좋은 글을 쓰기 위해 필요한 표현력, 이해력, 주제의 선정과 자료수집 능력, 구성과 연결의 능력들은, 실제로 학생들의 학업에도 매우 중요한 능력일 수밖에 없다. 글을 고치고 다시 써 나가는 과정이 학생들의 복잡한 사고 능력을 자극하게 된다면, 결국 그와 같은 경험들이 학생들의 학습 역량을 발전시키는 데에도 기여할 수 있게 되는 것이다.

한편, 이처럼 사유의 발전을 돕는 교수학습의 도구로서 글쓰기의 역할에 대한 입장을 공유하면서, 거기에 과정중심·단계중심의 체계화된 글쓰기 피드백을 강조하는 논의들도 있다. 예를 들어 오윤호(2008), 김민정(2009), 전은경(2019) 등의 연구는, 글쓰기 교육이 소기의 목적을 달성하기 위해서는 글쓰기의 각 진행 상황마다 적절한 피드백이 가해져야 한다고 주장하는 연구들로, 이들의 논문은 글쓰기의 과정을 모형화하고 글쓰기의 각 단계에 필요한 피드백의 전략을 제안한다는 점에서 과정과 단계 중심의 글쓰기 피드백을 강조한다고 볼 수 있다.

가령, 오윤호(2008)는 글쓰기의 각 단계, 각 공정마다 그때그때 필요한 첨삭을 동시에 진행할 것을 제안하면서 글쓰기 피드백의 방법이 과정 중심의 글쓰기 교육과 맞닿아있어야 한다고 주장한다. ①구상하기, ②초안쓰기, ③수정하기, ④편집하기 등으로 구분된 각각의 글쓰기 과정에서 학생들에게 꼭 필요한 피드백의 전략을 제안하는 것이다. 김민정(2009) 역시 이와 유사한 과정 중심의 글쓰기 수업 모형을 설계하고, ①계획, ②내용 생성, ③구성, ④초고, ⑤수정 등의 단계마다 학생들이 자신의 문제를 인식할 수 있도록 피드백을 구성한다. 특히, 사전에 잘 설계된 진단평가와 체크리스트를 활용해 학생들이 스스로 자기의 약점을 검토하고 수정하도록 만드는 부분은 그의 논의의 흥미로운 대목으로, 여기에서 피드백은 학생들로 하여금 적극적으로 사유하고 소통할 수 있도록 학습의 동기를 부여하는 긍정적인 역할을 맡게 된다. 더 나아가, 하나의 생각을 한 편의 글로 계속 발전시켜나가는 모든 과정에서 끊임없는 피드백의 활동을 강조하는 전은경(2019)의 논의도 흥미롭다. 사실, 그의 논의에서 특히 주목할 부분은, 지나치게 각 단계의 문제에만 매달린 피드백은 자칫 한 편의 글이 만들어지는 전체적인 과정을 소홀히 다룰 수 있다는 점을 지적한 부분이다. 글의 구상, 자료의 수집과 취사선택, 주제의식의 발전과 같은 현 편의 글이 완성되는데 필요한 전 과정이 밀접하게 연결되어 있음을 강조하는 그의 논의는, 글쓰기의 각 단계가 한 편의 글 전체로 확대되는 과정임을 염두에 둔 유기적인 피드백의 필요성을 강조한다는 점에서 시사하는 바가 크다.

결국 이러한 방법들은, 글쓰기를 단순한 작문이나 생각의 표현으로만 제한하지 않고 사고의 확장과 문제 해결의 총체적인 과정으로 바라본다는 점에서, 사유의 도구로서 글쓰기의 교육적 가능성을 더욱 강조하게 된다. 글쓰기 피드백이 학생들의 글쓰기 과정에서 적극적인 자기 성찰을 유도하고, 학생들의 논리적이고 비판적인 사유를 강화할 수 있다고 보는 것이다. 따라서 이후의 논의들은 그와 같은 생각의 발전 도구로서 피드백의 효과를 높이기 위한 구체적인 방법론을 마련하기 위해 노력한다. 예를 들어, 변상출(2014), 임형모(2015), 정미경(2013), 정미진(2021)과 같은 연구들은 학생들의 사유를 적극적으로 유도할 수 있는 피드백의 전략을 설계하고 그 효과를 살피는데 집중한다는 점에서 흥미롭다.

변상출(2014)은 교수자로부터 제공되는 글쓰기 이론 교육에 앞서, 학생들에게 먼저 자유로운 글쓰기의 기회를 제공할 것을 주장한다. 이론 중심, 강의 중심의 글쓰기 교육에서 벗어나, 아예 피드백에 집중하는 글쓰기 수업을 활용해, 이론을 가르치는 교사로부터 학생들의 글쓰기 가이드로서 교수자의 역할에 집중하자는 것이다. 사실 이런 점에서 본다면, 임형모(2015)가 제안하는 '밑줄 탐구'의 첨삭 방법 역시 학생 중심의 피드백을 강조한다는 점에서 유사한 관점을 취하고 있다고 할 수 있다. 교수자가 제안한 '밑줄'에 대해 학생들 스스로 문제 의식과 해결 방안을 찾도록 만드는 이러한 피드백은, 틀에 박힌 이론이나 배경 지식에 따른 글쓰기가 아니라, 자기 스스로 능동적인 사고를 할 수 있는 자유로운 글쓰기를 유도하는 셈이기 때문이다. 피드백의 과정을 단순한 지도나 지시가 아니라, 학생들이 자기의 문제를 스스로 탐구하고 이해해나가는 과정으로 만드는 이러한 입상은 정미경(2013)이나 정미진(2021)에서도 크게 다르지 않다. 이들이 제안하는 수업은 글의 구상에서부터 재고에 이르는 각각의 과정에서 자기 평가와 진단의 기회를 제공함으로써, 학생들이 스스로 자신의 글을 객관적으로 바라볼 수 있도록 기회를 만들어준다. 결과적으로 본다면, 교수자 중심의 일방적 피드백 활동을 지양하고, 학생들에게 능동적인 생각의 기회를 부여하려는 이러한 논의들은 피드백을 통해 학생들의 고차원적인 사유 능력을 발전시키려 한다는 점에서 유사한 교육적 철학을 바탕으로 한다고 볼 수 있다.

흥미로운 사실은 학생들의 능동적 역할을 강조하면 할수록, 피드백의 대화적 성격도 함께 강조된다는 점이다. 특히 최근의 논의에서 이러한 현상은 두드러지는데, 대표적으로 정한데로(2012), 김효석(2016), 권미란(2017), 이다운(2019)의 경우 피드백 상황에서 벌어지는 정서적이고 대화적인 관계에 주목하면서, 교수자와 학습자 사이의 상호소통적인 피드백을 강조한다는 점에서 눈여겨 볼 필요가 있다.

가령, 정한데로(2012)는 사회적 구성주의의 관점에서 글쓰기 튜터의 역할과 자세를 제안하고, 일방적인 교정자로서의 역할에서 벗어나 학생들의 생각이 글을 통해 반영될 수 있도록 돕는 조력자로서의 역할에 방점을 찍는다. 이때 주목할 부분은, 학생들의 능동적인 자기 학습을 돕는 과정에서 튜터가 보여주는 피드백의 전략이 다분히 정서적 유대와 심리적 지원을 바탕으로 한다는 점이다. 학생과 튜터 사이에 확립된 신뢰감을 바탕으로, 지시나 지도가 아닌 질문과 대화를 통해 해결의 방안을 제안하는 피드백의 방식은, 결국 참가자들 간의 대등하고 소통적인 관계를 상정해야만 하기 때문이다. 같은 맥락에서, 대학 글쓰기 수업에서 논리적 사고 능력을 향상시킬 수 있는 가장 효과적인 방법으로 대면첨삭을 제안하는 김효석(2016)의 논의도 이해할 수 있다. 그의 연구는 기본적으로 피드백 활동을 교수자와 학습자 사이에서. 벌이는 학문적 토론의 과정으로 바라본다. 자연스럽게 글쓰기 피드백을 통해 학습자의 생각을 최대한 발전시키려는 이런 과정에서 교수자와 학습자 사이의 정서적 교감은 더욱 중요하게 다뤄진다.

이러한 관점은 권미란(2017)에서 더욱 잘 정리되어 있다. 무엇보다 그의 연구는, 피드백 활동의 본질을 글을 매개로 이뤄지는 대등한 주체들의 만남에서 찾는다는 점에서 특별하다. 교수자와 학생 사이의 관계에서 발생하기 쉬운 일방적이고 권위적인 소통의 모습을 거부하고, 대등한 주체들 사이의 수평적인 대화로 피드백을 바라보고 있기 때문이다. 글쓰기를 "자기 존재의 의식과 검증" 과정으로 이해하고 피드백 참가자들 사이의 신뢰를 만들어가려는 그의 피드백 전략은 전통적인 피드백의 내용과 형식을 크게 바꿔놓는다. 이런 관점에서 보자면, 이다운(2019) 역시 글쓰기 피드백의 정서적 측면을 강조하면서, 그 전략을 구체화한다는 점에서 흥미롭다. 그의 연구는 풍부한 경험과 애정을 가지고 있는 멘토와 그를 신뢰하고 존중하며 적극적으로 대화하는 멘티로서 교수자와 학생의 관계를 재정립한다. 글쓰기 피드백을 즐거운 일로 여기도록 만들기 위해서는, 상호간의 신뢰를 기반으로 하는 인간적인 관계를 전제해야한다고 주장하는 이러한 논의들은 학습자의 자기주도적 역량을 강화하는 오늘날 글쓰기 수업에서 더욱 강조되는 경향을 보인다.

4.2. 동료 피드백 연구

한편 글쓰기 피드백과 관련하여, 최근 몇 년 동안 가장 활발하게 이뤄진 연구 주제는 동료 피드백에 관한 것이라 할 수 있다. 동료 첨삭이나 동료 튜터링 혹은 협력 수정으로도 지칭되는 이러한 유형의 피드백은 글쓰기 교육의 현장에서 효과적으로 활용할 수 있는 방법이라는 점에서 특히 중요하게 다뤄지고 있다. 교수자 한 명이 다수의 학생들을 만나야만 하는 한정된 교육 자원의 여건을 감안할 때, 동료 피드백은 학생들의 피드백 기회를 높이고, 피드백의 참여자들을 교수학습의 능동적인 주체로 만드는 훌륭한 대안이 될 수 있기 때문이다.

문제는, 본격적인 글쓰기 전문가로서의 훈련을 받은 교수자의 피드백과는 달리, 동료 피드백의 경우 학생들의 수준에 따른 피드백의 편차를 고민해야 한다는 데 있다. 기존의 논의들이 지적한 바와 같이, 동료 피드백 상황에서는, 학생의 글쓰기 역량을 근본적으로 변화시키는 피드백보다는, 겉으로 드러난 표면적인 오류나 지엽적인 문제들에 대해서만 이뤄지는 피상적인 논의가 이뤄지기 쉽다는 점도 문제다. 학생들 사이에서 생각의 충돌이 일어나는 경우, 그러한 갈등을 효과적으로 중재하기 어렵다는 문제가 제기되기도 한다.[12]

따라서 동료 피드백을 실제로 글쓰기 교육 현장에 적용하기 위해서는, 이것이 학생들의 글쓰기에 실제로 도움이 되는지를 실증적인 검토해야만 한다. 교수자의 개입이 최소화된 상태에서 동료 학생들의 피드백만으로 학생들의 글쓰기에 유의미한 변화를 이끌어낼 수 있는지 확인해야하는 것이다. 이런 맥락에서 정희모·이재성(2008), 주민재(2008), 서수현(2011), 서영진(2012), 서영진·전은주(2012), 김연희·김남국(2013), 조윤아·이상민(2014), 이윤빈(2014), 이윤빈·정희모(2014), 유해준(2015), 김종록(2016), 이지용(2019), 김수정(2020), 이효숙(2021) 등은 피드백 이후 학생들의 반응이나 설문 조사, 혹은 피드백 전후의 학생 글의 변화를 분석함으로써 동료 피드백의 효과를 검증하는 대표적인 논의들이라 할 수 있다.

---

12 서영진(2012)의 경우, 동료 피드백 상황에 대한 실제 분석을 통해서 동표의 피드백을 받아들이는 학생들의 반응을 연구한다. 여기에서 학생들은 표현상의 오류처럼 미시적이고 형식적인 수정은 쉽게 받아들이지만, 글의 내용이나 조직에 대한 피드백은 쉽게 받아들이지 못하는 현상을 보인다. 이것은 동료 피드백이 글의 거시적인 구조를 판단하거나 내용과 주제적인 차원에 의미있는 변화를 주기 어렵다는 한계도 여전히 존재한다는 것을 반증한다. 유사한 맥락에서 동료 튜터의 글쓰기 역량과 수준이 피드백에 중요한 영향을 미치고 있다는 사실, 수준 차가 반응과 결과에도 문제를 보여준다는 점도 유념해서 바라보아야할 대목이라 할 수 있다(이윤빈, 2014; 이윤빈·정희모, 2014 ; 김수정, 2020).

흥미로운 사실은, 이들의 연구 결과로 미뤄볼 때 동료 피드백의 효과나 교육적 영향력이 교수자 중심의 피드백에 비해서 결코 뒤떨어지지 않는다는 점이다. 일반적으로 동료 피드백을 바라볼 때 갖게 되는 우려나 편견과는 달리, 동료 피드백의 교육적 효과가 생각보다 나쁘지 않을 뿐만 아니라, 어떤 점에서는 교수자 중심의 피드백에 비해 더 나은 부분도 있음을 이들의 연구는 보여준다.[13] 예컨대, 지나치게 높게 설정된 교수자의 시선이나, 교수가 사용하는 어렵고 추상적인 언어 대신, 학생들의 눈높이에서 문제에 접근할 때 학생들은 보다 쉽게 자기의 문제를 인식하게 된다. 교수와 학생 사이의 어쩔 수 없는 위계에서 벗어나, 보다 동등한 수준의 학생들이 서로의 의견을 공유할 때, 정서적으로 훨씬 더 편안함을 느낄 수 있다는 점도 동료 피드백이 가지는 장점이라 할 수 있다. 정희모·이재성(2008)이 지적하고 있는 것처럼, 학생들이 서로 이해하기 쉬운 언어로 피드백을 진행한다는 사실 바로 그 자체가 동료 피드백의 가장 큰 장점이 될 수 있는 것이다.

이런 관점에서라면, 서수현(2011)이 제안하는 '협력적 저자'로서 동료의 개념은 조금 더 흥미롭게 다가온다. 그의 연구에서 중요한 지점은 대학생 필자를 이상적이고 모범적인, 완성된 저자로 보지 않고, 담화 공동체의 언어와 사상을 배워나가고 있는 불완전한 존재로 상정하고 있다는 데 있다. 지나치게 이상화된 학습자가 아니라, 아직 미숙하고 덜 가공된 학문 공동체의 초보자로서 학생들의 현실을 이해하고, 날 것 그대로의 학생의 모습을 그대로 받아들이려 하는 이러한 관점은 협력적이고 대화적인 상호 교섭의 과정으로서 동료 피드백의 본질에 분명하게 부합한다.

---

13 김연희·김남국(2013)은 교사의 피드백과 동료 피드백의 특징과 차이를 통계적으로 분석한다는 점에서 흥미롭다. 이들의 연구 결과에 따르면, 문법이나 내용의 문제는 동료 피드백으로도 얼마든지 가능하며, 그리고 무엇보다 정서적 측면에서 학생들에게 훨씬 더 편안한 피드백 상황을 줄 수 있다는 점은 동료 피드백의 장점이라 할 수 있다.

물론 어떤 논의들은 이와는 상반된 입장에서 동료 피드백의 분명한 한계를 지적하는 경우도 있다. 이를테면 주민재(2008)는 동료 피드백의 장점과 한계를 동시에 지적한다. 피드백 과정에서 벌어지는 학생들 사이의 협력이 긍정적인 영향을 가져올 수 있는 것은 분명하지만, 미숙한 필자인 동료 학생의 피드백이 실질적인 글쓰기 역량을 길러주는 데 부족하다는 것을 인정하자는 것이다. 바꿔 말하면, 이것은 동료 피드백의 장점을 극대화하기 위해서는 단점을 최소화할 수 있는 치밀한 수입 과정의 설계가 필요하다는 것을 의미한다. 동료 피드백이 이뤄지기 전에, 좋은 글의 조건을 충분히 숙지하도록 하거나, 학생들에게 피드백의 주요한 기술을 가르치는 것도 방법이 될 수 있다. 동료 피드백의 상황에서 교수자의 역할이 사라지는 것이 아니라, 오히려 학생들의 대화가 글쓰기의 본질적인 요소들을 자극할 수 있도록 끊임없이 노력해야만 하는 것이다.

이런 맥락에서 보면, 동료 피드백에 관한 상당수의 연구가 실제 수업에서 벌어지는 피드백의 상황을 분석하고, 거기에서 발생하는 문제를 해결할 수 있는 구체적인 방안을 만들려 노력하는 이유를 쉽게 이해할 수 있다. 결국, 학생들의 자발적인 참여를 유도하고, 그 과정에서 학생들의 다양한 역량을 자극할 수 있는 수준 높은 피드백 활동을 수행하기 위해서는, 무엇보다 먼저 동료 피드백 과정의 현실적인 문제들을 정확하게 파악해야만 하기 때문이다. 학생들이 비판적 피드백보다는 칭찬과 격려의 반응에 더 크게 반응하지만, 다른 한편 자신이 이해할 수 없는 과도한 칭찬(피드백)에 대해서는 오히려 부정적인 반응을 보이게 된다는 사실을 밝히거나(서수현, 2011 ; 서영진, 2012), 서로 다른 의견을 가진 학생들이 협력적 대화를 통해 어떻게 '수긍'과 '합의'의 단계로 나아가는지 밝히는 연구(조윤아·이상민, 2014), 그리고 동료 피드백에서 자주 나타나는 피드백의 유형을 그 성격과 내용, 영역에 따라 체계화하는 작업(서영진·전은주, 2012)들은 교실 현장에서 벌어지는 동료 피드백의 실제 모습을 적나라하게 보여주면서도, 이것을 보다 자연스럽게 긍정적으로 해결하려는 구체적인 수업 방안을 제시한다는 점에서 흥미롭다. 이러한 논의들이 학생들 사이에서 이뤄지는 대화적 교섭의 양상을 면밀하게 추적하고, 그 결과를 통해 피드백의 질을 높이는데 기여하게 되기 때문이다.

같은 맥락에서, 김연희·김남국(2013)은 교사의 피드백과 동료 피드백의 특징과 차이를 통계적으로 분석한다는 점에서 중요해 보인다. 특히 이들의 연구에서 문법이나 내용의 오류를 개선하는 데에 동료 피드백이 충분히 도움이 될 수 있다는 점을 밝히거나, 교수자와의 피드백보다 정서적으로 훨씬 더 편안한 상황을 유지할 수 있다는 장점이 있다는 점을 밝히는 부분은 참고할 만하다. 실제로, 이들의 실험 방법은 이후의 논의들에서 거의 유사하게 활용된다. 동료 피드백을 일종의 협력적인 글쓰기의 과정으로 바라보는 유해준(2015)의 관점이나, 학생들의 요구조사를 통해서 동료 피드백의 구체적인 실천 방향을 제시하려는 최미나(2015)의 연구, 글쓰기 수업 초반에 피드백의 이론과 구체적 방법을 학생들에게 학습하도록 만들어야 한다고 주장하는 이지용(2019)의 논의들은 모두 동료 피드백의 약점을 보완하고 그 효과를 극대화하기 위한 구체적 방안을 담고 있다고 할 수 있다.

이상의 논의들이, 학생들이 실제로 피드백 과정에서 사용하는 담화의 양상을 살피고 이를 통해 동료 피드백의 취약점과 보완점을 분석하고 있다면, 이러한 논의를 바탕으로 구체적인 피드백의 모형을 제시하고, 실제 사례들을 통해 그 내용과 효과를 분석한 논문들도 있다.

실제로 최근의 피드백 연구들은 바로 이처럼 개별 수업 사례와 관련한 피드백의 모형과 수업의 방안을 설명하려는 데 목표를 둔 것처럼 보인다. 최선경(2010), 임택균(2013), 김종록(2015, 2016), 고혜원(2016, 2018), 유유현(2016),

오현진(2017), 최선희(2016), 김현정(2017), 나은미(2020), 엄성원(2019), 이효숙(2021)의 논문들은 동료 피드백의 구체적인 방법과 모형을 제안하고, 이를 실제 수업에 적용·분석한다는 점에서 유사한 연구 방법을 취한다.

우선 임택균(2013)은 성공적인 동료 피드백을 위한 여러 가지 조건들을 거론하면서, 글쓰기의 실력을 향상시키는 데 필요한 인지, 정서, 행동 영역의 구성 요소들을 규명하려 노력한다. 무엇보다 학생들의 긍정적인 쓰기 태도를 형성하게 하기 위해 그가 제안하는 ①구체적인 피드백을 위한 보조 자료(체크리스트 등)의 활용(제공), ②지속적이고 장기적인 교육을 가능하게 하는 장치(포트폴리오 등)의 마련, ③부족한 부분을 채워주는 보충지도, ④장르 중심의 글쓰기를 통한 글쓰기 수업 등은 동료 피드백의 수준을 끌어올리는데 적용할 수 있는 구체적인 방안이 될 수 있다는 점에서 참고할 필요가 있다.

동료 피드백을 바탕으로 하는 글쓰기 수업의 이러한 전략은 최선경(2010)이 제안한 수업에서도 구체적으로 발견된다. 그는 동료 피드백에서 자주 발생하는 핵심적인 문제점들을 검토한 뒤, '분석-진단-처방-협의'의 피드백 모형을 제안한다. 동료 튜터들의 수준에 따라서 들쑥날쑥하게 달라지는 피드백의 효과를 평균 수준 이상의 것으로 만들기 위해서 보다 체계적인 수업의 모형이 필요하다고 보는 것이다. 학생들마다 다른 글에 대한 안목과 수준, 지식의 차이가 첨삭의 효과를 떨어뜨릴 수 있다는 점을 감안하면, 튜터들이 피드백의 각 단계에 적합한 질문을 활용할 수 있도록 피드백의 표준 가이드나 질문지를 제공하자는 제안 역시 성공적인 동료 피드백을 위해 충분히 검토해볼 필요가 있다.

하지만 이처럼 다양한 연구들 가운데에서도, 김종록(2015, 2016)의 논의는 동료 피드백에 대한 본격적인 연구를 진행하고 있다는 점에서 특히 주목할 필요가 있다. 동료 피드백을 중심에 둔 이상적 수업 모형을 설계하고,

실제 수업에 반영한 결과를 실증적으로 증명하는 그의 논의는 동료 피드백을 성공적으로 이루기 위해 필요한 것이 무엇인지에 대해 다시금 생각하게 만든다. 사실, 그가 동료 피드백의 이론적 바탕으로 삼고 있는 과정적 글쓰기의 원리는 실제 수업에서 중요하게 적용될 수 있다. 학생들이 자신의 생각을 만들고, 생각의 편린들을 조직하며, 실제로 그것을 한 편의 글로 표현하고 다시 수정하는 그 모든 과정에서 피드백이 효과적으로 개입할 수 있기 때문이다. 특히 그가 제시하는 분석과 이해, 비평과 처방, 협의 수정의 개념들은 구체적인 동료 피드백의 실천적 모델로서 눈여겨 볼 만하다. 동료 피드백이 글쓰기 과정 중의 각각의 단계에 연속적으로, 그리고 반복적이고 체계적으로 개입하도록 수업 모형을 설계할 때, 피드백의 효과는 극대화 될 수 있다는 그의 전략이 충분히 설득력 있기 때문이다.[14]

한편, 고혜원(2016, 2018)은 동료 피드백의 경험이 튜터나 튜티 학생 모두에게 바람직한 영향을 줄 수 있다는 사실에 주목한다. 피드백의 과정에서 듣고, 말하고, 읽고 쓰는 모든 언어적 활동이 가능하다는 점을 고려하면, 스스로 피드백의 주체가 된다는 그와 같은 경험이 학생의 다양한 학업 역량을 자극할 수 있기 때문이다. 무엇보다도 "필자로서의 독자 감각"이라는 개념을 통해 그가 설명하고 있는, 다른 이의 글을 통해 자기 자신의 글쓰기 과정을 새롭게 자각할 수 있게 되는 체험은 중요해 보인다. 분명, 동료 피드백의 가장 흥미로운 특징은 피드백에 참여한 학생들을 '읽는 사람(튜터)'이면서, 동시에 '쓰는 사람(튜티)'이 되도록 만든다는 데에서 비롯된다. 그처럼 복합적인 상황에서 다양한 역할을 체험하는 동안, 학생들은 자신을 보다 쉽게 객관화할 수 있게 되고, 그와 같은 과정에서 중요한 "배움의 전이"도 함께 이루어질 수 있는 것이다.

---

14 김종록(2016)은 이러한 수업 모형의 효과를 객관적인 통계 소사를 통해 분석한다. 그의 연구는 장르적 글쓰기를 대상으로, 동료 피드백의 효과와 문제, 개선 방향까지 폭넓게 연구한다는 점에서 참고할 만하다.

그러므로 이런 관점에서 본다면, 본질적으로 동료 피드백의 방법론적 핵심은 개방적인 태도와 그 대화성에 있는지도 모른다. 김현정(2017)이 언급하고 있는 것처럼, 다른 차이를 가진 타자의 생각을 이해하고, 그와 대화하는 과정에서 서로 다른 생각의 접점을 찾는 일은 동료 피드백의 중요한 특징이기 때문이다. 물론 그와 같은 대화가 학생 자신의 내면에서도 이뤄진다는 점도 놓쳐서는 안 된다. 글쓰기의 과정, 특히 수정의 과정이 자기 반영적 사고의 과정이자 훈련일 수 있는 이유는 그처럼 글을 쓰고 고쳐나가는 과정에서 벌어지는 내적 대화가 그만큼 중요한 부분을 차지한다는 데에서 비롯되기 때문이다. 유사한 관점에서, 동료 피드백 과정 중 학생들의 대화가 자유롭고 활발하게 이뤄질 수 있도록 구체적인 태도와 방안을 마련하고 있는 최선희(2016)의 수업 모형도 여기에서 참고할 만하다. 동료 글에 ①호기심을 가지고 대하고, ②열린 자세로 다가가며 ③상대방 글에 대한 인상을 바탕으로 ④긍정적인 논평에 초점을 맞추어 ⑤가능한 문법보다는 내용에 대한 의견을 담도록 유도할 때, 동료 피드백의 효과가 더욱 높아질 수 있다는 그의 진술은 분명 시사하는 바가 있다.

분명, 최근의 연구들은 동료 피드백의 장점을 충분히 활용해 다양한 장르와 형식의 글쓰기 수업에서 적용할 수 있도록 하는 데까지 연구의 영역을 확정하는 경향을 보인다. 자기소개서나 공동 글쓰기 모형 등 다양한 글쓰기 수업을 제안하는 유유현(2016)이나 플립러닝이라는 혁신적 수업의 방식에서 동료 피드백의 역할을 확대하려는 엄성원(2019)의 논의, 그리고 온라인 댓글의 형식으로 동료 피드백을 활용하는 나은미(2020)와 대학 비교과 프로그램에서의 동료 튜터링의 활용을 강조하는 이효숙(2021) 등의 논의는 이처럼 동료 피드백의 교육적 가능성을 실제 수업에서 적용, 실현하려는 주목할 만한 시도들이라는 점에서 최근의 연구 방향을 잘 엿보게 해준다.

4 3. 장르별·전공별 글쓰기 피드백 연구

기존의 피드백 연구에서 흥미로운 경향 중 하나는, 글의 종류나 장르에 따라서, 혹은 학생의 전공이나 전공교과별 글쓰기의 특성에 따라서 피드백도 달라져야 한다고 주장하는 것이다. 이러한 관점의 연구들은 글의 장르나 혹은 글쓰기가 이뤄지는 전공 영역에 따른 차이가 분명하게 존재한다는 사실에 주목한다. 글쓰기의 내용과 형식에 차이가 난다면, 그 특징을 정확하게 반영한 전문적인 피드백 또한 필요할 수밖에 없기 때문이다.

이를테면 서사, 비평, 논증의 글처럼 글의 종류마다 다른 특징들이 존재하며, 그러한 글쓰기 과제의 차이에 적합한 피드백의 전략이 요구된다는 관점이 있다(서은혜, 2021). 그리고 이 가운데에서도 가장 활발하게 이뤄지는 연구는 학생들로 하여금 자신의 서사를 구성하도록 하는 글쓰기와 그 피드백에 관한 연구들이다. 이러한 연구들은 글쓰기가 기본적으로 자기 자신에 대한 성찰이며 내면의 대화라는 입장에서, 피드백을 통해 학생들이 자신의 서사를 구성하도록 도우려 노력한다.[15] 최종환(2012), 김신정(2015), 홍인숙(2018), 전은경(2019), 김지현·김한결(2021) 등은 이처럼 자기 고백적, 자기 서사적 글쓰기에 특화된 피드백의 전략을 연구하는 대표적인 논문들로, 이들의 연구는 자기의 서사를 구성함으로써 자기 성찰을 유도하고, 그러한 과정을 통해 자기 내면의 치유에까지 이르는 다양한 자기 서사의 글쓰기 수업을 연구의 주제로 삼게 된다.

이를테면 최종환(2012)의 경우, 자기소개서, 자서전, 유서, 내면의 기술(記述)과 같은 다양한 종류의 자기 서사적 글쓰기가 존재하며, 그와 같은 글쓰기의 과정이 학생들의 자아 정체성을 확립하는 데 기여한다고 말한다.

---

15 가령, 일기나 자기소개서와 같은 일상적인 생활을 자료로 하는 글에서부터, 취업용 자기 소개서와 같은 현실적인 내용의 글쓰기, 자서전이나 유서 쓰기나 자기 고백적 글쓰기처럼 자신의 내면을 치유하도록 유도하는 글쓰기들은 교양 글쓰기 수업에서 빈번하게 다뤄지는 과제들이다.

물론 이런 글쓰기 과정이 보다 더 깊이 있는 "자기 응시"에 도달하기 위해서는 이에 적합한 피드백이 뒷받침되어야 한다. 자기 서사적 글쓰기의 피드백은 단순히 글을 고치고 수정하는 전략에 집중하거나 문장을 숙련하게 하는데 초점을 두는 대신, 학생들이 자기 자신의 내면이나 무의식에 마주할 수 있도록 도와야만 하는 것이다. 물론 이를 위해서 피드백은, 진실한 공감에 기반한 대화를 통해 사유의 지평을 넓히도록 만들거나, 세계 인식에 대한 새로운 지평을 열어줄 수 있도록 노력해야만 한다. 학생들의 글쓰기에 비판적인 판단을 가하기보다는, 공감의 언어를 통해 학생이 발견한 자기 세계를 긍정할 수 있도록 돕는 일이 중요해지는 것이다.

유사한 관점에서 김신정(2015)은 대학생의 자기소개서를 피드백하는 과정에서 대화적 활동이 중요하다는 사실을 다시 한 번 지적하면서, 학생들의 주체적인 활동을 돕는 일종의 조력자로서 튜터의 역할을 강조한다. 그는 학생들을 처음 대면하는 순간부터 단계별로 이뤄지는 본격적인 피드백의 활동에 이르기까지 피드백의 과정에서 튜터들의 역할과 반응을 꼼꼼하게 제시한다. 특히 그의 논의에서 흥미로운 부분은, 학생들이 자기소개서를 쓰는 과정에서 중요한 것이 자기 내면과의 진실한 대화를 통해 경험을 대하는 일임을 강조하는 대목이다. 내면과의 조우를 구체적으로 서사화하도록 돕는 일이 자기성찰적 글쓰기 피드백의 핵심적인 목표이자 전략임을 이 논문이 잘 보여주기 때문이다.[16]

그런데 이처럼 자기서사적 글쓰기의 피드백이 학생들로 하여금 자신의 발견을 돕는 공감의 태도에 바탕을 두는 것이 사실이라면, 글쓰기 교수자의 피드백은 도대체 상담사의 역할과는 어떤 점에서 달라지는 것일까? 이

---

16 실제로 이러한 연구들을 바탕으로, 개별 피드백의 사례들을 구체적으로 분석하는 연구들도 있다. 다양한 종류의 자기 표현의 글들을 보여주고 그 과정에서 피드백의 구체적인 대안을 제시하는 전은경(2019)과 취업목적의 자기 지도사례 속에서 학생들의 문제 유형을 '목표, 직무수행, 협력, 성격' 등으로 구분하고 그러한 과정에서 학생들의 김지현·김한결(2021)의 논의들은 모두 자기 표현에 관한 구체적인 방법들을 보여준다.

런 까다로운 문제에 대한 답을 찾기 위해서는, 홍인숙(2018)이 제안하는 피드백의 성격에 주목할 필요가 있다. 글쓰기 과정에 필요한 주제와 구성의 힘은 결국 학생들이 자신의 정체성을 구성하고, 언어를 통해 자신을 표현하도록 만든다는 점을 고려해 보자. 그렇다면 글쓰기 피드백은 학생들이 자신의 이야기를 구조화할 수 있도록 돕는 데 그 목표를 둔다는 점에서 특별한 성격을 지니게 된다. 요컨대, 치유자나 상담사와는 달리, 글쓰기 교사로서 피드백 과정에서 전달하는 교수자의 격려와 조언은 결국 학생들이 자기가 대면한 문제들을 어떻게 스스로 조직화하고 체계화할 것인가, 또한 그처럼 발견한 자신의 생각을 어떻게 다른 이들에게 표현할 수 있는가라는 문제와 연결되어 있기 때문이다. 비록 글쓰기의 목표가 학생들에게 성찰의 계기를 마련하고 자신의 내면을 치유하는 데 있는 경우라 해도, 글쓰기 교수자의 역할이 '치유자'나 '상담사'의 역할과는 같을 수 없는 것이다.

이상의 논의들은 자기 서사적 글쓰기라는 특별한 종류의 글에 관한 피드백을 연구하고 있다는 점에서, 장르별 글쓰기 피드백의 대표적인 사례들이라고 할 수 있다. 그러나 물론, 글쓰기 수업에서 이뤄지고 있는 글의 장르가 이처럼 자기 서사의 글로만 한정되는 것은 아니다. 이를테면, 비평적 장르의 글쓰기는 학생들의 문해력을 연습하고, 그들의 논리적 사유를 향상시키기 위해 흔히 사용되는 글쓰기 형식이라고 할 수 있다. 책이나 영화를 읽고 감상문을 쓰거나, 공연이나 미술작품, 혹은 다큐멘터리 등을 보고 난 뒤 리뷰를 쓰는 활동은 대학 글쓰기 수업에서 자주 이루어진다.

학생들의 입장에서 본다면, 비평은 다른 창작의 글쓰기에 비해 조금은 쉽게 접근할 수 있는 글쓰기라는 장점을 가진다. 아예 새로운 이야기를 창조하는 창작의 글쓰기에 비하면, 이미 존재하는 텍스트에 대한 감상과 거기에 덧붙이는 평가라는 점에서 학생들이 조금 더 쉬운 과제로 받아들일 수 있기 때문이다. 뿐만 아니라, 비평적 글쓰기가 단순한 줄거리의 요약이나 감정의 나열이 아니라는 점을 감안한다면, 비평적 글쓰기의 과정이 학생들로 하여금 능동적인 사유를 경험하게 만드는 중요한 전략이 될 수 있다는 점에도 주목해야 한다. 텍스트를 매개로 자신의 생각을 발견하고, 그것을 확장해 하나의 주제로 구성, 확대하는 과정에서 다양한 사고의 능력을 발전시킬 수 있기 때문이다.

그리고 이런 점에서 본다면, 비평적 글쓰기에 대한 피드백은 다른 장르의 글쓰기 피드백과는 다른 방식으로 나타날 필요가 있다. 예를 들어 이동순(2015), 김남경(2017), 서은혜(2021)는 서평 쓰기라는 특별한 장르의 글쓰기의 특징에 주목하고, 이에 대한 효과적인 피드백을 고안하려고 노력하는 대표적인 논의라 할 수 있다. 가령, 김남경(2017)은 서평 쓰기에 나타난 학생들의 오류들을 분석하고, 비평적 글쓰기의 과정에서 빈번하게 나타나는 피드백의 문제들을 살피고 있다는 점에서 시사하는 바가 있다. ①서평 구성에 대한 이해의 부족, ②대상 텍스트에 대한 이해와 분석의 부족 ③가치평가의 부족(부재) 등이 비평적 글쓰기에서 나타나는 학생들의 문제점이라고 한다면, 결국 이러한 문제들을 적극적으로 해결할 수 있도록 피드백의 전략을 구상하는 일은 반드시 필요하기 때문이다. 유사한 맥락에서, 서은혜(2021)의 연구는 비평적 글쓰기라는 개별 장르의 특성과 그에 적합한 피드백의 필요를 제기하면서, 이에 관한 보다 실증적이고 분석적 연구의 필요성을 강조한다. 예컨대 서평은 어떻게 단순히 독후감과는 다른가, 혹은 그것이 어떻게 세계의 현상을 읽는데 통찰을 제공하는가와 같은 비평적 사유의 핵심적인 논제들이 결국 피드백의 과정에 충분히 녹아들어가야 한다는 사실을 그의 논의는 보여준다.

한편, 특정한 장르나 영역의 글쓰기에는 그에 특화된 피드백이 요구된다는 이와 같은 관점의 연구들 가운데에서도 특히 주목할만한 흐름으로 전공 글쓰기라는 개념이 존재한다. 이러한 연구는 글쓰기가 이뤄지는 현장, 전공영역별 특성, 그리고 전공학업과의 관련성들을 폭넓게 고려하여 글쓰기 피드백에 적용하기 위해 노력하는 경향을 보인다. 앞에서 논의한 대부분의 논의들이 글쓰기 수업을 독립된 능력으로 규정하거나, 혹은 글 장르의 성격에 따라 달라지는 내용들을 문제로 삼고 있다면, 여기에서는 글쓰기를 전공교육과 연계함으로써 범교과적인 교수학습의 도구로 활용하려는 것이다. 전공글쓰기(WID, Writing in Discipline), 교과기반 글쓰기(WAC, Writing Across Curriculum), 학습연계 글쓰기(WTL, Writing to Learn) 등으로 구체화되고 있는 일련의 논의들은 이처럼 전공별 글쓰기의 가능성을 모색하고 그 효과를 극대화시키려 노력하는 글쓰기 교육의 새로운 개념들로, 최근의 피드백 연구들은 이처럼 글쓰기와 피드백을 특정한 교육적 목표와 접목하려 시도한다는 점에서 흥미롭다.

초기에는 이와 같은 연구가 몇몇 대학의 글쓰기센터를 중심으로 집중되어 있었지만, 최근에는 이러한 연구가 보다 그 영역을 확장하고 있는 것처럼 보인다. 정한데로(2012), 김남미(2014), 권경미(2019) 등의 논의는 이러한 전공별 글쓰기, 혹은 학습연계형의 글쓰기를 대표하는 논의들로, 이들의 연구는 전공별 글쓰기의 상황에서 어떻게 피드백이 효과적으로 작동하게 되는가라는 구체적인 원리와 방안을 제시하고 있다는 점에서 주목할 필요가 있다.

가령, 김남미(2014)의 연구는 전공글쓰기의 개념과 역할을 고려하면서, 그에 필요한 피드백의 큰 방향을 제시한다는 점에서 중요하다. 그에 따르면, 전공능력을 향상시키는데 글쓰기가 가진 가장 중요한 장점은, 문식성의 관점에서 학문적 담화 공동체의 규약을 배우고 이해하도록 만든다는 데 있다. 글쓰기를 통해 전공 영역에서 사용되는 어휘와 용어의 개념, 기본적인 내용과 같은 지식을 배우고 적용할 수 있을 뿐만 아니라, 전공 지식이 창출되고 조직되는 방식을 배울 수 있다고 생각하는 것이다. 따라서 해당 전공에 필요한 사고와 행동을 배우는 이런 글쓰기는 결국 그에 특화된 피드백을 요구하게 된다. 전공에 대한 이해를 바탕으로, 학생들을 자기 전공의 담론장에 보다 수월하게 안착할 수 있도록 돕게 만드는 것이 전공별 글쓰기 피드백의 중요한 목표가 될 수밖에 없는 것이다.[17]

동일한 맥락에서, 이러한 논의와 관련된 가장 최근의 연구로 권경미(2019)에도 주목할 필요가 있다. 학령인구의 감소나 대학전공의 구조조정 같은, 유례없이 변화하고 있는 대학 글쓰기 교육의 현실 속에서 보다 대안적인 교수 학습 프로그램의 방안으로서 학습과 연계한 글쓰기의 개념(WTL, Writing to Learning)을 제안하고 있기 때문이다. 그의 연구는 전공연계식 글쓰기와 유사하지만, 보다 다양한 교과에서 학습을 촉진하거나 보완할 수 있는 일종의 혁신적 교수학습의 방법으로서 글쓰기의 개념을 강조한다. 새로운 글쓰기 교과목의 개설 없이도, 다양한 학습 상황에 적용할 수 있는 다양한 형식의 글쓰기 활동을 제안하는 것이다. 메모, 요약, 정의, 퀴즈 등 다양한 활동을 활용하는 이와 같은 개념은 쓰기의 외연을 확대하고 그것을 학습 상황에 전방위적으로 적용하게 만들고 있다는 점에서 그의 연구는 파격적인 글쓰기 교육의 방향을 제시한다. 끊임없이 변화하는 교육 환경에 적응하기 위해 글쓰기와 피드백의 적응을 강조하는 이러한 논의들은 새로운 형식과 내용으로 피드백을 더욱 다채로운 교수학습의 전략으로 만드는데 기여한다는 점에서 분명 의미가 있다.

---

17 정한데로(2012)가 지적한 바 있는 것처럼, 교과기반 글쓰기(WAC)에서 튜터의 역할을 더욱 중요해 보인다. 전공지식을 처음 접하거나 그 과목의 특수성을 여전히 충분히 이해하지 못하고 있는 학생들에게는, 글쓰기의 지식과 전공 지식에 대한 이해가 서로 만나는 그 접점에서 다양한 지식과 이해관계를 조율하는 중요한 역할을 튜터가 맡고 있기 때문이다.

4.4. 비대면 시대의 온라인 피드백 연구

마지막으로 이 장에서 살펴볼 가장 최근의 논문들은, 비대면 시대에 그 필요성이 더욱 강조되고 있는 온라인 피드백에 관한 연구들이다. 지금까지 살펴본 연구논문들이 주로 글쓰기라는 활동 그 자체에 초점을 맞추고 글쓰기의 원리와 방법을 탐구해 왔다면, 여기에서 살펴볼 온라인 피드백에 관한 연구들은 주로 피드백이 이뤄지는 매개적·환경적 성격에 주목해 논의를 펼친다는 특징을 보인다. 즉, 글쓰기 피드백이 이뤄지는 공간적 특징이나 매체적 특성에 주목하면서, 각각의 상황에서 보다 효과적으로 활용될 수 있는 피드백의 방안에 대해 탐색하는 것이다.

사실 대학 글쓰기 수업 중에 이뤄지는 피드백은 대부분 대면의 방식으로 진행되어 왔기에, 그에 관한 연구들 역시 기본적으로 대면 피드백의 상황을 전제하는 경우가 많았다. 1:1의 개별면담 형식이거나, 혹은 다수자를 대상으로 하는 피드백이건, 혹은 동료 피드백이거나 전공별 피드백이거나에 상관없이, 대부분 그것은 튜터와 튜티, 교수자와 학습자 사이의 직접적인 만남을 상정하고 있었던 것이다.

그러나 실제로는 글쓰기 피드백이 이뤄지는 또 다른 중요한 매개가 존재한다. 발전된 정보통신 기술을 활용해, 다양한 기술적 방법을 매개로 학생들과 만나는 온라인 피드백이 바로 그것이다.[18] 이를테면, 글쓰기 수업

---

[18] 사실 온라인 피드백에 관한 초기의 연구는 주로 대학 비교과 프로그램의 일환으로 개별 대학의 글쓰기센터를 중심으로 이뤄진 연구들에서 나타난다. 주로 대학연구지원 사업의 일환으로 설립된 각 대학의 글쓰기센터에서는 주로 온라인 디지털 시스템을 활용하는 경우가 많았고, 자연스럽게 이곳을 중심으로 온라인 피드백에 대한 연구도 많이 나타나게 된 것이다. 글쓰기센터 운영의 현황과 과제라는 주제로 연구된 논문들은 안상희(2014), 염민호·김아연·김현정(2014), 나은미 외(2015), 임선애(2017) 등의 논문을 참고할 수 있다. 또한 개별 대학에서 운영되고 있는 글쓰기센터의 현황을 소개하는 연구들로 경북대학교 글쓰기도움터(전은경 외, 2014), 계명대학교 표현력 증진센터(장요한, 2014), 서강대학교 글쓰기센터(엄성원, 2014; 곽상순, 2019), 서울대학교 글쓰기 교실(박정희, 2013), 충남대학교 기초교양교육원(이규일, 2015) 등의 논문들, 그리고 외국대학의 글쓰기센터의 교육을 소개하는 논의들(김민희, 2020; 곽수범, 2021)은 실제로 어떤 방식으로 이뤄지고 있는지 엿보게 해준다는 점에서 참고할 만하다.

자체를 온라인과 오프라인의 장점을 결합한 혼합 수업으로 기획하고, 그 과정에서 온라인 피드백의 가능성을 모색한 연구들이 있다. 플립 러닝을 글쓰기 수업에 적용하고 거기에 온라인 피드백의 요소를 접목한 김지선(2014)이나, 댓글(메모) 형태의 집단 피드백을 활용해 새로운 유형의 동료 피드백을 제안하는 최성민(2015)의 논의는 비교적 초기부터 온라인 피드백의 가능성을 실제 수업에 시도한 사례라고 할 수 있다. 이런 연구들은 보다 편안한 피드백 환경을 조성할 수 있는 비대면 대화의 장점뿐만 아니라, 시공간의 제약이 거의 없는 온라인 시스템의 장점에 주목하면서, 그동안 대면 첨삭이 중심이었던 글쓰기 피드백에 새로운 형식이 가능하다는 사실을 보여주게 된다.

물론 본격적인 온라인 피드백에 대한 연구로, 안미애·김영철·지현배(2013), 지현배(2017a, b, c), 이희영·김화선(2019) 등의 논의를 빼놓을 수 없다. 몇몇 대학을 중심으로 활발하게 이뤄지고 있는 ICT 시스템 기반의 온라인 피드백의 효과와 장단점들을 대단히 세심한 부분까지 규명하고 있는 이들의 연구는 분명 온라인 피드백의 본질을 가장 잘 보여주는 연구들이라 할 수 있다. 사실 이들의 연구는 이전까지 연구자들이 크게 관심을 두지는 않았던, 피드백의 공간적·매체적 문제에 주목한다는 점에서 다른 연구들과는 분명한 차별성을 지니고 있다. 매체의 형식이 바뀔 때 내용과 주제에도 커다란 변화가 생길 수밖에 없다면, 피드백을 매개하는 환경이 급속도로 변화하는 상황에서, 그에 부응할 수 있는 새로운 방식의 글쓰기 피드백을 함께 고민하지 않을 수 없다는 사실을 이들의 연구가 보여주기 때문이다.

흥미로운 점은 코로나19 펜데믹이 시작된 이후, 2020년 이후에 발표된 상당수의 글쓰기 연구들이 이처럼 디지털, 온라인을 매개로 이뤄지는 글쓰기 피드백에 관심을 집중하고 있다는 사실이다. 펜데믹으로 인해 비대면의 수업 활동을 피할 수 없게 되면서, 글쓰기 피드백 역시 필연적인 변화를 모색하지 않을 수 없게 되었던 것이다. 심지현(2020), 권정현(2020), 김남미(2020), 박호관·전용숙(2020), 이지은·김유경(2020), 송명진(2021), 이부순(2021), 이미정(2021), 김지윤·이현정·구자황(2021), 정세권(2021), 배혜진·전은경(2021), 이슬기·배윤정·정형근(2021) 등의 연구들은 코로나 유행 이후 새롭게 변화한 글쓰기 수업 상황을 반영하고 있는 가장 최근의 논의들로 피드백의 또 다른 전환을 예고하고 있다는 점에서 주목할 필요가 있다.

사실, 이전의 온라인 피드백 연구와 비교할 때, 펜데믹 이후의 연구가 가진 중요한 특징이 존재한다. 2020년 이후 발표된 피드백 연구들은 대부분 그동안 상상으로만 품고 있었던 새로운 피드백의 방식을 현실로 구현한 결과들을 보여주고 있기 때문이다. 상상에서나 가능했던 현실을 구현할 수 있는 매체 기술의 진보와 함께, 그와 같은 비대면의 수업 상황을 일상적으로 받아들이면서 그에 걸맞은 피드백의 내용과 형식을 고민하는 것은 이들의 논의에서 공통되는 부분이라 할 수 있다. 온라인 시스템은 시공간의 제한을 넘어서 이전과는 다른 피드백의 상황을 만들어 놓는다. 발전된 정보기술 시스템에 기반 한 피드백 활동은 학생들의 글쓰기 이력을 보다 쉽고 수월하게 관리하고, 피드백의 실제 효과를 객관적으로 검토 분석하게 만들 기 때문이다. 뿐만 아니라, 줌(ZOOM)이나 미트(MEET)와 같은 온라인 화상회의 기술이 대중화되면서, 피드백의 존재 방식이 완전히 뒤바뀔 처지에 놓여있다는 주장도 충분히 설득력이 있다. 온라인 피드백을 다룬 가장 최근의 논문들 주에서도 특히 눈에 띄는 논문으로 김지윤·이현정·구자황(2021)과 송명진(2021)에 주목해보자. 이들 논문은 개별 수업 사례를 정리하고 소개한 여타의 논문들과는 달리, 본격적으로 온라인 수업의 원리에 대해 규명하려고 노력한다. 온라인 피드백에서 나타나는 학생 글을 다각도로 분석하고 있는 이들의 연구는 온라인 피드백의 장단점을 분명하게 보여줄 뿐만 아니리, 앞으로 글쓰기 교육이 나가야할 방향을 함께 제시한다. 단순히 온라인 화면을 통해 이뤄졌던 서면 피드백의 방식을 넘어, 실제로 학생들과 비대면의 면담을 함께 이루는 말 그대로 공간의 한계를 초월한 피드백의 가능성을 적극적으로 모색하고 있는 것이다. 인구구조의 변화와 급변하는 매체 기술의 발전 속에서 대학 글쓰기 교육에 처한 대전환을 예감하고, 그에 대한 적극적인 대응을 요구하고 있는 이러한 논의들은 글쓰기 피드백의 새로운 방향을 제시하면서 동시에 그 교육적 가능성을 확대하기 위해 노력한다는 점에서 중요한 의의를 지닌다.

5. 결론

지금까지 살펴본, 지난 20여 년간에 걸쳐 이뤄진 글쓰기 피드백의 연구 논문들은 주제나 내용면에서 저마다 다양한 논의들을 펼치고 있다. 그렇지만 이처럼 다양한 연구들의 문제의식이나 그것이 바탕을 둔 글쓰기 교육의 철학, 혹은 그들이 제안하는 피드백의 전략과 교육적 함의를 살필 때, 이러한 연구가 공유하는 몇 가지 중요한 특징들을 정리해볼 수 있다.

첫째, 기본적으로 2000년대 이후의 글쓰기 교육 연구들은 글쓰기 피드백이 단순한 작문교육의 도구가 아니라, 학습자의 다양한 역량을 자극하고 발전시킬 수 있는 효과적인 교수학습의 전략이 될 수 있다고 말한다. 한 편의 글을 완성하는데 필요한 일련의 활동들, 즉 대상에 대해 사유하고, 그에 관한 자료를 수집 정리하며, 자기의 생각을 구체적으로 표현하고 다시 수정해 나아가는 그 모든 과정들이 궁극적으로는 학생들의 잠재적 역량을 강화하는데 기여하기 때문이다. 그러므로 이러한 관점에서는 피드백을 정확한 문장이나 아름다운 글을 만들기 위해 첨삭하는 문예활동으로 이해하기보다는, 오히려 학생 내면의 다양한 학습 역량을 자극하고 그런 능력을 발전시킬 수 있는 계기로 이해하려는 경향을 보이게 된다. 학생들이 가능한 스스로 문제를 해결할 수 있도록 돕는 과정으로 피드백을 설계함으로써, 학생들의 자기주도적인 피드백을 강조하는 것이다.

둘째, 최근의 논문들은 학생들의 여러 능력 중에서도 특히 사유의 발전 도구로서 글쓰기에 대해 초점을 맞추고, 생각의 발견과 확대, 그리고 구체화를 집중적으로 자극하는 피드백을 강조하는 경향이 있다. 특히, 창의적이고 융합적인 사고의 중요성이 강조되면서, 이러한 피드백의 경향은 더욱 강화되는 것처럼 보인다. 창의적인 사고의 본질이 이미 내면화한 지식을 서로 연결해 새롭게 구조화하는 데 있다는 점을 감안한다면, 기존의 지식들을 활용해 새로운 생각을 창출할 수 있도록 돕는 것이 글쓰기 피드백의 보다 중요한 목표라고 간주하게 된 것이다.

글쓰기 피드백이 학생들의 고차원적인 사고능력도 발전시킬 수 있는 이유도 실은 바로 여기에 있다. 글쓰기 피드백을 통해 문제를 인식하고 그것을 수정 보완하는 경험은 결국 학생들이 직접 생각하는 법을 배우고 체험하는 효과적인 방법이 될 수 있다. 피드백 활동이 학생들로 하여금 기존의 정보들을 재구성하고 그 안에서 스스로 오류를 점검하도록 만드는 것, 그 과정에서 끊임없이 자신의 사고를 조정하고 수정해나가게 된다는 것, 그리고 무엇보다 자기의 생각을 보다 객관적인 입장에서 바라볼 수 있게 된다는 것은 무엇보다 학습자의 메타인지 능력을 강화하는데 기여하게 된다.

셋째, 이런 피드백은 자연스럽게 대화 중심, 의사소통 중심의 피드백을 추구하려는 경향을 보이게 된다. 여기에서 피드백은 일방적인 주입식 교육이 아니라, 교수자와 학생 사이의 상호소통적인 활동으로 간주된다. 글쓰기 피드백을 동일한 목표를 이루기 위해 조금씩 합의를 만들어가는 대화적 과정으로 이해하는 것이다.

사실, 교수자 중심의 일방적인 피드백에서 벗어나 참여자 사이의 대등한 관계를 강조하는 이러한 피드백은 서로 다른 생각들의 만남과 이해의 과정이 될 수 있다는 점에서 특히 오늘날 시사하는 바가 커 보인다. 다양한 지식들이 서로 교차하고, 서로 다른 생각들이 대화적으로 소통하는 과정에서 차이에 대한 이해나 갈등의 조정이 가능해지기 때문이다.

넷째, 따라서 이러한 분위기에서는, 피드백의 교수자나 튜터의 역할에도 변화가 생길 수밖에 없다. 일방적으로 지식을 전수하던 권위석인 형태의 교사의 모습이나 학생들의 실력을 객관적으로 측정하는 평가자의 역할보다는, 글쓰기 과정에서 학생들이 다양한 교육적 자극을 받을 수 있도록 돕는 조력자이면서, 학생들이 자신의 생각을 스스로 찾아갈 수 있도록 안내하는 가이드로서의 역할이 보다 더 중요해지기 때문이다.

중요한 점은, 이러한 교수자의 변화가 피드백 과정에서 그 역할을 축소하는 것은 아니라는 사실이다. 실제로 학생들이 스스로 자기 글의 문제를 정확하게 진단하거나, 혹은 자기의 약점을 보완할 수 있는 방법을 선택하기란 대단히 어려운 일이다. 오히려 신뢰감을 형성한 교수자와 학생 사이에서라면, 지극히 사소해 보이는 교수자의 행동이나 반응마저도 학생들에게는 큰 의미가 될 수 있다는 사실에 주목할 필요가 있다. 그렇다면 글쓰기 피드백 과정에서 벌어지는 학생(필자)와 교수자(독자) 사이의 활발한 상호작용은 훨씬 더 중요한 의미를 지니게 될 수도 있다. 최근의 피드백 연구들에서, 교수자가 전달하는 지식이나 내용보다 그의 태도와 반응, 학생과의 정서적 관계를 강조하는 이유도 바로 이런 데에서 기인한다.

다섯째, 이처럼 전문화된 피드백을 위해서는 보다 더 체계화된 피드백의 원리와 방법, 절차와 내용이 강조되는 경향이 있다. 전통적인 피드백이 일종의 도제식 교육처럼 교수자의 지식을 전수받는 일로 여겨졌던데 반해, 과학적이고 학문적인 방법으로 피드백에 접근하는 최근의 연구들은 구체적이고 객관적인 자료들을 통해 내용과 결과를 실증적으로 검토하고, 그것을 바탕으로 적절한 방법을 설계하기 위해 노력한다.

예컨대 과정중심, 단계중심의 글쓰기 교육 모형에 입각해 각각의 단계에 필요한 피드백을 제공하거나, 보다 표준화된 매뉴얼을 통해 글쓰기 피드백의 상향평준화를 시도하는 것은 이러한 과학적 접근 방식의 사례라고 할 수 있다. 이론을 교육하고 주제를 확인하는 강의방식의 피드백이나, 평가를 통해 글쓰기 실력을 구분하는 단순한 피드백보다는, 발상과 구성, 표현, 퇴고의 전 과정에서 학생들이 문제를 해결할 수 있도록 돕는 피드백을 지향하는 것도 이처럼 변화하는 글쓰기 피드백의 현재를 보여준다.

이상에서 정리한 바와 같이, 2000년대 이후의 글쓰기 피드백 연구는 변화하는 글쓰기 교육의 흐름에 조응하면서, 학생들의 능동적 학습체험을 강화하는 방향으로 전개되어 왔다고 할 수 있다. 또한 피드백에 대한 진지하고 학문적인 연구가 그런 글쓰기 교육의 철학을 적극적으로 뒷받침해 왔다고 볼 수도 있다. 그러나 이와 같은 글쓰기 피드백 연구의 커다란 성과에도 불구하고 얼마간의 아쉬운 지점이 여전히 존재하는 것도 사실이다.

이를테면, 용어와 개념의 확립 문제를 들 수 있다. 사실 피드백은 하나의 일반적인 개념만으로 포괄하기 힘든 다양하고 역동적인 성격을 포함한 활동이라 할 수 있다. 여전히 연구자들이 피드백을 대신해 저마다 용어들을 사용하고 있다는 사실은 글쓰기 과정에서 피드백 활동이 가진 복합적인 성격을 반증한다. 피드백이란 단순히 학문적 연구의 대상으로서 고정되고 확정된 개념이라기보다는, 실제 교육의 현장에서 수많은 다양한 상황과 만나면서 얼마든지 변화할 수 있는 다양한 의미들을 포괄하는 개념인 셈이다. 하지만 그럼에도 불구하고 학문적인 논의의 발전을 위해서 용어와 개념에 대한 합의의 노력이 요구되는 것도 사실이다. 앞에서 언급했던 것처럼, 학문의 체계가 자기 학문의 성격과 본질, 역사를 확립하고, 그에 관한 보편적 이론을 수립하는 일이라고 한다면, 이처럼 개념과 원리를 탐색하는 논의들이 과학적 학문으로서 글쓰기 피드백의 기본적인 토대를 만드는데 기여할 것이기 때문이다.

한편, 다양화되는 글쓰기 교육의 현장에 적합한, 보다 실용적인 피드백 교육의 연구도 필요해 보인다. 가령, 장르별 글쓰기나 전공별 글쓰기는, 글쓰기 교육의 외연을 확대하고 내용상의 충실성을 도모할 수 있는 효과적인 방안이라고 여겨지고 있지만, 그에 대한 피드백의 연구는 여전히 미흡한 것이 사실이다. 장르별 글쓰기 피드백의 경우, 자기 서사적 글쓰기에 대한 논의는 많이 이뤄진 편이지만 그 외의 다른 장르에 대해서는 연구가 많이 이뤄지지 않은 상태다. 또한 장르의 특성에 맞는 고도화된 피드백의 전략 역시 충분히 논의되고 있다고 보기는 어렵다. 예컨대 비평적인 글과 자기표현의 글은 어떤 점이 다르고, 따라서 이런 글쓰기에 적합한 피드백의 방법이 무엇인가를 체계적으로 연구한 논문은 찾아보기 어렵다. 마찬가지로 글쓰기 교육의 외연을 확대할 수 있는 전공학문별 글쓰기 피드백에 대한 논의 역시 충분하지 않다. 전공별 글쓰기 피드백을 위해 필요한 피드백의 원리와 전략이 몇몇 선구적 논문에 의해 논의되고 있지만, 여전히 개별적인 각론에서는 미흡한 수준이다. 새로운 피드백 교수학습 전략의 개발에 필요한 아이디어를 제공하면서도, 실제 수업에 적용할 수 있는 보다 전문적인 연구가 요구되는 것이다.

마지막으로 대학 교육과정의 변화와 온라인 교육의 현실이라는 새로운 도전에 서둘러 대응해야할 필요가 제기된다. 그간의 글쓰기와 피드백 연구는 대학 교양교육의 변화와 함께 발전해온 것이 사실이다. 다양한 지식의 접점에서 글쓰기 활동이 가진 교육적 효과에 주목하고, 교양교육의 핵심적 전략으로서 글쓰기와 피드백이 활용되어 왔던 것이다. 그러나 최근

들어, 대학 교양교육에 변화의 움직임이 생겨난 것도 사실이다. 인문학적 토대에 기반해 다양한 지식들의 교류를 시도하는 교양교육 대신, 현실 세계에 실제적인 효용가치를 도출하는 대학교육으로의 재편 움직임이 엿보인다. 따라서 글쓰기 교육이 이러한 변화에 어떻게 적극적으로 대응할 것인가가 또 다른 문제로 제기될 수밖에 없다. 이를테면, 전공학문의 교수학습 도구로서 글쓰기와 피드백에 대한 연구들은 바로 이러한 변화에 부응하는 연구들일 지도 모른다.

뿐만 아니라, 코로나 펜데믹 이후 급격하게 변화하는 비대면 교육 시스템으로의 전환이 전통적인 피드백의 개념에도 수정을 요구하게 된다는 점도 간과해서는 안 된다. 피드백의 시공간을 거의 무제한으로 확장해놓는 기술적 발전이 이전과는 다른 피드백의 상황을 만들어 놓았다는 점은 분명 중요해 보인다. 이는 1:1의 만남에 기반했던 전통적인 피드백의 개념을 완전히 뒤바꿔놓는다는 점에서 일견 커다란 도전이면서, 동시에 피드백의 새로운 가능성을 열어놓는 중요한 기회이기도 하다. 따라서 이러한 변화한 기술을 적극적으로 활용한 새로운 피드백의 존재 방식을 고민하는 일은 시급하다.

하지만 그럼에도 불구하고, 다양한 지식의 상호소통적인 만남이 창의적인 사유의 토대가 된다는 피드백의 기본적인 철학은 여전히 유효해보인다. 생각의 발견과 확대, 그리고 주제의 구체화와 표현이 글쓰기 활동의 중요한 일부를 차지한다고 한다면, 학생들은 글쓰기 피드백의 과정을 통해 다양한 생각들의 융합을 경험하게 된다. 피드백이 정해진 답안을 제안하는 것이 아니라, 글쓴이의 의도를 충분히 살리면서도 그러한 사유를 발전시킬 수 있도록 돕는 과정일 때, 학생들의 능동적 사유의 체험은 더욱 강화될 수 있다. "자율적인 생애필자"를 언급한 박숙자(2007)의 논의처럼, 글쓰기가 인간의 전생애를 걸쳐 자신의 정체성을 만들어가는 과정에서 중요한 역할을 하게 된다는 점도 중요하다. 결국 그와 같은 자기의 발견에서 스스로를 객관화하고 반성적으로 바라보는 일이 중요하다면, 글쓰기 피드백은 그와 같은 능력을 향상시킬 수 있는 가장 효과적인 방안일 수 있기 때문이다.

📎 참고문헌

- 고혜원(2018), 동료첨삭을 활용한 글쓰기 수업 모형 연구, 문화와융합 40(7), 한국문화융합학회, 447-474.

- 곽수범(2021), 대학 글쓰기 피드백 체계 탐색— 미국 대학 글쓰기 센터 튜터 훈련 자료 분석, 리터러시연구 12(3), 한국리터러시학회, 231-254.

- 구자황(2008) 수정과 피드백이 글쓰기에서 동인이 되는 방식을 위한 탐구, 어문연구 56, 어문연구학회, 323-343.

- 권경미(2019), 대안적 대학 글쓰기 교육 방향 모색-부산외국어대학교 학습연계글쓰기(WTL)과 글쓰기 튜터제를 중심으로, 한국문예창작 18(3), 한국문예창작학회, 2019.

- 권미란(2017), 학생의 학습동기를 자극하는 교수의 성공적인 피드백 전략, 리터러시연구 21, 한국리터러시학회, 111-132.

- 권정현(2020), 대학 글쓰기 교과를 위한 온라인 첨삭 프로그램 운영 요건과 개선 방안-한성대학교 온라인 첨삭 프로그램을 중심으로, 사고와표현 13(2), 한국사고와표현학회, 33-63.

- 김경화(2011) 학생 글에 대한 반응 연구 동향 및 전망, 작문연구 13, 한국작문학회, 279-317.

- 김경화(2013), 학생 글에 대한 교사의 반응 분석-'꿀맛닷컴 중학사이버논술'의 첨삭 자료를 중심으로, 작문연구 17, 101-153.

- 김경화(2018), 설득하는 글과 정서 표현 글에 대한교사의 반응 내용 양상 연구, 리터러시연구 9(3), 한국리터러시학회, 97-137.

- 김정자(2011), 학생 글에 대한교사 반응의 의의, 새국어교육 89, 한국국어교육학회, 107-128.

- 김경훤(2009), 대학 글쓰기 교육의 첨삭 지도 사례, 새국어교육 83, 한국국어교육학회, 27-55.

- 김낙현(2012), 대학 글쓰기 교육의 효과적인 첨삭지도 방법에 대한 고찰, 교양교육연구 6(22), 한국교양교육학회, 323-346.

- 김낙현(2015), 학습자의 글쓰기 경향과 첨삭지도, 한국리터러시학회 전국학술대회 자료집, 한국리터러시학회, 141-148.

- 김남경(2017), 대학생 서평의 실제와 첨삭 방안-대구가톨릭대 글쓰기센터 웹 첨삭시스템을 활용하여, 인문과학연구 31, 대구가톨릭대 인문과학연구소, 29-54.

- 김남미(2012), 대학 학습자 글쓰기의 첨삭 지도 방안, 우리말연구 30, 269-296.

- 김남미(2014), 사학적 글쓰기 튜터링 방안, 대학작문 8, 63-105.

- 김남미(2018), 대학생을 위한 피드백 활용 다시쓰기 수업의 효과, 리터러시연구 9(1), 한국리터러시학회, 41-70.
- 김남미(2020), 이공계열 대상 실시간 원격 발표 수업의 운영, 리터러시연구 11(6), 한국리터러시학회, 311-339.
- 김미정, 김환(2007), 자기평가 후 피드백 유형이 쓰기 능력과 쓰기 태도에 미치는 영향, 학습자중심교과교육연구 7(1), 학습자중심교육학회, 141-163.
- 김민정(2009), 진단 평가를 활용한 글쓰기 과정과 전략의 지도 방안, 삭문연구 9, 한국작문학회, 223-248.
- 김민희(2020), 미국 대학 글쓰기센터 발전과정의 함의, 리터러시연구 11(6), 한국리터러시학회, 255-283.
- 김선효(2013), 대학 글쓰기에서의 한국어 동료튜터링(peer tutoring)의 과정과 방법, 교양교육연구 7(5), 197-227.
- 김선효(2015), 한국어 학습자를 위한 한국어 동료튜터링(peer tutoring)의 성과와 방향성, 한국어의미학 47, 27-53.
- 김수정(2020), 동료 첨삭논평에 대한 글쓰기 학습자의 반응양상 연구-동료 첨삭논평의 유형과 적절성을 중심으로, 리터러시연구 11(1), 한국리터러시학회,
- 김수진, 김성혁(2017), 문제중심학습에서 교수평가, 동료평가, 자기평가와 지필시험과의 관계, 한국산학기술학회논문지 18(7), 275-283.
- 김신정(2015), 대학생의 자기소개서 작성 시 튜터링의 역할과 효과, 대학작문11, 261-286.
- 김양선(2012), 대학 글쓰기에서 첨삭-상담-고쳐쓰기 연계 교육의 효과 연구, 교양교육연구 6(4),
- 김정녀, 유혜원(2021), 글쓰기 첨삭문의 텍스트적 성격과 도식구조 분석-교수자 첨삭문 사례 비교를 중심으로, 한민족어문학 92, 한민족어문학회, 71-104.
- 김정신, 채연숙(2016), 대학생 글쓰기의 효과적 첨삭지도 방안-sakubun.org와 TAE 이론의 변용 및 적용을 중심으로, 중등교육연구, 917-949.
- 김정자(2011), 학생의 글에 대한 교사 반응의 의의, 새국어교육 89, 한국국어교육학회, 2011, 107-128.
- 김정자(2015), 학생의 글에 대한 교사 반응 사례 연구, 작문연구 26, 143-176.

- 김종록(2015), 동료첨삭을 통한 과정적 글쓰기 지도 모형 설계, 국어교육연구 59, 국어교육학회, 49-92.

- 김종록(2016), 동료첨삭을 통한 과정적 글쓰기 교육의 효과 분석, 국어교육연구 62, 131-170.

- 김지선(2014), 글쓰기 교과과정 개발을 위한 고찰-플립러닝을 통한 피드백 중심 수업개발, 인문연구 72, 557-586.

- 김지윤, 이현정, 구자황(2021), 온라인 글쓰기 피드백 시스템 개발 사례 및 개선점, 숙명여자대학교 온라인 글스기 피드백 시스템을 중심으로, 교양학연구 15, 다빈치미래교양연구소, 7-48.

- 김지현, 김한결(2021), 취업목적 자기소개서의 지도 사례 분석-영역별 피드백을 중심으로, 리터러시연구 12(6), 한국리터러시학회, 217-252.

- 김효석(2016), 대학 내 첨삭 수업의 현황과 개선방안 고찰, 교양학 연구 3, 다비치미래교양연구소, 155-176.

- 김현정(2017), 대화주의적 관점에서의 동료피드백을 활용한 글쓰기 수정 방법과 의의, 인문사회과학연구 18(1), 부경대학교 인문사회과학연구소, 547-575

- 김혜연, 정희모(2015), 네트워크 분석을 활용한 작문 연구 동향 분석, 작문연구 26, 한국작문학회, 33-69.

- 김혜연(2016), 교사의 작문 피드백 관련 국외 연구 동향 및 주요 쟁점-네트워크 분석과 문헌 고찰의 적용, 국어교육연구 37, 국어교육연구소, 95-136.

- 나은미, 권정현, 김인경, 이현주, 정원채(2009), 대학 글쓰기에서의 첨삭프로그램 현황과 개선방안, 한성어문학 28, 한성어문학회, 187-216.

- 나은미(2020), 동료 피드백을 활용한 소통과 협력을 위한 글쓰기 교육 방안 연구, 리터러시연구 11(6), 한국리터러시학회, 373-403.

- 남진숙(2013), 글쓰기 첨삭의 효과적인 교수학습법, 사고와 표현 6(2), 한국사고와표현학회, 117-142.

- 박상민, 최선경(2011), 첨삭지도에 대한 학습자 요구분석과 효율적인 첨삭지도 방법, 작문연구 13, 한국작문학회, 353-383.

- 박상민, 최선경(2012), 대학 글쓰기 교육에서 첨삭지도의 실제적 효용 연구 —수정 전후 글의 변화 양상 및 요인 분석을 중심으로, 작문연구 16, 한국작문학회, 171-197.

- 박상민(2013), 교수학습과정에서 글쓰기 피드백 활동의 효율성 제고를 위한 연구, 사고와 표현 6(1), 한국사고와표현학회, 143-173.
- 박숙자(2007), 생애필자를 육성하는 쓰기 학습자원의 개발, 국어교육학연구 30, 국어교육학회, 261-290.
- 박영목(2005), 작문연구의 동향과 과제, 작문연구 1, 한국작문학회, 9-37.
- 박준범(2014), 글쓰기 학습자의 첨삭논평 수용 양상에 관한 고찰, 교양교육연구 8(6), 한국교양교육학회, 271-305.
- 박준범(2017ㄱ), 첨삭논평에 대한 글쓰기 학습자의 반응 양상과 그 영향에 관한 연구-교수자 첨삭을 중심으로, 영남대학교 박사학위논문.
- 박준범(2017), 교수자 첨삭논평에 대한 글쓰기 학습자의 반응 양상 고찰 – 초점과 방식에 따른 반응 양상을 중심으로, 어문학 135, 한국어문학회, 1-33
- 박진숙(2009), 첨삭지도라는 공통감각과 대학 글쓰기 교육의 개선방향, 비교어문연구 26, 비교어문학회, 103-127.
- 박호관(2018), 전문 튜터를 활용한 설득적 글쓰기 클리닉 연구-대구대학교 공통교양 글쓰기기초 교과목을 중심으로, 우리말글 76, 우리말글학회, 135-165.
- 박호관, 전용숙(2020), D대학 설득적 글스기 첨삭지도와 ZOOM 활용 방안 모색, 우리말글 85, 우리말글학회, 29-61.
- 박현동(2008), 평가조언표를 활용한 논술평가와 고쳐쓰기 지도 방안, 국어교육학연구 32, 국어교육학회, 201-242.
- 배수정, 박주용(2016), 대학 수업에서 누적 동료평가 점수를 활용한 성적산출 방법의 타당성, 인지과학 27(2), 221-245.
- 배혜진, 전은경(2021), 대학 글쓰기 진단평가의 실제와 수업 적용 사례— 비대면/대면 수업의 피드백을 중심으로, 리터러시연구 12(5), 한국리터러시학회, 41-81.
- 변상출(2014), 단계별 첨삭지도를 통한 글쓰기의 실제 효율성 강화 방식에 대한 고찰 –글쓰기 교재를 활용한 첨삭지도의 방안 모색, 한민족문화연구 47, 369-405.
- 손혜숙(2012), 대학 글쓰기의 첨삭지도 사례와 교육적 효과, 한민족문화연구 41, 한민족문화학회, 417-446.
- 송명진(2021), 디지털 환경과 비대면 글쓰기 교수법 연구, 리터러시연구 12(6), 한국리터러시

학회, 253-278.

- 서수현(2011), 대학생의 보고서에 대한 동료 반응과 그 수용 양상, 국어교육학연구 41, 국어교육학회, 447-472.

- 서영진(2012), 작문 활동에서 동료 피드백 의견 수형별 수용도 연구, 국어교육학연구 45, 국어교육학회, 242-271.

- 서영진, 전은주(2012), 작문 활동에서 동료 피드백 의견의 유형별 타당도 연구, 국어교육학연구44, 국어교육학회, 369-395.

- 서은혜(2021), 서평 구성 관련 피드백 방식과 수정(revision)의 관련성- 대학 신입생 학습자를 대상으로, 리터러시연구 12(2), 한국리터러시학회, 143-173.

- 심호남(2015), 첨삭을 활용한 글쓰기 수업 모형 연구, 리터러시연구 14(11), 한국리터러시학회, 163-193.

- 신현규(2013), 대학 글쓰기 첨삭교육의 고찰, 문화와 융합 35, 한국문화융합학회, 11-38.

- 신희선(2010), 멘토링을 통한 대학생 글쓰기 지도 사례 연구,

- 신희선(2017), 학습자 요구와 만족도 조사에서 나타난 대학 글쓰기 교육의 방향 고찰, 리터러시연구 21, 한국리터러시학회, 71-109.

- 양태영(2014), 대학생의 고쳐쓰기 점검도구 개발을 위한 텍스트 분석-자기소개서를 대상으로, 새국어교육 100, 국어교육학회, 35-66.

- 엄성원(2014), 대학 독후감 첨삭 교육과 글쓰기 센터의 연계 방안 연구, 교양교육연구 8(4), 463-489.

- 염민호, 김현정(2009), 대학 '글쓰기' 교과에 활용 가능한 피드백의 특성과 방법, 새국어교육 83, 한국국어교육학회, 311-336.

- 염민호·김아연·김현정(2014), 대학 '글쓰기 센터' 운영의 성과와 과제, 작문연구 22, 한국작문학회, 61-95

- 염민호, 김현정(2015), 대학 '글쓰기 센터'의 학부생 상담원이 인식하는 피드백의 가치와 효과, 작문연구 25, 한국작문학회, 157-189.

- 오윤호(2008), 대학 글쓰기의 효과적인 피드백 방안, 한민족문화연구 25, 한민족문화학회, 139-164.

- 오현진(2017), 동료 피드백을 통해 살펴본 대학생들의 발표에 대한 사전 지식, 어문론집

69, 309-335.

- 유유현(2016), 동료 첨삭을 활용한 수업 모형, 국어문학 61, 국어문학회, 319-339.

- 유해준(2015), 동료평가를 활용한 대학생 글쓰기 평가 방안, 인문과학연구 46, 강원대학교 인문과학연구소, 127-146.

- 이규일(2015), 충남대학교 <CNU 글쓰기 클리닉> 운영 현황과 개선방안 모색, 인문학연구 98, 충남대학교 인문과학연구소, 301-332.

- 이동순(2015), 독서감상문 피드백의 효과분석-<Book으로 통하다>를 중심으로, 한국리터러시학회, 187-207.

- 이부순(2021), 온라인 비대면 글쓰기 교육의 가능성, 리터러시연구 12(1), 한국리터러시학회, 223-247.

- 이상원(2009), 함께 읽기와 동료 비평을 통한 글쓰기 수업, 『사고와표현』 2(2), 한국사고와표현학회, pp.139-163

- 이상원(2017), 대학 신입생 글쓰기 능력 평가와 일대일 글쓰기 멘토링 사례연구-의미와 교훈을 중심으로, 사고와 표현 10(2), 한국사고와 표현학회, 137-161.

- 이순옥(2014), 현장 사례를 활용한 첨삭 지도 모형 설계, 리터러시연구 8, 한국리터러시학회, 143-175.

- 이순희(2014), 과정 중심 첨삭지도의 효율성 연구-대학 글쓰기 교육에서, 국어교육연구 56, 국어교육학회, 137-172.

- 이미정(2021), 교양국어 온라인 수업 피드백 유형 방안 연구, 리터러시연구 12(6), 한국리터러시학회, 197-216.

- 이윤빈, 정희모(2014), 대학생 글쓰기에서 동료 피드백의 양상 및 타당도 연구, 작문연구 20, 한국작문학회, 299-334.

- 이윤빈(2014), 대학생 필자의 동료 피드백 수용 양상 연구, 작문연구 21, 한국작문학회, 201-234.

- 이다운(2019), 글쓰기 학습자의 자기효능감 강화 및 실제적 문제 개선을 위한 교수자 피드백 방법 연구, 우리어문연구 64, 우리어문학회, 359-386.

- 이은자(2008), 논술 첨삭 피드백의 문제점-첨삭의 내용을 중심으로, 새국어교육 80, 한국국어교육학회, 361-382.

- 이은자(2009), 교사 첨삭 피드백의 원리와 방법, 작문연구 9, 한국작문학회, 123-152.

- 이은자(2010), 글쓰기 능력 향상을 위한 첨삭 피드백-고쳐쓰기 지도 모형, 새국어교육 86, 한국국어교육학회, 279-306.

- 이은주(2015), 대학 글쓰기의 효과적인 지도 방법에 관한 연구-덕성 여대 사례를 중심으로, 독서연구 35, 한국독서학회, 369-396.

- 이수곤, 김태훈(2008), 문장 첨삭의 대안적 기준과 방식 고찰, 국제어문 54, 국제어문학회, 537-565.

- 이순옥(2014), 현장사례를 활용한 첨삭 지도 모형 설계, 리터러시연구 8, 한국리터러시학회, 143-175.

- 이슬기(2019), 쓰기 교육 프로그램의 효과에 대한 메타분석 연구 – 2010년부터 2019년까지의 연구를 중심으로, 리터러시연구 10(5), 한국리터러시학회, 215-248.

- 이재기(2010), 교수첨삭담화의 유형과 양상 분석, 한민족어문학 57, 한민족어문학회, 557-597.

- 이재기(2011), 교수 첨삭 담화와 교정의 관계 분석, 국어교육학연구 40, 국어교육학회, 467-502.

- 이재승(2005), 작문 교육 연구의 동향과 방향, 청람어문교육 32, 청람어문교육학회, 99-122.

- 이주영(2014), 대학 글쓰기 수업의 피드백 활동에 대한 조언, 리터러시연구 8, 한국리터러시학회, 215-223.

- 이지용(2019), 대학 교양 글쓰기 수업 방안 연구-동료 피드백을 중심으로, 어문론집 80, 중앙어문학회, 485-504.

- 이지은, 김유정(2020), Google문서를 활용한 대학 논술 수업의 온라인 소집단 동료피드백 양상 및 학습자 인식, 교육문화연구 제26권 제4호, 인하대학교 교육연구소, 427-451.

- 이희영, 김화선(2019), 학생 동반 성장을 위한 온라인 글쓰기 튜터링-배재대학교 글쓰기 교실 사례를 중심으로, 학습자중심교과교육연구 19(4), 학습자중심교과교육학회, 731-745.

- 임상우, 김남미(2017), 주제의 깊이 확보를 위한 대학 작문 교과의 피드백 방안, 리터러시연구 19, 한국리터러시학회, 95-128.

- 임칠성(2005), 통합 논술 첨삭지도 방법 고찰, 새국어교육 74, 한국국어교육학회, 49-74.

- 임택균(2013), 동료 평가를 활용한 쓰기 태도의 향상 방안 연구, 작문연구 17, 한국작문학회, 385-411.

- 임형모(2015), 글쓰기 능력을 신장하는 효율적인 첨삭 지도 방안-밑줄 탐구 첨삭의 이론과 실제, 국어문학 60, 국어문학회, 453-480

- 장민정(2015), 예비 국어교사의 글쓰기 피드백에 대한 연구, 한국언어문화 56, 161-183.

- 장지혜, 송지언(2019), 논증적 글쓰기의 수정하기 활동에서 피드백 방식과 필자 수준에 따른 피드백의 효과성 탐색, 작문연구 42, 한국작문학회, 95-137.

- 전은경(2019), 상호관계적 피드백을 활용한 문제해결형 글쓰기 교수설계 모형 및 사례 연구, 리터러시연구 10(2), 한국리터러시학회, 197-226.

- 전은경(2019), 자기 표현 글쓰기와 자기 소개서의 연계 교육 및 피드백 지도 방법, 리터러시연구 10(5), 한국리터러시학회, 209-145.

- 전지니(2014), 학술적 글쓰기의 단계적 피드백 방향 고찰, 교양교육연구 8(1), 79-112.

- 정미경(2013), 자기 평가 전략을 활용한 고쳐쓰기 양상 분석, 작문연구 17, 한국작문학회, 69-100.

- 정미진(2021), '자기 글 분석'을 통한 고쳐쓰기 지도 방안-A대학교 <글쓰기기초> 비대면 강의 사례를 중심으로, 문화와 융합 43(2), 한국문화융합학회, 591~610

- 정세권(2021), 교양과학 교과목과 온라인 글쓰기 피드백의 접목-숙명여대 <현대사회와 과학기술> 사례를 중심으로, 교양학연구 16, 다빈치미래교양연구소, 165~192

- 정한데로, 글쓰기 튜터의 역할과 자세-WAC(교과기반 글쓰기) 프로그램을 중심으로, 시학과 언어학 22, 시학과언어학회, 323-349.

- 정희모(2008), 글쓰기에서 수정의 절차와 방법에 관한 연구, 현대문학연구 34, 현대문학연구학회, 333-360.

- 정희모·이재성(2008), 대학생 글쓰기의 수정 방법에 대한 실험 연구-자가 첨삭, 동료 첨삭, 교수 첨삭의 효과를 중심으로, 국어교육연구 33, 국어교육학회, 657-685.

- 조윤아, 이상민(2014), 동료첨삭의 언어적 행동 및 글쓴이 반응에 대한 연구, 인문연구 70, 영남대학교 인문과학연구소, 333-366.

- 주민재(2008), 대학 글쓰기 수정 교육에 관한 수업 모형 연구, 작문연구 6, 한국작문학회, 281-318.

- 주민재(2014), 첨삭지도와 수정의 관점에서 고찰한 대학 글쓰기 연구 경향, 국어문학 56, 국어문학회, 423-453.

- 주세형(2010), 작문의 언어학(1)-'언어적 지식'에 근거한 첨삭 지도 방법론, 작문연구 10, 한국작문학회, 109-136.

- 지현배(2010), 첨삭의 항목별 효용과 글쓰기 지도 전략, 우리말글 48, 우리말글학회, 55-84.

- 지현배(2011a), 글쓰기 첨삭지도의 실태와 수강생의 반응분석, 리터러시연구 2, 한국리터러시학회, 135-163.

- 지현배(2011b), 글쓰기 효능감을 고려한 첨삭 지도 전략, 리터러시연구 3, 한국리터러시연구, 157-181.

- 지현배, 김영철(2012), 첨삭의 표준 문장과 첨삭 조언지 활용 사례, 리터러시연구 4, 한국리터러시학회, 93-116.

- 지현배(2017a), 온라인 클리닉 시스템을 활용한 첨삭지도의 전략, 교양교육연구 11(6), 한국교양교육학회, 753-774.

- 지현배(2017b), 온오프라인 융합 글쓰기 피드백 시스템의 설계 개념, 문화와융합 39(6), 한국문화융합학회, 203-234.

- 지현배(2017c), ICT 활용 글쓰기 피드백 시스템의 현황과 전망, 리터러시연구 22, 한국리터러시학회, 175-195.

- 최규수(2001), 첨삭 지도의 원론적 방식과 효율적인 지도 방법의 제안, 이화어문논집 19, 이화여자대학교 이화어문학회, 65-80

- 최규수(2009), 첨삭지도에 대한 대학생들의 반응 양상과 교육적 효과의 문제―명지대의 사례 분석을 중심으로, 반교어문연구 26, 반교어문학회, 129-157.

- 최선경(2010), 첨삭지도를 통한 글쓰기 교육 방안-분석, 진단, 처방, 협의의 4단계 동료첨삭 모형을 중심으로, 한민족문화연구 35, 한민족문화학회, 301-331

- 최선희(2016), 대학생 필자의 직관적 판단에 근거한 첨삭 지도법 연구, 리터러시 연구 15, 한국리터러시학회, 125-160.

- 최성민(2015), 온 오프라인을 활용한 읽기와 쓰기 수업과 피드백 모델 연구, 리터러시연구 13, 한국리터러시학회, 69-93.

- 최웅환(2013), 대학 글쓰기 교육에서의 첨삭지도, 교양교육연구 7(1), 한국교양교육학회, 331-364.

- 최종환(2012), 자기서사식 글쓰기 지도에 있어 효과적 피드백 모색-경희대 후마니타스칼리

지 '글쓰기1' 강의사례를 중심으로, 우리어문연구 43, 우리어문학회, 101-124.

- 한경숙(2014), 중학생의 쓰기에 제시된 동료 피드백의 유형과 수용 양상 연구 – 중학교2학년 학생을 대상으로, 작문연구23, 한국작문학회, 147-174.

- 한새해(2015), 사후(제출 후 글쓰기) 튜터링 중요성 제고, 리터러시연구 12, 한국리터러시학회, 111-136.

- 홍인숙(2018), 대학 글쓰기에서 자기 성찰 글쓰기의 효율적인 첨삭 지도 방안 연구-선문대학교 글쓰기 교과목 사례를 중심으로, 어문론집 73, 중앙어문학회, 409-438.

2장

대학 글쓰기 피드백 체계 탐색

- 미국 대학 글쓰기 센터 튜터 훈련 자료 분석

곽수범

1. 서론

이 연구의 목적은 대학 글쓰기 교육에서 더욱 정교한 피드백을 제공하기 위한 체계를 모색하고 검토하는 데에 있다. 글쓰기 교육에서 교사 반응과 그 중심에 있는 피드백은 막중한 일이다. 무엇보다도 막대한 시간이 소요된다. 20년 넘게 하버드 대학 신입생 작문교육을 총괄했던 Sommers는 수업 준비와 실제 작문 수업 진행 시간의 합보다 학생이 쓴 글을 읽는 데 들인 시간이 훨씬 더 많음을 반추했다(Sommers, 2012). 그 영향 역시 지대하다. 교사가 학생의 글을 평가하고 남긴 피드백은 마음속 깊이 각인되어 좀체 지워지지 않기도 한다.

우리나라 대학 글쓰기 교육은 2000년대 이후 교양 국어의 틀을 벗어나 독립된 교과목 형태로 운영되기 시작했다(옥현진·조갑제, 2011; 조미숙, 2014). 쓰기 교육을 다루는 두 학회—한국작문학회, 리터러시학회(대학작문학회)—가 세워진 것도 이때의 일이다. 따라서 대학이라는 맥락에서 이루어지는 글쓰기 교수·학습 현상과 방향성에 관한 연구사를 고려하여 다양한 경험 연구와 함께 상대적으로 풍성한 연구 결과가 축적된 외국의 사례와 이론을 검토하는 작업이 병행되었다(곽수범, 2020).

우리나라 대학 글쓰기 교육 현장에서 주고받는 교강사 피드백에 초점을 맞춘 연구 역시 독립적인 대학 글쓰기 교육에 발맞추어 2000년대에 시작되었다. 대표적으로 학습자의 수준에 따라 고쳐쓰기 양상이 다르게 나타나는 현상을 확인한 주민재(2008), 체계적인 피드백의 필요성을 역설한 구자황(2008), 일대일 대면첨삭지도, 조별첨삭, 교차첨삭 방안을 안내한 박진숙(2009), 피드백 유형과 방법을 분류하고 설명한 염민호와 김현정(2009), 오류 중심의 일회성 지도의 비효율성과 정서적 교류의 중요성을 강조한 최규수(2009)의 연구가 있다. 2000-2010년 사이의 연구는 글쓰기 피드백 연구의 시작 단계인 만큼, 대체로 피드백과 첨삭의 필요성이나 당위성을 설명하거나 교육 사례를 소개하는 데에 머물렀다(김경화, 2011).

2010년대에 접어들면서 대학 글쓰기 피드백을 둘러싼 논의는 한층 더 활발해졌다. 이를 피드백 방법과 모형(김혜연·김정자, 2015; 남진숙, 2013; 이다운, 2019; 이은자, 2010; 임상우·김남미, 2017), 온라인 첨삭 사례와 프로그램(권정현, 2020; 지현배, 2017; 최성민, 2015), 피드백 효과(김주환, 2014; 이윤빈·정희모, 2014; 장지혜·송지언, 2019), 대학별 피드백 사례(염민호·김현정, 2015; 유미향, 2019; 전지니, 2014; 최종환, 2012; 한새해, 2015) 연구로 분류할 수 있다.

그렇다면 대학 글쓰기 학습자에게 '어떤' 피드백을, '어떻게' 제공해야 하는가? 이와 관련한 논의는 간단하지 않다. 피드백의 효용성("학습자의 쓰기 발달232 에 피드백이 효과적인가?")과 필요성("글쓰기 교육에 피드백은 필수 요소인가?")에 관한 합의는 큰 반대 없이 쉽게 이루어졌지만, 피드백 방법, 범위, 권장하는 활용 방안은 연구마다 상이한 모습으로 제시되었기 때문이다.

예를 들어, 전남대학교 글쓰기 피드백 사례(염민호·김현정, 2009:317)에 소개한 실제 피드백 예시를 보면 '주제 A', '구성 B'와 같은 형식으로 평가 항목과 등급을 의미하는 알파벳이 적혀 있고, 그 옆에 "문장/문단 구성에 관심 갖고 개선에 노력하기 바람"이라는 홀략한 조언이 적혀 있다. 평가 결과를 세부 항목별로 안내하고 장단점을 명시하였다는 점은 나름의 의의가 있다. 하지만 상세한 평가 기준을 알 수 없거나 방향의 구체성이 없는 단순 제시형 피드백은 학습자 입장에서 큰 의미가 없다는 연구 결과도 보고되었다(김병길, 2009; 전지니, 2014; 한새해, 2015).

다시 말하면, 상세한 평가 기준과 방향의 구체성을 강조한 연구(김병길, 2009; 전지니, 2014; 한새해, 2015)의 관점에서는 평가 항목을 세분하더라도 A, B, C 등의 알파벳만 적혀 있고, 문장과 문단에 관심을 가져보라는 조언이 끝이라면 결국 학습자 입장에서는 해딩 글에 관한 교강사의 판정 등급만 알 수 있을 뿐, 자신의 글쓰기 능력을 증진하기 위해서 앞으로 무얼 해야 하고 어떤 노력을 기울여야 하는지는 도무지 알 수 없다는 비판이 가능하다. 이에 대해 당연히 앞선 연구자(염민호·김현정, 2009)의 관점에서도 반박이 가능하다. 학습자 편의성을 기준으로 삼으면 전남대학교의 모범적인 피드백(염민호·김현정, 2009:317)이 개선의 여지가 있는 피드백 예시로 전락하는데, 학습자의 인식과 평가는 언제나 올바른 교육의 방향성을 제시하는 기준은 아닌 경우도 있기 때문이다.

경희대학교 글쓰기 수업 사례를 보면(최종환, 2012:116-117), 비록 부연에서는 학습자 사고의 확장을 유도한 장면이 서술되어 있으나 실제 첨삭의 예에서는 다섯 개의 피드백 중 세 개는 직접 고쳐주는 직접 교정이고, 하나는 중복된 표현을 바꾸어볼 것을 제안하는 등 대체로 어법과 표현상의 피드백에 그치고 있다. 교사 첨삭 피드백의 원리를 논의한 이은자(2009)에서는 "물음표와 밑줄 하나만으로도 스스로 문제를 해결하는 암시의 효과를 줄 수 있고, 질문의 방식으로 자신의 사고 과정을 다시 점검"할 수 있다는 이유를 들어 간접 전달의 방법을 제안하였다. 미숙한 수준의 학습자일수록 명시적 피드백이 필요하다는 설명을 더하였으나 이를 뒷받침하기 위한 근거로 인용한 두 편의 논문 모두 외국어 글쓰기 피드백에 관한 연구라는 아쉬움이 남는다. 자국어 글쓰기와 외국어 글쓰기 학습은 목적의 결이 다르므로 표피적인 수용이기 때문이다. 최종환(2012)과 이은자(2009)의 연구를 다소 시일이 지난 것으로 치부하기에는 대학 글쓰기 피드백이 주로 오류 수정에 과하게 매몰되어 있다는 지적은 오늘날에도 여전히 유효하다(권정현, 2020).

위의 두 연구(최종환, 2012; 이은자, 2009)에서 모범적인 피드백으로 제시한 관점을 지지하는 입장(예를 들어, 남진숙, 2013)도 있겠지만, 정면으로 반박하는 연구도 있다. 오윤호(2008)는 교강사에 의한 직접 교정 방식의 피드백에 반대하며 직접 교정으로는 학습자의 능동적인 글쓰기 태도를 함양할 수 없다고 주장하였다. 문제점에 대해서는 해결 방안이나 예시를 함께 제시할 필요를 주장하면서, 이다운(2019)은 그러한 피드백이 제공되어야 학습자의 자기효능감이 강화된다는 이유를 밝혔다. 자세한 설명이 없는 지적과 평가는 결국 모호하고 막연한 논평으로 남아 학습자의 쓰기 효능감에 부정적인 영향을 미친다는 지적은 외국에서도 여러 차례 논의되었다(예를 들어, Burke & Pieterick, 2010; Van Heerden, 2020; Wei, Carter, & Laurs, 2019).

위에서 서술한 대로, 그간의 글쓰기 센터 피드백 연구를 종합하면 초창기 연구의 특성상 보편적으로 통용되거나 합의에 이른 피드백 체계로 수렴하는 방향으로 나아가기보다 산발적인 제안에 그치는 경향을 보인다. 이러한 현상에 대응하기 위해 이 연구에서는 글쓰기 센터 연구의 역사가 오랜 미국 대학 글쓰기 센터에서 어떤 식으로 교강사를 훈련하는지 살펴보고, 특히 글쓰기 피드백을 제공하는 방식에 대하여 어떠한 관점을 취하고 구체적인 방법론을 제시하는지 살펴보고자 한다.

본 연구는 대학 글쓰기에서 교사 피드백 방법을 발전시키기 위한 문헌 검토 연구로, 미국 대학 글쓰기 센터에서 라이팅 튜터와 글쓰기 센터 강사를 훈련하기 위한 목적으로 개발하고 이용 중인 교육과정과 교재를 분석하는 데 목적이 있다. 이 연구에서 교사 피드백 방법에 주목하는 것은 미국 대학은 1920년대부터 글쓰기 센터를 운영하면서 체계적인 피드백 방법론을 꾸준히 구상하고 개선해 학습자가 균일한 수준의 피드백을 받을 수 있는 환경을 조성하는 데에 힘을 기울였기 때문이다(Lerner, 2009). 외국의 대학 글쓰기 교육 현장에서 태동한 교사 피드백 제공 체계, 시사점, 논쟁점을 검토하는 일이 우리 대학 글쓰기 교육에서도 구체적인 피드백 체계 설계와 형성 과정에 기여하기를 기대한다.

이 연구에서 다음과 같은 문제를 설정하였다.

1. 미국 글쓰기 센터 교강사 훈련 프로그램과 교육 자료에서는 글쓰기 피드백과 관련하여 어떤 내용을 공통의 요건으로 제시하는가?
2. 미국 글쓰기 센터 교강사 훈련 프로그램과 교육 자료 중 글쓰기 피드백 부문에서는 어떤 경향성이 나타나는가?

2. 연구방법

미국 대학 글쓰기 센터 피드백 제시 방법과 내용을 이해하기 위해 이 연구에서는 대학 글쓰기 센터 교강사와 튜터 교육 프로그램 자료와 교재를 수집하고 분석하였다. 미국 대학의 범주, 다양성, 분포를 고려해 우리나라에 잘 알려진 연구중심대학뿐만 아니라 교육중심대학과 소규모 지역 대학을 포함하여 폭넓게 자료를 수집하였다. 문헌 검토를 위한 자료 수집 절차는 기본적으로 Machi와 McEvoy(2016)가 제시한 6단계 문헌 검토 절차를 따르되, 구체적인 키워드 설정, 자료 검색, 수집 방법은 글쓰기 교육이라는 주제를 다룬 앞선 연구(Caughlan et al., 2017; Smagorinsky & Whiting, 1995)를 참고하여 직접 미국 대학 글쓰기 센터 누리집 검색과 이메일 교환을 통해 강의계획서, 교강사 수업 자료, 안내서, 핸드북, 매뉴얼 등을 수집했다.

이를 통해 52개 대학의 자료를 수집하였고 이 중에서 동일한 기관에서 개정한 자료는 1개 학교 자료로 산정하였고, 동일한 자료를 공통으로 활용하는 학교의 경우 분석 대상에서 제외하였다. 최종적으로 46개 대학의 교강사 훈련 프로그램과 교육 자료를 분석 대상으로 삼았다.[1] 미국 대학 숫자를 고려하면 일순 수집한 자료의 양이 적은 것으로 보일 수 있으나, 미국 내에서 진행된 작문교육 관련 국책 연구(Smagorinsky & Whiting, 1995)에서도 최종적으로 총 81개 대학으로부터 자료를 수집할 수 있었다. 외부인이 자유롭게 수업 자료와 교재를 열람할 수 없고 자료 요청에 대한 응답이 많지 않아 이 연구에서는 총 46곳의 미국 대학 글쓰기 센터 주관 교강사와 튜터 교육 자료를 수집하였다.

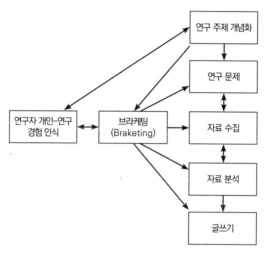

<그림 1> 브라케팅을 포함한 해석학적 현상학 연구 절차

---

1 수집하고 분석 대상으로 삼은 46개 대학은 Austin, Baylor, CCNY, Central Florida, Collin, CSUS, CUNY, Dartmouth, De Anza, Delaware, DePaul, Dickinson, Eastern Mennonite, Eastern Oregon, Elizabeth City State, Finger Lakes, Furman, Grand Valley State, Harvard, Haverford, Highline, Hofstra, Illinois Wesleyan, Iowa State, Kansas, La Vern, Marshall, Missouri, Monmouth, Montgomery, North Carolina, Palomar, Pittsburgh, Potsdam, Reed, Reedley, Rhode Island, Rutgers, San Antonio, Santa Barbara, Southwestern, SUNY, Texas State, Wake Forest, West Georgia이다.

이 연구에서 수집한 자료의 분석 방법으로는 해석학적 현상학 연구 방법(hermeneutic phenomenological approach, HPA)을 적용하였다. HPA는 문서를 비판적으로 분석하여 텍스트에 내포된 의미를 추론하기 위한 연구 방법으로, 텍스트 분석을 통하여 현재 상황을 이해하기 위해 사용된다(Vandermause & Fleming, 2011). HPA에서 텍스트 해석에 연구자의 평소 신념, 과거 경험이 미치는 영향을 최소화하는 데에 방점을 찍으므로(Kafle, 2013), 텍스트에 담긴 의미, 맥락, 의도를 충실히 살펴보기 위하여 Tufford와 Newman(2012)이 제시한 브라케팅(braketing)을 실시하였다. 브라케팅 방법에는 여러 종류가 있으나 이 연구의 주요 분석 대상이 텍스트라는 점을 고려하여 많은 미국 글쓰기 센터에서 구심점으로 지목하는 Ianetta와 Fitzgerald(2016)를 기준으로 메모와 성찰 일지를 작성하고(Ahern, 1999), 이해한 내용을 미국 글쓰기 교육 전문가 협의를 통하여 확인하였다(Rolls & Relf, 2006). 브라케팅은 자료 분석 과정에서 공통점과 두드러지게 다른 점을 분별하고 균형 있는 시각을 유지하는 데에 도움이 되므로(Finlay, 2008), 결과적으로 질적 연구에서 종종 지적되는 연구자의 편향을 막고 해석의 타당성을 확보하는 절차이다.

이 연구에서는 기술 중심 코딩(description-focused coding)으로 일차적으로 수집한 자료를 모두 읽으며 코드를 생성하고 분석 틀(coding frame)을 구조화하였다. 여러 코딩 방법 중 기술 중심 코딩을 선택한 이유는 연구 문제가 수집한 자료에서 드러나는 현상을 포착하는 데에 있고, 수집한 자료의 특성이 비판적이고 집약적인 관점을 견지해야만 의미를 파악할 수 있는 문종은 아니기 때문이다. 앞선 연구에서 기술 중심 코딩을 이 글에서 수행한 현상학 연구 방식에 적합한 코딩법으로 분류한 것도 이러한 선택을 뒷받침한다(Adu, 2019:90). 생성한 개별 코드는 분석 틀 안의 글쓰기 피드백 상·하위 범주(categories)로 재분류하였고(Creswell & Poth, 2018; Saldaña, 2016), 코딩에는 QDAS 소프트웨어인 Dedoose(Version 8.3.47, Mac)를 사용하였다. 그 결과 1차 코딩에서 사용된 30개의 개별 코드는 2차 코딩에서 22개로 줄였고, 이를 '대면 피드백', '서면 피드백', '튜터-학습자'로 범주화하였다. 행정 절차, 교육과 정, 선배들의 조언, ESL 학습자 피드백, 온라인 피드백 등을 다룬 것으로 코딩된 내용은 이 연구의 주요 논의 대상이 아니라고 생각되어 배제하였 다. 글쓰기 센터 교강사와 튜터의 역할은 다르지만, 많은 미국 대학 글쓰기 센터 교육 자료에서 독자를 구분하지 않고 피드백 절차 및 방법을 제시하 여 이 연구에서도 교강사와 튜터의 차이를 나누지는 않았다.

3. 연구결과

코딩 결과는 크게 세 범주로 나눌 수 있다. 빈도순으로는 '서면 피드백', '대면 피드백', '튜터-학습자'로 나열할 수 있다. 코딩 빈도수는 서면 피드 백 360회, 대면 피드백 159회, 튜터-학습자 100회이다. 이 연구에서 빈 도수를 셈한 이유는 공통 요인을 추려내기 위함이며(연구 문제 1), 높은 빈도 수가 미국 글쓰기 센터에서 설정한 위계, 중요도, 우선순위를 의미하지는 않는다.

1) 서면 피드백

서면 피드백은 미국 대학 글쓰기센터 교육·훈련 자료의 피드백 부문에 서 가장 활발하게 다루어진 영역이다. 서면 피드백 범주를 구성하는 코드 는 총 9개이며(아래 <표 1> 참조), 이를 다시 요인별로 구조화하면 <그림 2>와 같이 나타낼 수 있다.

순위	코드	빈도
1	가이드라인	136
2	코멘팅 방안	36
3	샘플 템플릿	32
4	구체적인 목표 설정	24
4	서면 피드백 목표	24
6	글로벌 이슈-표면적 이슈	20
6	글쓰기 이론	20
6	뚜렷한 피드백 중요성 및 원리	20
9	체크리스트	16
10	문제점 찾기	12
10	아이디어 생성	12
12	장르별 특성	8

<표 1> 서면 피드백 범주 코딩 결과

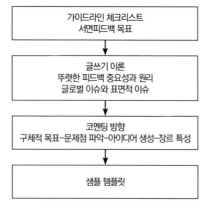

<그림 2> 서면 피드백 범주 요인별 구조도

일반적인 지침(general guidelines)은 그간 우리나라 글쓰기 센터 피드백 관련 연구에서 논의된 내용과 크게 다를 바 없다. 예를 들면, 드폴 대학 튜터 교육 자료에서는 다음과 같은 일반 지침을 제시한다.

- 처음 피드백을 제공하는 학생에게는 서면 피드백의 첫 문장을 세심하게 고려하라.

- 서면 피드백을 작성할 때는, 최대한 구체적이면서도 짤막하게 제시하라.

- 피드백을 제공할 때는, 글쓰기 과제에서 제시하는 요건을 최대한 언급하고 연결 지어 설명하라.

- 서면 피드백을 쓰기 전에 학습자의 글 전체를 읽어보고, 어떤 피드백을 제공할지 잠시 생각해보라.

- 서술과 질문의 균형을 유지하고, 친절한 느낌이 들도록 써라.

- 적절하고, 관련있고, 도움이 될만한 과거 경험이 있다면, 본인이 글쓰기에 어려움을 겪었던 부분을 함께 언급하라.

- 건설적인 비판과 칭찬을 함께 제시하라.

- 종합적인 총평을 작성하라.

물론 항목별 부연이 있지만, 우리나라 대학 글쓰기센터마다 제시하고 있는 일반 지침에서 크게 벗어나지 않는다. 체크리스트와 서면 피드백 목표도 비슷한 선상에서 이해할 수 있다. 이 연구에서 주목하고자 하는 부분은 실제 피드백을 뒷받침하는 피드백 원리, 이론, 구체적인 피드백 구성 요소이다.

글쓰기 센터 교육 자료는 미국의 자국어 교과(English language arts) 예비 교원 양성과정에서 주로 사용하는 교재나 작문학과(예를 들어, Composition studies나 Writing and Rhetoric 등의 명칭을 쓰는 학과)에서 다루는 이론적 논의에 비해 얕고 넓은 주제를 다루는 경향을 보인다. 일부 학교를 제외하면 작문 교육 전공자만을 튜터나 교강사로 채용하는 것이 아니기 때문인 것으로 판단된다.[2] 일례

---

2 이 부분은 단정하기보다 후속 연구를 위한 문제로 남겨두기로 한다. 대부분의 글쓰기 센터에 교강사를 대상으로 운영하는 재교육 프로그램과 워크숍이 있고, 동료 튜터로 근무하고자 하는 학부생과 대학원생은 의무적으로 글쓰기 지도와 관련한 정규 과목을 수강해야 한다. 글쓰기센터에서 제공하는 교육 자료에 주요 내용을 간략하게 실었지만, 정규 과목을 비롯한 훈련 프로그램에서는 훨씬 밀도 높은 강의와 토의가 이루어질 공산이 크다.

로, 캔자스 대학 글쓰기 센터 핸드북에서는 문법과 용례에 관한 설명으로 시작하는데 그 이유를 다음과 같이 함께 설명한다.

> 문법과 용례가 글쓰기 센터에서 이루어지는 일의 중심이기 때문이 아니라, 많은 이들이 그렇게(문법과 용례가 쓰기 지도의 중심이라고) 생각하기 때문이다. (중략) 글쓰기에 애정을 품고 있는 사람일수록 언어의 수호자 역할을 자처하는 경우는 흔하다. (중략) 지속적인 사고의 과정이 아닌, 완성된 글에 주요 관심을 두는 쓰기 지도 빙식을 '관습적 글쓰기(writing as a skill)'[3] 모형이라 지칭한다.
>
> — 캔자스 대학 글쓰기 센터 튜터 핸드북, 3쪽.

익히 알려진 과정 중심(writing as a process) 모형을 쉽게 풀이한 내용이 대부분 글쓰기 센터 교육 자료 내 이론과 원리 설명의 중심을 이루는 양상을 보이는데, 근간에는 서면 피드백의 초점을 텍스트에서 필자인 학습자로 옮기려는 데에 그 목적이 있다(Sommers, 2013). 글쓰기 센터의 목적이 단순히 학생이 가져온 글을 더 나은 글로 고치는 데에 있는 것이 아니라, 피드백을 통해 학생이 점차 더 나은 필자로 성장하는 데에 궁극적인 목표를 둔다. 반면 글쓰기 센터 소속 교강사와 튜터가 이러한 공동의 목표를 이해하고 받아들이지 않으면, 오탈자 교정이나 당면한 문제를 해결하는 방식으로 피드백을 작성하는 경향이 짙어진다. 글로벌 이슈와 표면적 이슈[4]로 나누어 글을 통해 전달하고자 하는 의미를 명확하게 전달하는 방법과 전체 문단 구조를 세세한 어법과 오탈자 교정보다 우선시하는 것도 같은 맥락에서 이해할 수 있다.

---

3 관습적 글쓰기(writing as a skill) 모형에 관한 자세한 내용은 Behizadeh & Engelhard(2011), Ivanič(2004), 국내 연구로는 곽수범(2018) 참조.

4 영미권 글쓰기에서 글로벌 이슈는 조직, 명료성, 정제된 생각, 사고의 발전, 주요 주장 등을 뜻하며, 표면적 이슈는 문법, 문장 구조, 인용, 서지 정보, 구두법 등을 의미한다. 다트머스 대학에서는 한층 세분해 1) 아이디어/논증/논지/전체 구조, 2) 특정 부문의 구조와 논리, 3) 각 문단, 4) 문장 구조와 문법 순으로 중요하다고 제시하였다.

우리나라 학계에서 이루어진 논의에서 남진숙(2013:121)은 서면 피드백에서 "가장 기본적인 영역은 한글정서법과 문장"이라고 주장하였고 일부 표현을 직접 고쳐줄 것을 권장한 내용(같은 글, 128; 최종환, 2012:116)을 함께 확인할 수 있다. 이는 두 연구자 고유의 주장이라기보다 많은 글쓰기 담당 교강사의 서면 피드백 형태를 나타내는 것으로 볼 수 있다. 교사 첨삭 실태 조사에서 주로 어휘·어법 층위 표현에 집중하는 경향을 밝힌 연구 결과(이재기, 2010)와 조응하기 때문이다.

반면, 미국 대학 글쓰기센터 교육 자료와 글쓰기 센터 연구들은 표면적 이슈를 우선시하는 입장(남진숙, 2013; 최종환, 2012)을 정면으로 반박한다. 하지만, 외국의 논의와 이론을 근거 삼아 우리나라의 논의를 반박하는 것이 온당한가? 물론 미국과 한국의 맥락, 학습자는 판이하므로 미국의 연구 결과와 이론이 우리나라에도 동일하게 적용되리라는 법은 없다. 그럼에도 대학 글쓰기 연구에서 사고의 과정을 촉진하는 피드백(임상우·김남미, 2017), 완성된 결과로써의 텍스트보다 글쓰기 과정을 중시하는 피드백(전지니, 2014), 평가자가 아닌 독자로서의 교수자 피드백(김혜연·김정자, 2015) 연구를 고려하면 결과보다는 과정 중심의, 표현보다는 사고와 학습자 중심의 피드백을 지향해야 한다는 점에 많은 연구 결과가 뜻을 같이한다.

2) 대면 피드백

대면 피드백 범주를 구성하는 코드는 총 4개이며(아래 <표 2> 참조), 이 연구에서는 그중에서도 구체적인 대면 피드백 절차에 주목하였다(<그림 3>).

순위	코드	빈도
1	대면 피드백 절차(타임라인)	87
2	상황별 대응 방법	40
3	대면 피드백 시간관리 요령/추가 조언	24
4	활동 목록	8

<표 2> 대면 피드백 범주 코딩 결과

글쓰기 센터의 독특한 맥락 중 하나는 학습자가 고심하는 글쓰기 문제나 과제의 배경과 맥락을 제대로 파악하지 못하거나 부분적인 정보만 알고 있는 상태에서 서면 피드백을 제공하거나 일대일 면담을 진행한다는 점이다. 글쓰기 과제를 특정한 형식과 방향으로 설계하게 된 자세한 내막이나 이면의 이론을 세세하게 알기는 어렵다. 이런 문제를 해결하기 위해 일부 학교에서는 글쓰기 과제에 관하여 교과목 담당 교강사와 글쓰기 센터 튜터가 같이 논의하는 절차를 마련하기도 한다.[5] 학교마다 절차는 조금 다르겠지만, 대체로 미리 약속을 잡아 면담을 진행하고, 때로는 예약 없이 방문하여 피드백을 받을 수도 있다. 그러므로 글쓰기 센터 소속 교강사나 튜터의 글쓰기 능력과 경험에만 크게 의존하면, 일대일 면담 시간이 즉흥적 대화로 흘러가 버릴 수 있다(Hedengren & Lockerd, 2017).

---

5 예를 들어, 피츠버그 대학에서는 전공 분야마다 글쓰기 과제를 효과적으로 활용하는 방안을 논의하는 세미나와 워크숍을 주기적으로 진행하며, 학습 목적 글쓰기(writing to learn), 체계적인 쓰기 과제 절차, 피드백 방법 등을 논의하고 이 세미나와 워크숍에 참여하는 교원에게 성과보수를 제공한다.

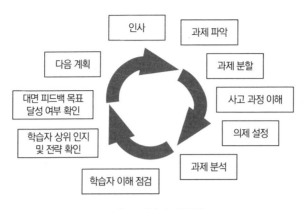

<그림 3> 대면 피드백 절차

이런 문제에 대응하려는 목적으로 많은 미국 대학 글쓰기 센터에서는 대면 피드백 시간 활용 방안을 구체적으로 제시한다. 〈그림 3〉은 대체로 많은 학교에서 제시하는 절차를 도식화한 것으로, 처음 튜터와 학생이 만나서 나누는 인사부터 헤어지기 전 다음 계획을 수립하는 마무리 단계를 순서대로 나타낸다. 그랜드밸리 주립대학에서는 인사 단계에서 학습자가 이전에 글쓰기 센터를 방문한 적이 있는지, 그 경험이 어땠는지 물어보고, 친밀한 관계를 형성하도록 안내한다. 친밀한 관계를 형성하라는 권유나 지시만으로는 충분히 구체적이지 않다. 럿거스 대학 글쓰기 센터에서는 아예 가벼운 잡담을 학습자에 관한 이해로 연결하고 래포를 형성하기 위한 질문 목록을 적어두었다. "이번 학기에는 몇 과목이나 들어요?", "이번 학기에 듣는 수업들은 어때요?", "이번 주에 해야 할 과제들은 어떤 게 있어요?", "오늘 이 면담 이후에는 뭘 할 계획이에요?" 그 후에는 예약 시간 확인 등의 행정 절차를 끝내고, 학습자가 골몰하는 쓰기 과제를 살펴본다. 쓰기 과제를 살펴보는 과정에서는 학습자가 쓰기 과제의 요구사항을 어떻게 이해하고 있는지와 최종 제출일을 확인할 것을 명시하였다. 포츠담 대학에서는 단계별로 던질 수 있는 질문까지 함께 제시하며 구체성

을 더했다.

이를테면, 쓰기 과제의 요구사항을 제대로 이해하였는지 확인하라는 제안조차도 모호하다고 여겼는지, "쓰기 과제가 무엇이었나요?", "이 쓰기 과제에서 가장 걱정되는 게 어떤 건가요?", "지금 들은 이야기로는 [A] 이러한 내용 같은데, 이번 일대일 면담에서 논의하고 싶은 부분이 [B] 인가요?"와 같은 질문 예시까지 함께 수록하였다. 로드아일랜드 대학에서는 학생이 쓴 글을 함께 살펴볼 때 먼저 긍정적인 피드백으로 시작할 것을 권하면서, 다음과 같은 예시를 함께 제안하였다.

> "제목, 서론, 결론이 마음에 들어요."
>
> "이 보고서에서 주 정부 통계 자료를 활용한 것은 무척 논리적이라는 평을 들을 수 있겠어요."
>
> "이 글에서 스스로 앞으로 어떤 부분을 개선하고 싶은지 파악해서 가져온 점은 정말 칭찬하고 싶어요."

마지막으로 마무리하고 인사하는 단계까지도 다른 단계와 마찬가지로 체계적인 절차를 정리해서 교육하는 모습이 인상적이다. 다트머스 대학에서는 대면 피드백에 할당된 시간이 끝나갈수록 급하게 마무리하고 그다음 학생과의 면담을 준비하려는 경향이 있다는 점을 언급하면서 마지막까지 체계적인 피드백이 이루어질 때 유종의 미를 거둘 수 있음을 강조하였다.

> ·한두 문장으로 대면 피드백 과정에서 달성한 성과를 요약하세요. 예컨대, 학습자가 대면 피드백 시작 전보다 더 정교한 주제문을 구성할 수 있었다면, 그렇게 말하세요. 학습자가 대면 피드백 과정에서의 진전을 이해하는 것은 대단히 중요합니다.
>
> ·다른 질문이 있는지 물어보세요. 물론 모든 내용을 한정된 시간 안에 다룰 수는 없습니다. 필요하다면, 다음 대면 피드백을 예약하도록 설명해주세요.

·어떻게 고쳐 쓰기를 할 것인지 학습자에게 물어보세요. 학습자가 계획이 없다면, 잠시 시간을 들여 계획을 짤 수 있게 도와주세요.

·마지막으로, 이번 대면 피드백을 통해 얻어갈 수 있는 한 가지 글쓰기 전략이나 교훈이 있도록 해주세요. 예를 들어, 논쟁이 되는 부분에 대해서 효과적으로 논증을 시작하기 위한 주제 문장을 구성하는 방법에 대해 논의했다면, 비슷한 글을 쓸 때 다시 적용할 수 있는 방법이라는 점을 다시 일러주세요.

Hedengren과 Lockerd(2017)은 2010년부터 2014년 사이에 수집한 41,897건의 설문 조사를 검토하였는데, 이 연구의 주요 시사점은 구체적이고 명확하게 목표와 앞으로의 방향을 대면 피드백 과정에서 논의하지 않으면 학습자는 부정적인 감정을 안고 글쓰기 센터를 떠난다는 점이다. 부정적인 설문 결과의 38.8%는 모호한 대화와 피드백을 무의미하거나 시간 낭비로 간주하였고, Hedengren과 Lockerd는 실질적으로 얻고 돌아갈(take-home) 메시지가 분명히 있어야 한다고 역설했다. 결국, 서론에서 살펴본 전남대학교 글쓰기 센터 모범 예시와 같은 피드백으로 끝난다면,[6] 미국 대학 글쓰기 센터 연구 결과와 교육 자료에 따르면, 학습자는 대면 피드백 후에 좌절감이나 막막함만 맛보게 된다(Hedengren & Lockerd, 2017:138).

3) 튜터-학습자

튜터-학습자 범주를 구성하는 코드는 총 3개이며(<표 3> 참조), 이 연구에서는 튜터와 학습자 관계와 의사소통에 관심을 기울이는 전체적인 양상에 주목하였다.

---

6 출판된 연구물에 제시된 내용만으로는 서면 피드백과 아울러 내면 피드백이 어떻게 이루어졌는지 상세한 맥락을 알 수 없다는 한계가 있기 때문에 필자가 오독하였을 가능성 또한 배제할 수 없다. 여기에서는 논의의 이해를 돕기 위하여 예시를 끌어온 것이며, 전남대학교 글쓰기 센터에서 이루어진 피드백 효과를 평가하려는 의도는 없다.

순위	코드	빈도
1	튜터/필자 정체성	40
2	학습자 이해하기	40
3	학습자 주도 위한 질문 예시	20

<표 3> 튜터-학습자 범주 코딩 결과

　피드백은 단순히 빨간 펜으로 밑줄을 긋고, 여백에 몇몇 단어를 적고, 마지막에 총평을 적는 것으로 끝나지 않는다. 피드백의 목적은 텍스트 그 자체가 아니라, 학습자가 글쓰기 효능감과 긍정적인 쓰기 태도를 키우고 알맞은 쓰기 전략을 익혀 더 나은 필자로 성장하는 데에 있기 때문이다 (Sommers, 2013).

　온라인 면담 형태로 이루어지든 직접 대면 형식이든, 글쓰기 피드백은 의견을 주고받는 대화이다. 다시 말하면, 한 명이 일방적으로 질문하거나 말하는 동안 다른 한 명은 가만히 듣거나 대답만 하는 대신, 서로 말하고, 듣고, 질문하고, 답하게 된다. 앞선 연구에서 상호 간 의사소통이 역동적일수록, 대학 글쓰기 학습자는 더 많이 효과적으로 배운다는 점이 보고되었다(Ianetta & Fitzgerald, 2016).

　튜터와 학습자 간의 관계나 의사소통 방법을 구체적으로 안내하고 교육하는 방안을 체계화하는 것은 글쓰기 센터만의 고유 특성에서 기인한다. 글쓰기 센터에서는 꾸준히 새로운 교강사와 튜터를 모집해야 하고, 이들은 매주 거의 모든 면담마다 새로운 글쓰기 과제와 학습자를 마주하게 된다(Reid & Estrem, 2012). 구체적인 절차는 다르지만, 보통 첫 단계에서는 튜터보다 학생이 자신과 본인이 쓴 글에 대해서 더 많은 이야기를 하도록 환경을 조성할 것을 권한다. 어떤 부분이 어렵고, 어떤 도움이 필요한지 먼저 이해하기 위함이다. 또한 튜터는 글쓰기 과제에서 요구하는 사항을 이해하고, 필요하다면 학습자가 수강하는 교과목 교수자와도 의사소통할 필요가 있다.

글쓰기 과제를 이해한 후에야, 튜터는 글쓰기 전문가이자, 조력자, 매니저 역할을 취한다. 가르치고 조율하는 단계에서는 튜터가 한층 능동적으로 질문하고 대화를 끌어간다. 학습자의 상황과 필요에 따라, 튜터는 인지적인 지원, 정의적인 지원을 달리하거나 혼합할 수 있다(Cromley & Azevedo, 2005). 인지적인 지원과 정의적인 지원 방안으로 각기 무척 다양한 전략과 방법이 있어 이 부분은 따로 교강사 워크숍이나 튜터 활동 전에 이수하는 교과목 시간에 주로 가르치도록 구성되어 있다.

4. 결론

이 연구는 Machi와 McEvoy(2016)의 6단계 문헌 검토 절차에 따라 46개 미국 대학 글쓰기 센터의 교강사 훈련 프로그램과 교육 자료를 수집하고, 해석학적 현상학 연구 방법(hermeneutic phenomenological approach, HPA)을 적용하여 수집한 자료를 분석하고 글쓰기 피드백과 관련된 의미와 시사점을 추려냈다. 분석 결과 미국 대학 글쓰기 센터에서는 서면 피드백과 대면 피드백으로 나누어 그 절차를 상세하게 구분하고 있는 것으로 나타났으며, 각종 교강사와 튜터 대상 워크숍과 필수 이수 교과목 또한 체계적으로 구성되어 있음을 확인할 수 있었다.

대학에서 글쓰기에 관한 피드백은 대체로 담당 교과 교강사, 동료 학습자, 글쓰기 센터 튜터로부터 받게 된다. 교사 반응, 특히 섬세한 피드백은 학습자의 쓰기 발달에 큰 영향을 미친다는 사실은 익히 알려져 있다(김정자, 2011; 장지혜, 송지언, 2019; Laflen & Smith, 2017). 그동안 우리 학계에서 대학 글쓰기 피드백의 효용성("학습자의 쓰기 발달에 피드백이 효과적인가?")과 필요성("글쓰기 교육에 피에 관한 합의는 큰 반대 없이 쉽게 이루어졌지만, 피드백 방법, 범위, 권장하는 활용 방안은 연구마다 상이한 모습으로 제시되었기 때문에, 이 연구에서는 상대적으로 글쓰기 피드백 연구사가 오랜 미국 학계의 교육 자료를 종합하여 살펴보고자 하였다.

우리나라 학계에서 이루어진 논의를 종합하면, 표면적 이슈를 우선 다루는 입장(예를 들어, 남진숙, 2013; 최종환, 2012)과 표현보다는 사고, 학습자 중심 피드백을 우선하는 입장(예를 들어, 김혜연·김정자, 2015; 임상우·김남미, 2017; 전지니, 2014)으로 나눌 수 있다. 미국 대학 글쓰기센터 교육 자료와 글쓰기 센터 연구는 표면적 이슈를 우선시하는 입장을 정면으로 반박하고, 결과보다는 과정 중심의, 표현보다는 사고와 학습자 중심의 피드백을 지향해야 한다는 입장에 큰 힘을 실었다. 또한, 구체적이고 명확하게 피드백 단계를 나누고 단계마다 달성해야 할 목표와 앞으로의 방향을 학습자와 함께 논의하는 방법을 제시했다는 점도 특기할 만하다.

이 연구는 미국 글쓰기 센터에서는 대학 글쓰기 피드백 제공 방법을 어떤 식으로 정교화하였는지 전반적인 그림을 세 방향으로 나누어 요약 제시하였다는 의의가 있다. 이 연구 성과를 토대로 후속 연구에서는 우리나라 대학 글쓰기 피드백의 효과적인 제공 방안을 모색하는 실험 연구, 서로 다른 성격의 피드백 비교 연구, 그리고 우리 실정에 맞는 워크숍 및 튜터 교육 과정에 관한 논의가 이루어져 교강사와 튜터의 과거 개인 경험에 크게 의존하는 주먹구구식 피드백 대신, 학술적 성과를 종합하고 관련 분야 종사자들의 의견을 수용한 형태의 대학 글쓰기 피드백 체계가 구축되기를 기대한다.

📎 참고문헌

- 곽수범(2018), 미국 교원양성기관 작문교육론 내용 분석 연구, 작문교육 38, 한국작문학회, 35-63.

- 곽수범(2020), 디지털 지식정보사회의 영미 대학 글쓰기 교육 양상 검토, 국어교육연구 74, 국어교육학회, 103-132.

- 구자황(2008), 수정과 피드백이 글쓰기에서 동인(動因)이 되는 방식을 위한 탐구, 어문연구 56, 어문연구학회, 323-343.

- 김경화(2011), 학생 글에 대한 반응 연구 동향 및 전망, 작문연구 13, 한국작문학회, 279-317.

- 남진숙(2013), 글쓰기 첨삭의 효과적인 교수학습법. 사고와 표현 6(2), 한국사고와표현학회, 117-142.

- 박진숙(2009), 첨삭지도라는 공통감각과 대학 글쓰기 교육의 개선방향, 반교어문연구 26, 반교어문학회, 103-127.

- 염민호·김현정(2009), 대학 '글쓰기' 교과에 활용 가능한 피드백의 특성과 방법, 새국어교육 83, 한국국어교육학회, 311-336.

- 이다운(2019), 글쓰기 학습자의 자기효능감 강화 및 실제적 문제 개선을 위한 교수자 피드백 방법 연구, 우리어문연구 64, 우리어문학회, 359-386.

- 이은자(2010), 글쓰기 능력 향상을 위한 첨삭 피드백-고쳐쓰기 지도 모형, 새국어교육 86, 한국국어교육학회, 279-306.

- 이재기(2010), 교수첨삭담화의 유형과양상분석, 한민족어문학 57, 한민족어문학회, 557-597.

- 장지혜·송지언(2019), 논증적 글쓰기의 수정하기 활동에서 피드백 방식과 필자 수준에 따른 피드백의 효과성 탐색, 작문연구 42, 한국작문학회, 95-137.

- 주민재(2008), 대학 글쓰기 수정 교육에 관한 수업 모형 연구, 작문연구 6, 한국작문학회, 281-318.

- 최규수(2009), 첨삭지도에 대한 대학생들의 반응 양상과 교육적 효과의 문제 ―명지대의 사례 분석을 중심으로, 반교어문연구 26, 반교어문학회, 129-157.

- Ahern, K. J.(1999), Pearls, Pith, and Provocation:TenTips for Reflexive Bracketing, Qualitative Health Research9(3), 407-11.

• Adu, P. (2019). A Step-by-Step Guide to Qualitative Data Coding. New York, NY: Routledge.

• Behizadeh, N., & Engelhard Jr, G.(2011), Historical view of the influences of measurement and writing theories on the practice of writing assessment in the United States. Assessing writing 16(3), 189-211.

• Burke, D., & Pieterick, J.(2010), Giving Students Effective Written Feedback. Berkshire, England: Open University Press.

• Caughlan, S., Pasternak, D., Hallman, H., Renzi, L., Rush, L., & Frisby, M.(2017), How English language arts teachers are prepared for twenty-first-century classrooms. English Education 49(3), 265-295.

• Creswell, J. W., & Poth, C.(2018), Qualitative inquiry & research design. Los Angeles, CA: Sage.

• Finlay, L.(2008), A dance between the reduction and reflexivity, Journal of Phenomenological Psychology 39(1), 1-32.

• Hedengren, M., & Lockerd, M.(2017), Tell me what you really think: Lessons from negative student feedback. The Writing Center Journal 36(1), 131-145.

• Ianetta, M., & Fitzgerald, L.(2016), The Oxford Guide for Writing Tutors: Practice and research. Oxford, UK: Oxford University Press.

• Ivanič, R.(2004), Discourses of writing and learning to write. Language and Education 18(3), 220-245.

• Kafle, N.(2013), Hermeneutic phenomenological research method simplified. Bodhi: An Interdisciplinary Journal 5(1), 181-200.

• Laflen, A., & Smith, M.(2017), Responding to student writing online: Tracking student interactions with instructor feedback in a Learning Management System. Assessing Writing 31, 39-52.

• Lerner, N.(2009), The Idea of a Writing Laboratory. Carbondale, IL: Southern Illinois University Press.

• Machi, L. A., & McEvoy, B. T.(2016), The Literature Review: Six Steps to Success (2nd ed.). London: Sage.

• Reid, S., & Estrem, H.(2012), What new writing teachers talk about when they talk about teaching. Pedagogy 12(3), 447-478.

• Rolls, L., & Relf, M.(2006), Bracketing interviews, Mortality 11(3), 286-305.

• Saldaña, J.(2016), The Coding Manual for Qualitative Researchers. Los Angeles, CA: Sage.

• Smagorinsky, P., & Whiting, M. E.(1995), How English Teachers Get Taught: Methods of Teaching the Methods Course . Urbana, IL: NCTE.

• Sommers, N.(2012), Responding to Student Writers. New York, NY: Bedford/St. Martin's

• Tufford, L., & Newman, P.(2012), Bracketing in qualitative research. Qualitative Social Work 11(1), 80-96.

• Vandermause, R. K., & Fleming, S.(2011), Philosophical hermeneutic interviewing. International Journal of Qualitative Methods 10(4), 367-377.

• Van Heerden, M.(2020), 'It has a purpose beyond justifying a mark': examining the alignment between the purpose and practice of feedback. Assessment & Evaluation in Higher Education 45(3), 359-371.

• Wei, J., Carter, S., & Laurs, D.(2019), Handling the loss of innocence: first-time exchange of writing and feedback in doctoral supervision. Higher Education Research & Development 38(1), 157-169.

3장

대학생 필자의 직관적 판단에 근거한 첨삭 지도법 연구
– 글쓰기 수정습관과 능력 향상을 위하여

최선희

1. 서론

현재 글쓰기 교육 현장에서 대부분의 글쓰기 담당 교수자는 학습자에게 첨삭 지도를 하고 있고, 글쓰기 교육에서 첨삭 지도가 중요한 요소로 다뤄져야 함을 충분히 인식하고 있다. 대학 글쓰기 교육에서 첨삭 지도의 중요성은 글쓰기 교수자라면 누구나 공감하는 사실이기 때문이다. 그런데 문제는 대학 글쓰기의 환경적 제약으로 교수 첨삭은 대부분 일회적인 지도에 그치거나 '글의 완성도'측면에만 집중되어 지속적인 첨삭 교육으로 연결되지 못한다는 점이다. 15주 정도의 단기적인 글쓰기 교육의 환경적 상황은 첨삭지도를 학생들의 실제적인 글쓰기 향상과 구체적으로 연계되지 못하게 하고 있다. 학습자 측면에서 '초고 완성'이라는 목적으로 첨삭 지도를 받는 것에만 한정될 경우, 그들은 글쓰기 방법에 대한 단편적인 지식을 얻을 수 있지만 차후 글쓰기 활동에서 실질적인 도움을 받기는 어렵다.

대학 글쓰기에서 첨삭은 "글의 완성도를 높이는 방향으로 필자를 유도하려는 교육적 의도가 강한 행위"이다(주민재, 2014: 427). '글의 완성도'는 첨삭 지도가 궁극적으로 지향하는 목적이고 '필자를 유도하는' 것은 첨삭교육 과정에서 중요한 목표이다. 어떤 교육 방법이든 최종 목표는 학습자 스스로 계속해서 그 방법을 어떤 상황에서도 조절하여 응용할 수 있게 하는 것이다. 첨삭 지도 교육 방법은 학습자의 '수정'과 관련되어야 한다고 생각한다.[1]

---

1 '첨삭(添削)'이 교수자의 시각에서 필요한 것을 '더하거나(添)' 부족한 것을 '빼는(削)' 행위라면, '수정(修正)'은 글쓴이가 스스로 자신의 글을 '바르게 고치는 '행위라고 할 수 있다(박상민, 최선경, 2011: 353). 첨삭은 주체가 필자가 아닌 타자인 경우에만 교육적 의도가 관철될 수 있는 것이다. 따라서 '교수자의 첨삭'은 '필자의 글쓰기 능력 향상을 목적으로 첨삭을 통해 글의 질을 개선할 수 있도록 유도하는 일련의 교육 행위'로 정의될 수 있는 '첨삭 지도'로 볼 수 있다. 반면에 '수정'은 주체가 '필자'로 '필자가 스스로 상정한 이상적 텍스트에 최대한 근접하도록 자신의 글에 드러난 문제들을 해결하는 행위'라고 할 수 있다(주민재, 2014: 428~429 참조).
이를 참고하여 본고에서는 '교수자 첨삭'과 '첨삭 지도'를 동일한 개념으로 사용하여 '교육적 의도'에 초점을 둘 것이며, '수정'은 필자의 '이상적 텍스트를 향한 인지 작용'으로 볼 것이다. 특히 '수정'은 완성된 초고를 고치는 행위로 규정한다. 본고에서 다룰 '수정'의 의미는 '텍스트에 대한 평가나 진단'에 있으므로 의미를 만드는 과정이 아니라 만들어진 의미를 고쳐 쓰는 것이기 때문이다(정희모, 2008:340참조).

첨삭 지도의 실제적인 목표는 학습자에게 고쳐 쓰기의 중요성을 인식시키고 스스로 자신의 글을 수정할 수 있는 능력을 기르게 하는 것이기 때문이다.

글쓰기가 미숙한 대부분의 대학 신입생들은 글쓰기의 '수정'에 대해 인지하지 못하거나 스스로 자신의 글을 고쳐 쓰는 능력도 부족하다. 교수자의 첨삭이 학습자의 수정에 대한 적극적인 인식과 자가 수정 능력으로 발전하려면 학습자 중심의 첨삭 지도가 필요하다. 첨삭이 교수자의 지도에만 머물 경우 학습자는 자신의 글에 첨삭된 내용을 '평가'로만 받아들여 글쓰기 의욕을 상실할 수 있으며 초고 수정에 대한 부정적인 인식을 가질 수도 있다. 또한 글쓰기는 학습자 자신의 몫이고 고치는 일은 교수자의 역할이라는 오해까지 생겨 글쓰기 수정 습관을 차단하는 경우가 발생하기도 한다.

본 연구에서는 교수자의 글쓰기 첨삭 지도가 학습자의 글쓰기 수정에 긍정적인 영향을 미칠 수 있는 모델을 소개하고자 한다. 첨삭을 수정으로 이행하여 학생 필자의 수정 습관을 기르게 하고 자가 수정 능력을 향상시키는 것이 본고의 목적이다. 이런 목적은 첨삭 지도가 학습자 중심으로 이루어져 지속적인 글쓰기 수정으로 연결되어야 한다는 당위성에 의한 것이다.

교수자의 첨삭 지도가 학습자의 수정과 연계되어야 한다는 필자의 생각은 여러 연구자들에 의해서 논의된 바 있다. 대표적인 예로 구자황, 정희모, 주민재의 연구가 있다.

구자황은 "수정과 피드백은 글쓰기 능력을 향상시킬 수 있는 핵심 동인"(구자황, 2008: 329)이라며 이를 위해 효과적인 수정 전략을 제안했다. 논자가 제시한 수정 전략의 구체적인 방법은 '수정을 위한 과제 점검표'와 '과제 평가를 위한 평가 기준 표'이다. 전략과 매뉴얼이 갖춰져야 수정과 피드백이 효과적이기 때문에 교수자가 과제 목적과 성격을 분명히 밝히면 학습자의 과제의 효율성을 높일 수 있고 이를 명확한 첨삭 기준으로 활용할 수 있다. 그런데 논자는 과제 점검표와 평가 기준 표를 학습자에게 어떻게 글쓰기 능력 향상 동인으로 연결시켰는지 구체적 학습 모델을 제시하지 않아 그 성과를 가늠할 수 없다.

정희모는 수정 교육 방법의 심화와 다양성을 위해 수정의 인지적 절차를 검토하고 수정 방법과 전략을 연구했다. 논자는 수정은 복잡한 인지 과정을 수행하지만 결국 이것은 도달하고자 하는 목표와 필자의 텍스트 수준과의 간격을 좁히는 하나의 목표로 귀결된다며, 이를 위해 수정을 위한 읽기 활동을 강조했다. "수정의 인지기능은 사고의 해석적 기능보다 사고의 비평적 기능에 가깝기" 때문에 "수정을 위한 읽기 활동에는 이해나 해석보다 독자의 독해 가능성, 과제 적합성, 표현의 적절성이 중요한 판단 기준이 된다."(정희모, 2008: 343)고 했다. 이런 관점에서 본다면 수정은 오류를 고치는 차원에서 나아가 초고와 다른 새로운 의미생성에까지 나아가야 한다. 수정이 창조적 기능까지 나아가게 하기 위해 논자가 제안한 수정 절차는 '통제 구조 ⇒ 텍스트 수정1＋텍스트 수정2＋텍스트 수정3 ⇒ 목표 텍스트'로 수정의 반복을 강조한 것이다. 수정을 반복해 완성본을 만들어 가야 한다는 점에서, 논자가 제시한 수정 절차는 현재 대학 글쓰기 학습에서 상당히 유효한 수업 모형이다. 그런데 이 모형 역시 구체적으로 적용한 사례가 제시되고 있지 않아 이론적 제안이라는 한계를 보인다.

첨삭이 효율적인 교수 방법이 되기 위해서는 필자의 수정 활동에 실제적인 영향을 미쳐야 한다는 점에서 위의 두 논문은 의미 있는 연구이다. 첨삭 지도에서 수정의 중요성을 인식하고 그 이론적 연구와 함께 실증적 방법론을 제시했기 때문이다. 그런데 수정과 연계된 첨삭 지도가 교수 방법의차원에서만 논의되고 교육 현장에 적용한 사례가 나타나 있지 않아 가능성의 검증 측면에서 아쉬운 점이 있다. 첨삭 지도에서 학습자의 수정 동기에 영향을 주기위한 방법을 모델화하여 실제 교육 현장에 적용하기는 쉬운 일이 아니지만 해야만 하는 것이 글쓰기 교육의 당위성이다. 이런 점에서 주민재의 연구는 글쓰기 교수자들의 관심을 끈다.

주민재는 "글쓰기 과정에서 수정이 핵심적인 부분"(주민재, 2008: 282)임을 강조하며 수정 교육에 필요한 수정 모형을 구체화하고 그 실용성을 검증하여 실험했다. 논자가 연구한 수업 모형은 2단계이다. 1단계는 교수자가 제시한 평가 항목으로 학습자 스스로 수정을 경험해보는 것이고, 2단계는 동료 간 협력 학습을 통한 수정 능력의 향상이다. 개인 수정과 모둠 간 활동을 통한 협력 수정이라는 연속 경험으로 수정 교육을 한 것은 학습자의 수정 능력 향상이라는 점에서 성과를 기대할 수 있다. 그런데 개인 수정에서 처음부터 교수자의 평가 항목을 활용하게 하면 자칫 '수정을 위한 수정'에 그치게 할 우려가 있다. 첫 수정 활동에서의 이런 기계적 작업은 학습자의 수정 동기에 부정적인 인식을 심어줄 수 있다. 본고에서는 이 점에 주목하여 수정의 출발을 동료 간의 직관적 평가에서 시작하려고 한다. 직관적 원리에 의한 인상적인 비평은 학습자로 하여금 필자의 글을 진정성 있고 진지하게 접하게 하여 긍정적인 수정 동기로 작용할 수 있기 때문이다.

본고에서 논의될 중요한 첨삭 지도 방법의 하나인 직관적인 평가는 상대 글에 대한 적극적이고 긍정적인 표현하기 담화를 가능하게 하는 방식으로 필자의 글쓰기 수정에 대한 즐거운 동인을 주기 위한 방법이다. 상대 글에 대한 진정성 있는 공감이 있어야 텍스트의 문제점을 짚어내는 분석적 평가도 순조롭게 진행될 것이다. 상대 글에 대한 이런 진정성 있는 공감을 바탕으로 한 수정 전략은 이재기와 최규수의 연구에서 언급된 바 있다.

이재기는 학생 필자의 초고에 대한 교수 첨삭 담화의 유형 및 양상을 분석하여 교수 첨삭 담화의 방향을 제시했다. 논자가 제시한 교수 첨삭 담화의 문제점은 '지시하기'이다. 지시하기 담화는 "구체성에 비례하여 학생 필자가 기울여야 할 인지적 노력은 줄어들고 줄어든 인지적 노력만큼 작문 능력을 신장시킬 수 있는 학습 기회는 줄어든다."(이재기, 2010: 578)며 제언하기, 질문하기, 표현하기와 같은 학생 친화적 담화의 필요성을 강조했다. 첨삭에서 교수는 진정성 있는 실제 독자가 되어야 한다는 관점에서 제기된 이런 방향 제시는 본고의 동료 간 첨삭에서 수행하려는 '직관적 평가'에 대한 토대가 될 수 있다. 본고에서는 논자가 제안한 교수 첨삭 담화 방법에서 더 나아가 학습자의 구체적인 담화 방법과 내용을 제시할 것이다.

최규수는 학습자에게 '첨삭된 글 되돌아 보기'과제 형식을 부여하여 첨삭 지도에서 대학생들의 반응 양상을 살피고 그 교육적 효과를 고찰했다. 논자는 첨삭 지도에 대한 학습자들의 반응에서 교수자의 "정확한 지도"보다 "다양한 의미 중 하나로 교수자의 의견이 제시되는 방식이 가능해야"(최규수, 2009: 153)하며 이를 위해 학습자에게 "완벽한 독자는 존재하지 않기에 다양한 맥락과 상황에서 다양한 독자들의 다양한 기준이 존재함을 주지시키는 것이 필요"(최규수, 2009: 153)함을 알게 되었다고 한다. 학습자의 글에 대해 교수자가 한 명의 실제 독자로 다가가야 학습자는 논평에 대해 적극적으로 이해하고 수정의 계기를 부여받기 때문이라고 설명한다. 학습자의 수정에 대한 동기 부여의 강조는 본고에서 수행하려는 직관적 평가와 관련이 있다. 첨삭된 글에 대한 학습자의 반응에서 논자가 이끌어낸 결론은 "수정 전략(퇴고)에 대한 훈련을 병행하여 역지사지(易地思之)의 경험을 체험하게 하는 것이 필요하다."(최규수, 2009: 150)는 것이다. 필자가 연구하려는 첨삭 지도법이 바로 이런 수정 전략이다. 그 구체적인 방법은 직관적 평가에서 분석적 평가로 이행하면서 수정에 관한 관심을 환기시켜 학습자로 하여금 자가 반복 수정을 경험하게 하는 것이다.

본고에서 제시할 첨삭 모델의 주요 방법은 직관적 이론에 의한 평가이다. 직관적인 평가는 '인상적인 비평'이라는 이유로 그동안 첨삭 방법에서 배제되어 왔지만 학습자의 수정 동기에 중요한 역할을 할 수 있다. 또한 직관적 평가는 주관적인 인상에 의한 감상이지만 글 자체에 대한 독자의 진솔한 감상을 가능하게 하고 이를 역으로 이용하면 과학적 평가의 준거가 될 수 있다. 직관적 평가는 이유를 설명할 수 없는 인상적 평가에 불과하다는 이유로 첨삭 방법에서 부정적으로 인식되는 경우가 많았다. 그러나 직관은 경험의 기초에 의한 대상과의 정신적, 심리적 교감이므로 대상에 대한 지적인 인상이다. 대상과의 교감은 타자에 연결되고, 개방될 수 있는 자유로운 의식의 역동성에서 성립되기(송영진, 2005: 190-197 참조) 때문에 직관적 평가는 분석적 평가의 단서가 될 수 있다.

본 논문에서는 직관적 평가를 출발점으로 하는 첨삭 교수법이 어떻게 학습자의 수정 동기에 영향을 주어 지속적인 글쓰기 수정 습관과 자가 수정 능력으로 이어질 수 있는지를 검토해 볼 것이다.[2]

2. 자가 평가를 위한 첨삭 학습 과정

2.1 직관적 원리에 의한 동료 글 감상

첨삭 지도에서 중요한 것은 교수자이든, 동료이든, 독자 입장에서 진지하게 상대 글을 감상하고 정말 궁금한 것을 문제 제기하는 태도라고 생각한다. 필자의 글에 대한 상대의 이런 진정성 있는 평가는 열린 태도로 텍스트 내용에 밀착해서 집중하여 읽을 때 얻어질 수 있는 결과이다. 오로지 글 내용에 몰입하여 필자의 목소리를 듣기 위해서는 '직관'의 힘을 빌려야 한다. 직관은 직접적이고 균형 잡힌 인식으로 순수하게 열려있을 때 솟아

---

2   본고에서 첨삭 지도의 자료로 활용된 글들은 학습자들이 중간고사 이전까지 완성한 초고이다. 이 초고는 필자의 지도에 따라 글쓰기 과정 학습에 의해 산출된 글들이다(최선희, 2015: 189-233). 주제는 학습자들이 자유롭게 발표한 '대학생, 인생, 여행, 기억, 친구, 선물'중에서 선정한 '대학생'과 '여행'이다.

나고(페니피어스, 2010: 25), 이런 마음의 작용은 사소해 보일 수 있지만 실제로는 풍부한 의미가 담긴 인상(impression)들을 획득할 수 있게 하기 때문이다.

직관은 판단이나 추론 등의 의식적인 작용에 의지하지 않고 대상을 직접 파악하는 일(엘 프리다 뮐러·카인츠·크리스티네 죄닝, 2011: 27)이기 때문에 직관적인 평가는 글에 대한 인상에서 비롯된다. 글에 대한 인상은 우리가 지각할 수 없어서 설명하기 어렵지만 '직관'이라는 사유 활동을 통해서 생성된다(이지호, 2002: 289). 직관은 의식의 수준에서 타자와의 적극적인 관계 맺음을 예상케 하는 작용으로 그 내부에는 '기억'이라는 주관적 경험이 자리하고 있다(송영진, 2005: 263). 학습자들은 초·중·고 교육 과정에서 학습한 글 읽기 경험을 통해 동료 글을 인상적으로 감상함으로써 총체적인 판단을 할 수 있다. 이런 판단은 상대 글에 대한 긍정적인 공감과 진단으로 이어져 동료나 필자 모두에게 자연스럽게 분석적 평가의 단서를 마련해 줄 수 있다.

본고에서는 먼저 첨삭 지도를 동료 간의 직관적 평가에서 시작할 것이다. 직관적 평가는 학습자들이 상대 글에 대해 분석적으로 접근하기보다 독자 입장에서 진정성을 담아 글을 감상하여 그 느낌과 의견들을 솔직하게 피력하는 것이다. 이런 인상적인 평가는 학습자들에게 수정에 대한 긍정적인 인식을 심어주고 분석적 평가를 자연스럽게 배우게 하기 위함이다. 학습자들은 자신의 글에 대한 다른 사람들의 적절한 반응에 따라 자신의 글을 자체 진단하면서 수정의 계기를 얻는다. 첨삭 시작부터 객관적인 기준 표에 의한 분석적인 평가를 하면 정해진 잣대를 일방적으로 적용하기 때문에 실제 독자로서의 생각에 관심을 기울이는 것을 방해할 수 있다. 객관화된 기준 표에 의존함으로써 학습자의 글을 타자화, 탈 맥락화할 수 있기 때문이다(이재기, 2010: 566).

학습자의 직관적인 평가를 유도하기 위해 다음과 같은 지침을 제시했다 (페니피어스, 2010: 209-210 참조).

첫째, 동료 글에 대해 새로운 것을 접하듯 호기심을 가지고 집중하여 읽어라.

둘째, 필자의 글 내용에 최대한 밀착하여 열린 자세로 다가가라.

셋째, 호기심을 유지한 채 인상을 수신 받게 되면 그 인상을 기억하여 적어라.

넷째, 메모한 인상을 바탕으로 긍정적인 코멘트에 초점을 맞춰 정리하고 부정적 인 견해는 최대한 순화해서 기술해라.

다섯째, 가능한 한 문법적인 것 보다 내용에 대한 의견을 담아라.

'직관적'이라는 말은 '충동적'이라는 말과 엄연히 다르다. 때문에 텍스트 에 담긴 필자의 내면의 목소리를 듣기 위해서는 진심으로 귀 기울여 그 생 각을 들을 수 있는 여력을 확보해야 한다(엘 프리다 뮐러-카인츠·크리스티네 죄닝, 2011: 28). 또한 직관은 "지적으로 아니 오히려 정신적으로 공감하는 것"으로 그 의미는 "직관적 의식"이다. 이것은 "관념적 사유의 차원에서 이루어지는 것이 아니라, 한 존재의 경험 안에서만 주어질 수 있는 것"(송영진, 2005: 194-196 참조)이므로, 직관적 평가를 하기 위해 첫 번째와 두 번째의 지침을 제시 했다.

직관은 대상의 내부로 일치해 들어가는 의식적인 공감작용이므로 정신 의 긴장된 집중과 주의 및 노력이 없이는 이루어질 수 없는 아주 고된 작 업이다(송영진, 2005: 201-202). 따라서 최대한 집중하여 동료 글을 읽어야 자신 의 경험에 의한 판단이 자유로운 의식 활동으로 작용할 수 있게 되어 텍스 트에 대한 인상을 기억하여 적을 수 있다.

본고에서 제안하는 직관적 평가의 1차 목표는 필자에게는 자신의 생각 이 존중받고 있다는 느낌을, 독자에게는 즐거운 읽기 행위를 가져다주기 위함이다. 학생 필자는 때로는 그들의 진심 어린 독자를 만날 수 없기 때문에 소외감을 느끼며 글쓰기를 두려워하는 경우가 많고 학생 독자는 동료 글을 읽을 때 평가해야 한다는 부담감으로 내용보다는 글의 조직이나 문법에서 잘못된 부분을 찾으려고 긴장할 때가 많다.

동료 독자의 긍정적인 담화는 학생 필자의 필자로서의 존재감을 확인시켜 준다. 학생 독자의 텍스트 내용 자체에 몰입한 읽기 행위는 동료 필자의 삶을 알아가는 소통의 장이 될 수 있고 한 편의 글을 통일성과 일관성을 갖춘 유기적인 조직체로 보게 하는 데 도움이 된다. 필자와 독자 모두에게 이런 긍정적인 상호 작용이 되게 하기 위해 긍정적인 코멘트에 중점을 두라는 네 번째의 지침을 제시했다. 또한 글쓰기가 본질적으로 의미의 재구성 과정이고 하나의 유기체들로 생각한다면 구나 절 이하의 첨삭이 일반적인 학생 글 글쓰기 지도에 큰 영향을 미치지 않기 때문에(임칠성, 2005: 53), 내용에 초점을 맞춰 코멘트 하도록 했다.

제목	대학생의 진로 탐색과 직업관
단편적인 인상 메모	현재의 나의 모습, 현실적인 상황, 원하는 직업과 열정, 도전과 실패, 충분한 자료와 근거 필요
감상평	대학생인 우리 모두는 진로에 대한 생각과 직업에 대한 현실적인 부담으로 고민하고 있다. 현재 대학생들의 진로 선택에 대한 중요성과 직업관에 대해 다룬 이 글은 여러 가지 면에서 마음에 와 닿았다. 중등 과정에서 이루어져야 할 진로 탐색이 대학교에서 고민해야 할 문젯거리가 된 우리나라의 교육 현실에 대한 비판에 대해 크게 공감했다. 그리고 자신과 맞지 않은 직업을 선택했을 때의 비극은 그 사실을 깨달음보다 깨달았음에도 불구하고 여전히 그 직업에 종사해야 하는 점이라는 내용은 나에게 상당히 절실하게 와 닿았다. 나 역시 내가 원하는 직업을 가지기 위해 자격증 시험에 여러 번 응시했지만 학점 관리나 경제적 문제 등의 상황으로 실패했고, 포기하고 싶다는 절망감과 패배감에 빠져있기 때문이다. 이 글의 마지막 부분에서 그래도 우리는 '대학생=청춘'이기에 도전할 수 있다는 메시지는 대학생 필자의 경험에 의한 의견이라는 점에서 나에게 '실패의 낙담 보다는 도전에 대한 희망'이라는 자극을 주었다. 그런데 현재 필자의 진로 문제와 직업에 대한 구체적인 실례가 없어서 아쉬운 점이 있다. 또한 중등 과정에서 필요한 진로 탐색 과정이 우리나라에서 원활하게 이루어지지 못한 이유를 충분한 자료와 근거로 설명했다면 더 설득력이 있었을 것이라고 생각한다.

<직관적 평가-예1>

제목	내 생애 처음, 3박 4일 간의 여행기
단편적인 인상 메모	여행의 의미, 나의 여행 기억 -여행 계획과 도자기 체험, 나 홀로 여행, 인생의 배움, 스펙
감상평	나는 여행을 좋아하지 않는 편이라 여행을 많이 다녀보지 않았다. 역동적인 활동을 좋아하는 사람이 있는가 하면 정적인 것을 좋아해 휴일에 나처럼 집안에서 휴식을 취하는 사람도 많을 것이다. 여가 시간을 늘 집에서 보내는 나는 당연히 '여행'에 대해 깊이 생각해 본 적이 없다. 그런데 '3박 4일 간의 여행 경험'에 대한 이 글을 읽고 여행의 긍정적인 면에 대해 공감이 가면서 몇 안 되는 나의 여행 기억이 새록새록 생각났다. 친구들과 함께 여행 계획을 세웠던 일, 가족들과 함께 한 도자기 체험 등 특별한 경험을 했던 일이 떠오른다. 글쓴이가 첫 문단에서 언급했던 것처럼 여행의 장점에 대한 생각이 미치자 좋은 기억이 떠오르면서 여행하고 싶다는 마음이 들었으니, 글의 목적은 충분히 달성한 것 같다. 특히 글쓴이처럼 '홀로의 여행'을 꿈꾸게 되었다. 3박 4일 동안 오롯이 혼자서 보고 듣고 느낀 것을 단락별로 자세하게 설명하면서 마지막 단락에서 '내일로'에 대한 필요성을 강조한 것은 독자인 나에게 여행의 필요성과 소중함을 강하게 각인시킨 것이다. 이 글에서 아쉬운 점을 찾자면 부족한 결론 부분이다. 여행이 단순히 '내일을 향한 발전'이라는 다소 추상적인 마무리, 즉 '인생의 배움'이나 나아가 '스펙'까지 될 수 있다는 점을 구체적인 예를 들어 강조했다면 좋았겠다는 생각을 해 본다.

<직관적 평가-예2>

제목	20살 대학생이 할 일
단편적인 인상 메모	공감과 후회, 주변에 이끌려 다님, 진지한 성찰, 여유, 자신을 되돌아보기, 충분한 생각, 뒷받침 자료, 타임 푸어 현상, 주관적인 경험
감상평	20살 대학생이 해야 할 일에 대하여 자신을 경험을 떠올리며 자연스럽게 글을 풀어나갔다. 읽는 내내 나의 과거 모습을 되돌아보며 현재 자신을 생각하며 공감하기도 하였고 미처 깨닫지 못한 점에 대해 후회도 했다. 철저하게 글쓴이 자신의 경험적인 사실을 근거로 글을 썼기 때문에 나에게 이런 큰 울림을 준 것 같다. 특히 가장 인상 깊었던 부분은 "20살이 막 시작되었을 때 아무 생각 없이 주변에 이끌려 다녔기" 때문에 자신의 정체성을 잃어가고 있음을 깨닫고 반성하는 시간을 가졌다는 내용이다. '여유를 가지고 스스로 되돌아보는 시간을 가지면서 진지하게 자신을 성찰해 보기'를 20대의 할 일의 첫째로 꼽은 필자는 진지한 생각 후에 구체적인 목표를 설정하기를 당부한다. 이 글을 읽으면서 내 글에서도 '나의 경험을 넣을 걸'하는 생각을 했다. 조금 아쉬운 점은 처음에 '타임 푸어 현상'과 관련된 객관적인 이론을 내세워 상당한 흥미를 돋우어 주었으나, 이것이 주관적인 내용으로 일관한 글 전체 내용과 잘 매치가 되지 않았다는 사실이다.

<직관적 평가-예3>

동료 글을 분석적으로 평가하지 말고 직관적으로 그 느낌을 있는 그대로 적어보라는 교수자의 요구에 대부분의 학생 필자들은 예상외로 긍정적인 의견을 많이 내어놓았다. 특히 위의 예문에서처럼 동료 글이 자신의 삶에

미치는 영향에 대해 많이 기술했다. 분석하는 지성이 자기 귀환적이고 폐쇄적인 속성이 있는 것에 반해 직관은 역동적이고 개방적이기 때문이다. 분석은 외부와의 분리를 요구하지만 직관은 순수하게 타자에게 연결되고 외부 사물에 동화될 수 있는 힘을 가지고 있는 것이다(송영진, 2005: 197-199 참조).

독서의 목적 여부와 상관없이 정작 독자가 관심을 갖는 것은 내용이다. 소개한 위 예문에서처럼 '직관적인 감상'은 학습자들에게 텍스트 내용에 초점을 맞추게 했고 자연스럽게 긍정적인 반응을 낳게 했다. 동료 글에 대한 긍정적인 코멘트는 독자로서의 존재감을 확인시켜 주어 다양한 의견 개진을 가능하게 한다. 뿐만 아니라 필자의 삶에 보다 가깝게 다가갈 수 있도록 하여 독자로서 얻을 수 있는 기쁨도 가져다준다. 동료 글을 읽는 과정에서 생겨난 마음의 움직임을 솔직하게 드러내는 데 주저하지 말아야 독자들은 텍스트라는 공간에서 필자와 행복하게 만날 수 있는 것이다.

글을 읽는다는 것은 글을 사유한다는 것이고 글에 대한 인상은 반드시 글을 읽은 다음에 생긴다(이지호, 2002: 289). 글에 대한 인상적인 감상은 필자의 생각에 진정으로 다가가려고 노력했을 때 더욱 의미 있는 인상적 평가를 낳게 한다. 글에 대한 인상적인 비평은 총체적인 감상에서 비롯되며 우리는 이를 직관적 평가라고 한다. 직관적인 평가는 필자의 글을 통한 그의 내면 세계와의 소통이므로 독자는 필자의 글을 통해서 그의 삶을 읽을 수 있고 자신의 이야기를 반추해 볼 수 있다. "나 역시 내가 원하는 직업을 가지기 위해 자격증 시험에 여러 번 응시했지만 학점 관리나 경제적 문제 등의 상황으로 실패했고, 포기하고 싶다는 절망감과 패배감에 빠져있기 때문이다." 〈예1〉, "이 글을 읽고 여행의 긍정적인 면에 대해 공감이 가면서 몇 안 되는 나의 여행 기억이 새록새록 생각났다." 〈예 2〉, "내내 나의 과거 모습을 되돌아보며 현재 자신을 생각하며 공감하기도 하였고 미처 깨닫지 못한 점에 대해 후회도 했다." 〈예 3〉의 의견들은 학습자가 텍스트를 읽으면서 필자의 삶과 마주하며 자신의 삶을 되돌아보았음을 반증하는 예이다.

우리가 만나는 글에는 여러 사람들이 경험한 세계가 담겨있고 세상에 대한 그들의 태도가 드러나 있다. 따라서 독자는 텍스트에 내재된 여러 가지 소리에 귀 기울여야 하고 그 소리를 마음에 담을 줄 알아야 한다. 상대의 의견을 진정으로 읽으려면 비판이나 비난보다 그가 말하려는 내용 자체를 이해하려고 노력해야 한다. 텍스트의 의미 이해에 초점을 맞추려면 첨삭 지도를 직관적인 평가에서 시작해야 한다고 생각한다. 직관에 의한 평가를 주저하는 이유는 그것이 무의미해서가 아니라 과학적인 이유를 설명할 수 없기 때문이다(이지호, 2002: 285). 그러나 이유를 설명할 수 없다는 이유로 첨삭 지도 처음부터 분석적 항목으로 평가한다면 독자의 다양한 의견 개진을 방해할 수 있고 글의 총체적인 평가에도 많은 걸림돌이 된다. 뿐만 아니라 평가 받은 필자에게도 부정적인 영향을 미칠 수 있다. 직관의 힘을 빌린 평가의 장점은 필자에게 자신의 생각이 존중받고 있다는 느낌을 줄 수 있고 이후에 이루어진 분석적 평가에 의한 수정 권고를 거부감 없이 받아들이게 할 수 있다. 비록 부정적인 코멘트라도 '진정한 의견' 중 하나로 받아들이게 할 수 있다.

공감의 능력이 커질수록 다른 사람들의 고통 받는 원인들을 정확히 짚어내는 능력도 커진다고 한다(페니피어스, 2010: 267). 상대 글에 대한 진정한 공감이 있어야 텍스트에 대한 문제점을 짚어내는 능력도 커질 것이다. 예문 1·2·3과 같이, 직관적 인상은 분석적이고 논리적인 과정을 거치지 않았지만 상대 글에 대한 감응과 함께 긍정적인 논평을 하게 했다. 직관은 비판이나 비방을 하지 않고 방향을 보여주며 그것은 우리에게 신호를 보내 우리를 도우려 한다(루즈 폰 베르더·바바라 슐테·슈타이니케, 2004: 174). 직관의 신호는 분석적 접근을 가능하게 하여 단순한 이상에만 머물지 않도록 한다. 따라서 직관적인 평가는 '인상적인 비평'이라는 이유로 그 동안 첨삭 방법에서 배제되어 왔지만 학습자의 수정 동기에 중요한 역할을 할 수 있고 과학적 평가의 준거가 될 수 있다.

2.2 평가 기준 표에 의한 분석적 평가

분식적 평가는 평가 기준을 세워 텍스트를 진단하기 때문에 치밀한 글 읽기를 전제로 한다. 텍스트의 평가를 위한 정밀한 글 읽기는 앞서 제시한 직관적 평가 때보다 더 텍스트에 접근하여 탐색해야 하기 때문에 복잡한 사고 과정을 필요로 한다. 직관적 평가가 독자의 감상에 의한 총체적 인상의 표현이었다면 분석적인 평가는 부분적인 평가를 지향하는 과학적인 평가이다. '과학적'이라는 속성은 반드시 단서와 근거가 제시되어야 하기 때문에 학습자 스스로 하기에는 어려운 작업이다. 따라서 교수자의 적절한 지도가 필요하다.

여기서는 직관적 평가에서 행한 총체적 판단 내용들을 논리적으로 지적하여 보다 설득력이 있는 첨삭이 되도록 동료 글에 대한 자신의 직관적 평가 이유를 텍스트 안에서 찾아 그 근거를 제시하도록 할 것이다. 이 때의 근거는 교수자가 제시한 분석적 항목을 참고한다. 일정한 잣대를 기준으로 한 분석적 평가는 첨삭 주체로 하여금 제시된 항목에 대한 이유를 찾기 위해 직관적 평가 때보다 더 텍스트 자체에 집중하여 탐색하게 함으로써 분석적이고 세밀한 평가를 유도할 수 있다.

(1) 주제의 명료성	- 이 글의 주제는 한 문장으로 요약할 수 있는가? - 글의 내용이 주제의 초점에 부합하는가?
(2) 논지의 타당성	- 글의 주제를 뒷받침하는 논거가 분명하고 충분하게 제시되었는가? - 논거 제시를 위한 자료는 적절하게 활용되었는가. 그리고 정보는 정확하고 풍부한가?

(3) 내용의 조직성	- 각 문단은 완결된 형식을 갖추었는가? - 각 단락이 유기적으로 잘 연결되었는가? - 서론과 결론 부분이 인상적으로 쓰여졌는가?
(4) 표현의 정확성	- 잘못된 정서법이나 어휘 선택, 어색한 표현은 없는가?

<교수자가 제시한 분석적 항목>

위에서 제시한 분석적 항목은 앞서 학습자들이 실습한 직관적 감상평 내용들 120여 건을 분석하여 유형화했고 여러 다른 연구자들의 첨삭 항목 유형을 참고했다. 특히 항목 설정은 '대학 학문 담화 공동체에서의 학술적 글쓰기'에도 활용할 수 있는 평가 잣대를 기준으로 하고 퍼브스의 평가 기준과 국제 교육 평가 협의회의 평가 척도도 참고했다.[3]

교수자의 항목 제시에도 불구하고 직관적 평가에서 분석적 평가로의 이행 학습은 쉽지 않다. 분석적 평가를 하기 위해 학습자로 하여금 동료 글을 있는 그대로의 의미로 파악하는 축자적 의미 읽기를 유도할 것이다. 축자적이해를 하기 위해 핵심어와 중심 문장에 밑줄 긋기, 글의 각 단락의 중심 내용 파악하기, 글의 구조 속에서 해당 단락의 역할이 무엇인지를 표기하면서 읽도록 한다(임칠성, 2005: 61). 이런 축자적 의미 이해 방법은 직관적 평가에서 분석적 평가로의 이행에 도움을 주면서 글쓰기 수정 동인을 방해하지 않을 것이다. 또한 교수자가 제시한 분석 항목에 대한 답을 찾기 위해 직관적 평가 때보다 더 텍스트에 접근하여 탐색하게 함으로써 동료 글 자체를 보다 세밀하고 분석적으로 읽게 할 수 있다.

3　이 장에서 제시한 분석적 항목은 다음의 논저와 이론을 참고했다.
* 『대학생을 위한 글쓰기 강의』(한림대학교 기초교육대학 우리말 상담소, 2011: 119-120), 「자기 첨삭활동을 통한 논술 능력 향상 방안 연구」(김철민, 2010: 29), 「첨삭 지도의 원론적 방식과 효율적인 지도 방법의 제안」(최규수, 2009: 70).
* 퍼브스(Purves)의 분석적 평가 범주 (1) 내용/사고 범주-정보의 풍부성, 정보의 정확성, 정보의 관련성, 추론, 종합, 비판적 사고, 대안의 제시. (2) 조직 범주-구조, 결합 관계, 통일성. (3)문체/유사성범주-객관성, 공정성, 유창성
* 국제 교육평가협의회(IEA)의 분석적 평가 범주 (1) 내용의 질과 범위 (2) 내용의 조직과 표현 방법 (3) 문체 및 표현의 적절성 (4) 독자에 대한 인식 (5) 맞춤법-어법, 철자, 구두점, 필체 (임칠성, 2005:52-53 재인용).

분석적 평가에서, 평가 목록의 활용은 수정이 주관적인 느낌이나 개인적인 지식에 한정될 수 있는 가능성을 최대한 낮추는 역할을 하여(주민재, 2008: 292) 합리적이고 과학적인 평가를 가능하게 한다. 그러나 평가 목록의 활용은 '수정을 위한 수정'에 그쳐 기계적인 분석이 됨으로써 파편화된 지적 사항의 나열이 될 수도 있다. 때문에 평가 기준 표 아래 종합적인 평가 의견을 서술하게 함으로써 직관적 평가에서보다, 개괄적 평가를 논리적으로 지적하게 하여 설득력 있는 첨삭이 되도록 했다. 또한 교수자가 제시한 항목 외에 학습자 자신이 설정할 수 있는 항목을 만들어 보도록 했다.

제목	또 다른 경험의 시작, 여행
평가	도입부에서 적절한 인용을 하여 독자의 관심을 환기시켰고 제목 또한 글의 내용을 압축적으로 보여주었다. 그런데 네 번째 '여행과 경험'이라는 주제와 관련 없는 여행지에 대한 내용이 담겨 있어 전체적인 글 흐름을 방해한다. 이 단락을 삭제하고 다섯 번째 단락과 연관 있는 새로운 여행경험에 대한 구체적인 이야기를 삽입하면 좋겠다.
총평	이 글을 읽고 제일 먼저 들었던 생각은 공감이다. 고등학교 때와 확연히 다른 대학생으로서의 시작점에 와 있는 나에게 '여행이 또 다른 경험의 시작'이라는 필자의 의견이 와 닿았기 때문이다. 이 글을 읽으면서 글이 사람에게 주는 영향력에 대해 다시 한 번 생각하게 되었고 글을 쓸 때 단락 간의 긴밀한 연결이 정말 중요하다고 생각했다.
평가 항목 제안	- 제목은 글의 주제를 잘 부각시키고 있는가? - 도입부에서 독자의 관심을 끌었는가?

<예 1> 학습자의 분석적 평가

제목	대학생의 고민은 청년 실업
평가	단락 나누기가 잘 되어 있고 어휘 선택도 적절했다고 생각한다. 그런데 이 글에서 필자가 정확하게 말하려고 하는 것이 대학생의 고민과 청년실업인지, 우리나라의 구조적인 문제와 청년 실업인지 모호하다. 이 점의 원인을 찾기 위해 필자의 글을 여러 번 읽으면서 각 단락의 중심 문장에 밑줄을 그어보았다. 밑줄 친 문장을 정리해보니 글 내용에 두 가지 주제가 섞여있다는 것을 알았다. 필자는 글을 쓰기 전 쓰려는 내용에 대해 설계도부터 그려야 한다고 생각한다.
총평	현재 우리나라 대학생의 가장 현실적인 고민이 '취업'이라는 면에서 대학생의 고민을 청년 실업에 초점을 맞춘 것은 타당한 주제라고 생각한다. 그런데 어떤 사실과 문제에 대해 글을 쓸 때 어디에 중점을 두고 내용을 전개해야 할지를 충분히 생각하고 구상 단계를 거쳐야 한다고 생각한다.
평가 항목 제안	- 글을 쓰기 전 문제의 핵심을 정학하게 진단하고 이해했는가?

<예 2> 학습자의 분석적 평가

제목	대학생의 음주 실태와 문제점
평가	이 글에서 가장 큰 문제점은 자료가 정확하지 않고 근거 제시가 부족하다는 점이다. 대학생 알코올 문제 예방 협의회의 통계라고 인용한 내용이 구체성이 부족하여 신빙성이 의심된다. 그리고 오래된 자료로 현 대학생의 음주 실태를 제시하고 있어서 합당한 근거로는 부족하다. 어휘 사용의 정확성도 의심되며 맞춤법이 틀린 곳도 있다. 예를 들어 '블랙아웃'이라는 단어를 사용했는데 무슨 뜻인지 이해가 되지 않는다. 만취 후 일어나는 '필름이 끊긴 현상'이라는 의미가 아닐까 하는 추측을 할 뿐이다. 독자가 잘 이해할 수 있도록 앞뒤 문맥의 연결에도 신경 써야 한다고 생각한다.
총평	여러 자료를 제시하여 대학생의 음주 문화 실태를 고발했다는 점에서 그 문제점을 생각해 보게 하는 글이다. 이 글을 평가하기 위해 반복해서 읽으면서 글쓰기에서 자료 수집과 인용 방법이 매우 중요하다는 것을 알 수 있었다. 자신의 주장을 논리적으로 증명하기 위한 뒷받침 근거로 정확한 자료를 인용하는 것이 필요하다는 점을 경험했다. 그리고 글을 쓸 때 늘 원고 량이 부담이었는데 여러 정보를 활용하면 좋겠다는 생각을 했다.
평가 항목 제안	- 전문적인 자료를 제시하였는가? - 자료에 대한 정확한 출처를 밝혔는가?

<예 3> 학습자의 분석적 평가

인상적인 감상에서 나아가 평가자의 입장에서 동료의 글을 분석적으로 읽고 문제점을 짚어보는 활동은 첨삭 교육에서 매우 유용하다. 상대의 글을 세심하게 평가하면서 스스로 글쓰기 원리와 전략을 세울 수 있기 때문이다. Richard Gebhardt는 글쓰기 동료 학습에서 다른 학생의 글을 비평하면서 자신의 글에 대한 통찰력을 얻게 되는 '배움의 전이'원리가 작용된다고 한다(정희모·이재성, 2008: 663). 다른 사람의 글을 평가해봄으로써 나의 글쓰기 방법이나 태도를 반성적으로 살펴보고 점검해 볼 수 있다. "글을 쓸 때 단락 간의 긴밀한 연결이 정말 중요하다."〈예 1〉, "글을 쓸 때 어디에 중점을 두고 내용을 전개해야 할지를 충분히 생각하고 구상 단계를 거쳐야 한다."〈예 2〉, "자신의 주장을 논리적으로 증명하기 위해 뒷받침 근거로 정확한 자료를 인용하는 것이 필요하다."〈예 3〉에서처럼 학습자들은 동료 글을 읽고 분석해봄으로써 경험을 통해 글쓰기 방법을 배울 수 있다. 특히 글 읽기에서 가장 중요한 것은 글쓴이가 강조하고 있는 것이 무엇인지를 발견하도록 노력해야 하는 일(한림대학교 기초교육대학 우리말 상담소, 2011: 25)이라는 점에서 주제 파악을 위한 내용 구성 문제와 뒷받침 근거를 검토한 것

은 의미 있는 평가 학습이라 할 수 있다.

첨삭 활동에서 분석적 평가는 학습자들에게 내용을 파악하는데 그치지 않고 글쓰기 방법에 눈을 돌리게 하여 글쓰기 방법을 자득하게 하기도 한다. 글의 제목과 주제와의 관계, 도입부의 중요성, 자료의 전문성과 자료 출처의 정확성 등의 평가 항목 제시는 상대 글을 평가하면서 얻은 글쓰기 방법이다. 글의 제목은 전체 글 내용의 주제문보다 더 압축된 것으로 직·간접적으로 주제에 의해서 이루어진다는 사실을 학습자들이 경험으로 익힌 것이다. 또한 분석적 평가를 하면서 자료의 중요성을 경험한 것은 대학생 필자에게 매우 중요한 성과이다. 자료가 없으면 글을 쓸 수가 없다. 글쓰기에서 사람들은 흔히 주제를 그의 영혼이라고 이르며, 자료를 글의 피와 살에 비긴다(진국권, 2007: 104). 자료를 수집하고 축척하는 것은 글쓰기의 기초이고 자료 수집 선택은 반드시 주제와 관련된 것으로 검증된 것이어야 한다. 동료의 글을 평가하면서 자료 선택의 전문성까지 생각한 것은 학습자의 글쓰기 태도가 진일보함을 보여주는 실례이다.

학습자들의 동료 글 평가 실례에서 무엇 보다 큰 성과는 〈예 1〉과 같은 '단락'에 대한 인식이다.[4] 단락은 하나의 중심 내용과 여러 개의 뒷받침 문장으로 이루어진 의미의 단위이기 때문에 그 자체가 독립된 완결성을 갖고 있다. 자신이 쓴 단락이 하나의 완전한 뜻을 전달하기 위해서는 중심 문장이 분명히 초점화 되어야 하고 이를 뒷받침한 논거들이 논리적으로 제시되어야 한다는 것을 판단하는 과정은 글쓰기의 기초 작업이고 수정 단계에서 가장 유념해야 할 사항이다. "한 문단 안에 여러 말이 있다.", "앞뒤 말이 맞지 않다."는 학습자의 평가는 단락의 중요성에 대한 체험이다.

실제로 첨삭을 해 보면 학생 필자 대부분의 글에서 가장 문제가 되는 부

---

4 120여 건의 학습자 평가를 분석한 결과 70여 명이 단락의 문제점을 지적했다. 그 구체적인 예는 "단락 구분이 없어서 읽기가 매우 힘든다.", "한 단락 안에 여러 내용이 들어 있다.", "단락의 중심 문장을 설명하는 내용이 많이 부족하다.", "두 단락 사이에 비약이 심하여 연결이 문제된다." 등이다.

분은 내용의 통일성과 일관성의 부족이다. 단락 구성이 잘못되었거나 단락 간 연결이 논리적이지 못할 때 글 내용은 뒤죽박죽이 된다. 단일성과 완전성에 주의하여 단락을 구성해야 함에도 이를 인식하지 못한 학습자들은 한 단락 안에 여러 뜻을 말하여 하나의 완전한 뜻을 전달하지 못하는 경우가 많다. 따라서 첨삭 지도에서 학습자들이 동료 글과 직접 마주하면서 단락 구성의 중요성을 체험하여 배우도록 해야 한다. 그리고 문단별로 하나의 중심 내용에 나머지 다른 내용들이 수렴될 수 있는지, 근거 내용들이 중심 내용을 충분하게 뒷받침하고 있는지를 자세하게 살펴보도록 안내해야 한다.

이상에서 검토한 바와 같이 직관적 감상에서 분석적 평가로 이행하게 하면 글쓰기 방법에 대한 관심이 한층 높아진다. 먼저 글의 전반적인 내용에 대한 감상을 하면 텍스트 내용에 대해 긍정적인 인상을 가능하게 하고, 이는 다음 이어질 분석적 평가를 더 적극적으로 할 수 있게 하기 때문이다. 그런데 분석적 평가가 끝나는 지점에서 종합적인 의견 제시가 필요하다. 직관적인 평가에서 시작된 단선적인 분석 결과를 종합하여 전체적인 평을 해야 직관적인 평가가 단순한 인상에 머물지 않고 과학적 평가의 단서가 될 수 있다. 텍스트의 전반적인 진단은 동료나 교수자의 총평 내용과 연동되는 것으로 주제의 적절성과 명확성, 내용 전개의 통일성과 일관성, 단락 구성과 단락 간의 유기적 관련성, 근거의 타당성과 같은 내용 차원, 문장 연결 및 비문, 표현과 어휘의 적절성 같은 형식적 차원을 포함하는 것이기 때문이다(김양선, 2012: 386). 예 1, 2, 3의 '종합 평'은 직관적인 평가를 단서로 한 분석적평가의 결과이다.

〈예 1〉의 "단락 간의 긴밀한 연결"제시는 직관적 평가 때의 "앞뒤 말이 맞지 않다."는 막연한 지적의 명료화이고 〈예 2〉의 "글쓰기 전 충분한 구상 단계를 거쳐야 한다."는 직관적 평가에서 지적한 "필자가 말하려는 것이 모호하다."의 구체적인 지시이다. 〈예 3〉의 "뒷받침 근거로 정확한 자료를 인용하는 것이 필요하다."는 직관적 평가 때의 "필자가 주장하는 대학생의 음주 문화 실태의 신빙성이 의심된다."에 대한 구체적인 평가이다. 직관적 평가 때의 내용 감상에서 읽게 된 글쓰기 방법론에 대한 어렴풋한 파악이 분석적 평가에서 그 방법을 이해하려고 더욱 애를 쓰게 함으로써 구체적으로 인식된 것이다.

일부 학습자들은 교수자의 첨삭을 통해 내용 구성이나 표현의 문제점에 관한 구체적 대안의 제시나 잘못된 어법의 수정을 원하기도 한다. 그런데 이런 지시적 첨삭은 재고 쓰기에 도움을 줄지 몰라도 근본적으로 글쓰기 수정에 대한 학습 효과를 기대하기는 힘들다. 뿐만 아니라 미숙한 필자에게 수정 의지를 더욱 어렵게 만드는 요인이 되기도 한다. 글쓰기에서는 반드시 반복 수정이 필요하며 이것은 필자의 수정 의지에서 비롯된다. 앞서 제시한 직관적 감상을 통한 분석적 평가 학습은 학습자들에게 자가 수정 동기를 부여하고 미약하나마 자가 수정 능력도 기르게 하는 데 도움이 될 것이다. 동료 글에 대한 두 차례의 첨삭 학습 활동은 글쓰기 수정의 다양성 및 그 방법과 표현을 경험하게 하여 학습자들에게 수정 의지와 실제 수정 능력의 향상을 기대할 수 있기 때문이다.

3. 고쳐 쓰기를 위한 자가 평가 과정

글쓰기에서 수정은 자가 첨삭 활동으로 학생 필자 스스로 첨삭의 주인이 되어 초고를 객관적으로 판단하여 고쳐 쓰는 행위이다. 그런데 대부분의 학습자들은 자신의 텍스트의 문제점을 잘 파악하지 못할 뿐 아니라 그것을 고칠 방법도 모르는 경우가 많다. 문제를 알지 못하니 고칠 방법도 없고 심지어 고칠 엄두도 내지 못한다. 수정은 글쓴이의 의도와 목적에 따라 텍스트의 잘못된 부분을 고치고 다듬는 행위(정희모, 2008: 337)임에도 불구하고 자신의 글의 문제점을 발견하지 못하는 학습자들은 초고 수정을 힘들어하고 교수자가 알아서 고쳐주기를 바라기도 한다.

그동안 교수자가 학습자의 글에 대해 세심하고 풍부하게 주석을 달아주고 평가하는 것이 전통적인 첨삭 방법인 것처럼 여겨지기도 했다(최규수, 2009: 150). 그러나 이런 방법은 학습자에게 글쓰기 수정에 대한 수동성을 갖게 하여 스스로 글을 보는 안목을 방해할 수 있다. 학습자들이 자신의 글에 대한 평가자의 견해를 통해 자신의 글쓰기를 객관화하여 능동성을 갖고 실제적으로 고쳐 쓰는 태도가 중요하다. 자기 글의 문제점을 적극적으로 찾기 위한 방법으로 본고에서는 앞서 동료의 직관적인 감상과 분석적인 평가 방법을 제시했다. 여기서는 동료의 직관적 감상과 분석적 평가를 참고하여 필자 자신의 글을 자가 평가하게 할 것이다. 이 절차는 수정의 내면화 과정으로 의미 있는 고쳐 쓰기를 위함이다.

자신의 글에 대한 타인의 반응을 객관화하여 수정하는 작업은 매우 중요한 일이다. 이미 학습자는 동료의 글을 직관적으로 감상하고 이를 분석적 평가에 적용한 경험이 있기 때문에 스스로의 글에 대한 자가 진단이나 평가가 비교적 순조롭게 진행될 것이다. 동료와 함께 상호 간의 글을 돌려 읽고 여러 평가 반응을 교환하는 과정을 통해 학생 필자는 독자를 예상하면서 필자 의식을 가지고 자기 글을 보다 분석적이고 논리적으로 조정할 수 있게 되었기 때문이다. 학생 필자는 두 차례의 상호 평가 과정에서 좋은 글에 대한 평가 지침을 나름대로 내면화하고 이를 바탕으로 자신의 글을 수정할 수 있다.

타인의 평가에 근거한 자가 평가는 수정의 목표에 부합된다. 초고 텍스트를 자가 진단하는 과정에서 중요한 것은 자신의 글을 최대한 객관화시켜 '텍스트에 대한 자기중심성'을 극복하는 것이다. 자기중심성에서 벗어나 독자 중심으로 지향하는 것이 수정 진단의 성공 여부를 결정한다(정희모, 2008: 347-348). 글쓰기 교육에서 중요한 부분은 학습자에게 쓰기 행위가 개인적인 것이 아닌 사회적인 활동이며 자신의 글을 읽을 독자를 염두에 두고 글을 써야 한다는 점을 이해시키는 것이다. 동료의 의견을 최대한 참고하여 필자의 초고에 잠재되어 있는 가능성을 점검하고 스스로 추구하려 했던 목적지에 부합할 수 있는 해결책을 찾아보면 수정의 실마리가 잡힐 것이다. 이를 위해 다음과 같은 방법을 활용하여 자가 수정을 하도록 했다.

첫째, 동료의 직관적 감상평을 읽은 후 자신의 글을 다시 점검하여 필자가 처음에 의도한 바와 비교한다.

둘째, 동료의 분석적 평가를 자세하게 살펴보고 자신의 글에서 무엇을 고쳐야 할지 생각해 본다.

셋째, 자신의 텍스트 내용이 의도한 목적에 부합하도록 하기 위해 어떻게 수정해야 할지 메모한다.

넷째, 텍스트를 수정한 후 다시 읽어 보고 향후 글을 쓸 때 주의할 점을 생각해 본다.

동료 평가에 대한 소회	자가 수정 메모 및 주의할 점
내 글에 대해 이런 긍정적인 평가를 받아보기는 처음인 것 같다. 솔직히, 항상 글쓰기에 자신이 없었기 때문에 평소 누군가가 내 원고를 읽는 자체가 두려웠다. 그런데 내가 쓰고 싶었던 내용이 막연하게나마 독자에게 전해졌다고 생각하니 뿌듯하고, 조금만 노력하면 글쓰기에 한층 가까워질 수 있다는 자신감이 생겼다.	1. 글쓰기에 대한 자신감 가지기 2. 글쓰기 습관 바꾸기 (1) 글쓰기 전 오랫동안 생각하고 구상하기 (2) 귀찮아하지 않고 쓰려는 내용에 대해 자료 조사하기 (3) 무엇보다 글쓰기는 시간과 노력이 필요하다는 점을 명심하기 3. 수정할 것 - '여행'에 대한 나 자신의 생각을 여러 자료를 찾아서 확실하게 정의하기 - 다른 사람의 여행 경험에 대한 내용을 추가하기

<예 1> 자가 평가 과정

동료 평가에 대한 소회	자가 수정 메모 및 주의할 점
내 나름대로 열심히 썼다고 생각하는데 정확한 의도를 알 수 없었다는 평에 좀 당황스러웠다. 그런데 "글 전체에서 '대학생의 보편적인 고민'에 대한 필자의 진지한 태도가 마음에 와 닿았다"는 평을 읽고 내 글에 대한 독자의 존재를 느꼈다. 글 내용에 대한 나의 의도가 독자에게 그대로 전달되지 못하더라도 글쓰기 태도에 대한 진정성은 통한다고 생각했기 때문이다.	(1) 대학생의 고민인 직업 문제에 대해 내가 말하려는 것이 정확하게 무엇인지 다시 한 번 깊게 생각해 보고 하나의 문장으로 정리할 것 (2) 글 내용에서 (1)의 중심 내용에 해당되지 않은 것들을 과감하게 삭제하고 단락을 재배열하기 (3) 이미 찾아 놓은 자료에서 필요한 것들을 선별하여 각 단락에서 부족한 근거들을 보충하기

<예 2> 자가 평가 과정

동료 평가에 대한 소회	자가 수정 메모 및 주의할 점
내 글의 가장 큰 문제점은 '일관성의 부족'이라는 의견을 인정한다. '일관성이 없다'라는 의미를 이전에는 잘 몰랐기 때문에 받아들이기 어려웠다. 그러나 이번에 두 번의 첨삭 연습을 하면서 각 단락의 긴밀한 짜임이 부족할 때 글의 일관성에 문제가 발생한다는 사실을 알게 되었고 그 해결 방법도 조금은 습득했다. 내가 배운 글쓰기 방법론은 개요 작성의 중요성이다.	1. 내가 말하려는 '여행의 의미'에 대해 다시 한 번 깊게 생각해 보고 주제문을 써 본다. 2. 첫 번째 글에서, 다시 생각한 내용과 일치하는 곳에 밑줄을 그어서 고쳐 쓰려는 글에 활용한다. 3. 주제문에 대해 충분하게 생각하고 이를 바탕으로 개요를 작성한다. 　(1) 각 단락마다 중심 되는 내용을 적어보기-여행의 의미, 나의 여행 경험과 다른 사람의 여행 경험을 비교, 진정한 여행의 의미에 대한 나의 생각 등에 대한 내용들을 정리하여 간 단락에 배치 　(2) 각 단락의 중심 주제에 대한 뒷받침 내용들을 자료를 참고하여 자세하게 쓰기

<예 3> 자가 평가 과정

　자신의 글의 결과를 다른 사람의 목소리를 통해 실제로 확인할 때 학생 필자의 글쓰기 성취감은 고양될 수 있다. 무엇보다 '공감'이나 '긍정적인 반응'은 필자의 글을 열심히 읽어 주는 타자가 존재한다는 것을 확인하는 과정이며 이는 수정 의지에도 영향을 미친다. '평가'에서, 지적을 받는 것이 아니라 독자가 내 글을 읽고 무엇을 느꼈는지 하는 감성적인 의견이 담겨져야 필자는 자신에게 던져진 질문들을 자가 수정에 적극 반영할 의지도 생긴다. 〈예 2〉의 독자에 대한 자각은 필자 글의 객관화를 가능하게 하여

스스로의 글에 대한 자가 진단을 하게 했고 "과감하게 삭제 하겠다"는 수정 의지도 가지게 했다. 〈예 1〉의 글쓰기 습관에 대한 반성은 동료의 긍정적인 평가가 필자에게 마음을 움직여 진심으로 전해진 결과이다. 글쓰기에 대한 자기 성찰적 태도는 "글쓰기는 시간과 노력이 필요"한 지난한 과정임을 인식하게 했고 수정 동기도 갖게 했다.

글쓰기에서 수정 동기와 의지를 가지게 되면 자기 글의 논점을 분명하게 할 수 있는 근거들을 보충하고 글의 구성 및 체계를 적극적으로 검토하려는 수정 전략도 발휘될 수 있다. 〈예 2〉의 '단락 재배열'과 '각 단락의 부족한 근거 보충하기'수정 메모는 글의 구성에 대한 필자의 수정 방법이다. 특히 〈예 3〉의 구상 개요의 중요성에 대한 인지와 그에 대한 구체적인 수정 계획은 필자의 보다 성숙된 수정 전략을 보여준다. 이런 구체적이고 적극적인 수정 방법에 대한 자각은 "두 번의 첨삭 연습을 하면서"〈예 3〉 얻어진 결과로 볼 수 있다. 동료와 서로 글을 돌려 읽고 평가 반응을 교환하는 과정을 통해 예상 독자를 능동적으로 의식하게 되면서 수정의 중요성을 인식하고 타인의 글을 접하며 스스로 수정 방법을 내면화했기 때문이다. 즉, 학생 필자는 동료와의 상호 평가 과정에서 좋은 글에 대한 기술을 내면화하고 이를 통해 자신의 수정 동기와 능력 면에서 의미 있는 변화를 가져온 것이다.

첨삭 지도가 가장 어려운 이유는 대상 학생 수가 많다는 것이고 가장 큰 문제점은 많은 학생 때문에 평가가 일회성에 그치는 경우가 다반사라는 점이다. 이런 첨삭 지도의 부정적인 상황은 타인의 글에 대한 통찰력을 기름으로써 역으로 차후 글쓰기 활동에 도움이 되어야 하는 수정과 첨삭의 목적에 어긋난다. 첨삭 대상 학생 수가 많은 현재 글쓰기 학습 환경에서 첨삭 지도가 자가 수정 능력 향상에 기여하려면, 첨삭 방법을 학생 상호 간의 평가 방식으로 전환해야 한다고 생각한다. 그리고 그 방법은 단순히 수정 표에 의한 기계적인 평가가 아니라 본고에서 제시한 직관적 감상과 분석적 평가가 병행되어야 할 것이다. 앞서 검토한 것처럼 학생 필자들은 상대의 글을 진정으로 감상하고 평가하면서 수정의 중요성에 대해 인지하고 긍정적인 수정 동기를 갖게 되어 적극적인 고쳐 쓰기 활동에 임할 수 있다.

글쓰기란 글쓴이의 느낌과 생각의 표현뿐인 상태에서 출발하여 읽는 이가 공감하지 않으면 아무 것도 아닌 상태로 옮아가는 과정이다. 즉 글쓰기는 사사로운 개인으로 출발하여 누구나 공감하는 열린 개인으로 접속하는 과정이다(이만교, 2009: 366-369 참조). 좋은 글은 그 글을 읽는 사람에 의해 결정되며, 글쓰기의 활동은 결국 타인을 전제한 상태에서 이루어져야 한다. 내가 글을 쓰는 목적의 끝 지점에는 '타인'이 전제되어 있으며, 그러한 타인에게 나의 생각을 고스란히 전달할 목적으로 글을 쓰는 것이다(이상호·이현지, 2008: 27-28). 글쓰기는 개인적인 행위가 아니라 사회적인 행위이기 때문에 자신의 글을 읽는 독자를 염두에 두어야 한다. 따라서 글쓰기에서 가장 중요한 단계는 수정임을 학생 필자에게 인지시켜야 한다.

수정은 필자의 독자에 대한 인식이고 자기 글에 대한 책임이 전제되기 때문에 여러 차례하는 것이 좋다. 반복적인 수정 활동을 위해서는 필자의 수정에 대한 긍정적인 생각과 자가 첨삭 능력이 필요하다. 수정의 필요성에 대한 적극적인 인식으로 재고 쓰기를 경험한 학생들은 글쓰기 과정에서 상위인지적 자기 조정 능력 전략을 가지게 되어 미숙한 필자에서 보다 능숙한 필자로 발돋음할 수 있다. "동료의 의견을 참고하여 내 글을 문제점을 분석하고 고쳐 쓰기를 해 보니 힘들었지만 의도대로 글 내용이 바뀐 것 같아 스스로 대견했다.", "내 글의 논점을 명확하게 하고 근거를 보완하는 활동을 통해 글의 체계적인 구성을 검토하는 일이 정말 중요하다고 생각했다.", "평소에 글을 쓸 때 내 글을 읽을 독자에 대해 생각해 보지 않았는데 이번 첨삭 수업을 통해 '독자'의 존재에 대해 깊이 생각해 보았고 글을 쓴 후 반드시 점검해야 한다고 생각했다."라는 학습자들의 의견은 글쓰기 행위에서의 필자와 독자에 대한 인식으로 수정 계기에 대한 직접적인 자극으로 볼 수 있다.

  학습자들이 수정을 습관화하고 초고의 문제점을 스스로 보완하여 해결하는 방법을 통해 글쓰기 자가 수정 능력이 향상된다면 능숙한 필자로 거듭날 수 있다. 미숙한 필자는 초고 쓰기로 글쓰기가 끝났다고 생각하는 경우가 많다. 실제로 수정은 벌을 받는 것이라고까지 생각한다. 그러나 숙련된 필자는 반드시 글에 수정이 필요하다고 생각한다(Gail E, Tompkins, 2012: 24). 본고에서 제안한, 동료의 직관적 감상과 분석적 평가를 참고한 자가 평가 첨삭 지도가 학습자에게 필자와 독자의 입장을 모두 경험하게 함으로써 수정의 필연성을 인식하는 기제가 되었을 것이다. 그리고 미약하나마 스스로 초고 텍스트의 문제점을 찾을 수 있는 우수 필자로 나아갈 수 있는 받침대가 되어 자신의 글을 꼼꼼하게 읽고 평가할 수 있는 최고의 독자가 되기를 기대할 수 있다.

4. 결론

  글쓰기의 첫 활동이 초고 작성이라면 그 종점은 수정이다. 초고가 좋은 글로 완성되려면 여러 번의 수정이 필요하다. Stallard는 『An analysis of the writing behavior of good writers』에서 보통 필자들은 한 편의 글에 4번 정도 수정을 하지만 능숙한 필자는 한 편의 글에서 평균 12번 정도 수정을 한다고 한다(이재승, 2002: 316 재인용). 능숙한 필자일수록 수정을 많이 한다는 것은 잘 알려진 사실이다. 따라서 수정의 횟수는 학습자가 성숙한 필자로 발전하는 것을 가늠할 수 척도가 될 수도 있다.

글쓰기에서 당위인 여러 번의 수정을 하기 위해서는 학습자의 글쓰기 수정에 대한 긍정적인 인식이 전제되었을 때 비로소 가능하다. 본고에서는 학생 필자가 수정에 대한 긍정적인 동기로 수정 습관을 갖고 자가 평가 능력도 향상시킬 수 있는 방안으로, '직관적 평가 → 분석적 평가 → 자가 평가' 첨삭 지도 과정 모델을 제시했다. 이 모델을 학습자에게 적용한 결과는 다음과 같다.

첫째, 직관적 평가에서는 학습자에게 '직관'의 힘을 빌려 동료 글에 대한 인상을 기억하여 적도록 했다. 직관은 대상의 내부로 일치해 들어가는 의식적인 공감 작용이므로 집중과 주의 및 노력이 필요하다. 때문에 학습자에게 최대한 집중하여 텍스트 내용에 밀착하여 그 감상을 쓰도록 유도했다. 동료 글을 분석적으로 보지 말고 직관적으로 감상하여 그 느낌을 솔직하게 표현하라는 교수자의 요구에 학습자는 많은 긍정적인 의견을 피력했다. 분석적이고 논리적인 과정을 거치지는 않았지만 텍스트 의미 이해에만 초점을 맞추게 했기 때문에 상대 글에 대한 감응과 함께 긍정적인 논평을 하게 된 것이다. 텍스트 내용에 대한 이런 긍정적인 반응은 필자에게 자신의 생각이 존중받는다는 느낌을 주었고 다음 이어질 분석적 평가에 의한 수정 권고를 거부감 없이 받아들이게 했다. 또한 일부 부정적인 코멘트도 '진정한 의견' 중 하나로 받아들이게 했다.

직관은 개방적이고 역동적인 속성이 있어 순수하게 타자에게 연결되고 외부 세계에 동화될 수 있는 힘을 가지고 있다. 때문에 비판이나 비난보다 긍정적인 신호를 보내 방향을 지시할 수 있다. 직관의 신호는 단순한 이상에만 머물지 않고 분석적 접근을 가능하게 한다. 따라서 '직관적인 평가'는 '인상적인 비평'이라는 이유로 그동안 첨삭 방법에서 배제되기도 했지만, 학습자의 수정 동기에 긍정적인 역할을 할 수 있고 과학적인 평가의 단서가 될 수 있다. 직관적인 평가에서의 직관적인 힘의 차용은 학습자에게 동료 글에 대한 긍정적인 감상을 하게 했고, 이는 분석적 첨삭 활동에 적절한 도움이 되었다.

둘째, 분석적 평가에서는 직관적 평가에서 이루어진 감상적인 내용들을 논리적으로 지적하여 과학적인 평가로 이어지도록 했다. 이를 위해 교수자가 첨삭 항목을 제시하여 동료 글에 대한 자신의 직관적 평가 이유를 텍스트 안에서 찾아 그 근거를 제시하도록 했다. 정해진 잣대를 기준으로 한 분석적 평가는 첨삭 주체로 하여금 제시된 항목에 대한 이유를 찾기 위해 직관적 감상 때보다 더 정밀하게 텍스트 자체를 탐색하게 함으로써 세밀한 평가를 유도할 수 있었다.

분석적 평가를 위한 첨삭 활동에서 학생 필자들은 내용 파악에서 나아가 글쓰기 방법에 대한 적극적인 관심을 보였으며 스스로 글쓰기 원리를 익히기도 했다. 글쓰기 방법론에 대한 가장 큰 성과는 '단락'에 대한 인식이었으며 자득한 글쓰기 원리는 글의 제목과 주제와의 관계, 도입부의 중요성, 자료의 전문성과 자료 출처의 정확성이다. 분석적 평가로 얻게 된 글쓰기 방법론에 대한 관심은 경험으로 습득된 것이기 때문에 다음 이어질 자가 수정 활동에 긍정적인 영향을 주었다.

셋째, 자가 평가에서는 동료의 직관적 감상과 분석적인 평가를 참고하여 필자 자신의 글을 객관적으로 검토하게 했다. 학습자는 이미 동료 글을 직관적으로 감상하고 이를 분석적 평가에 적용하는 첨삭 연습을 했기 때문에 비교적 순조롭게 자신의 글의 문제점을 진단할 수 있었다. 동료 상호 간의 평가 반응을 교환하는 과정을 통해 학생 필자는 독자라는 존재를 인식할 수 있었고 두 차례의 첨삭 학습을 하면서 좋은 글에 대한 평가 지침을 어느정도 내면화할 수 있었기 때문이다.

자가 평가 과정의 가장 큰 의의는 학생 필자 스스로 첨삭의 주인이 되어 초고를 객관적으로 고쳐 쓰려는 의지를 가지게 했고 미약하나마 수정 능력도 기르게 했다는 점이다. 글쓰기에서 수정 동기와 의지를 가지게 되면 자기 글의 문제점을 찾아 해결하려는 수정 전략도 능동적으로 발휘될 수 있다. 스스로 인지한 수정 방법은 결국 필자 자신의 글의 논점을 분명하게 할 수 있는 근거들을 보완하고 글의 구성이나 체계를 세밀하게 검토하는 결과를 낳게 한다.

수정은 필자의 독자에 대한 인식과 자기 글에 대한 책임에서 비롯되기 때문에 여러 차례 하는 것이 좋다. 첨삭 지도에서, 학습자의 반복적인 수정 활동을 돕기 위한 교수자의 역할은 학생 필자가 수정에 대한 긍정적인 생각을 갖고 자기 수정 능력을 기를 수 있도록 도와주는 것이라고 생각한다.[5] 본고에서 제안한, 동료의 직관적 감상과 분석적 평가를 통한 자가 수정 모델이 학생 필자의 수정 동기와 그 능력 향상에 도움이 될 수 있는 첨삭 지도법이 되기를 기대한다.

---

[5] 본고는 학습자의 수정 동기와 실제 수정 활동을 돕기 위한 목적으로 연구되었기 때문에 교수자의 역할이 '첨삭 학습 안내'에 집중되어 있다. 따라서 학습자 대부분이 미숙한 필자라는 점에서 '자가 수정'의 객관성에 문제점이 제기될 수도 있다. 이에 대한 교수자의 적절한 지도와 역할 문제는 차후 연구 과제의 고민거리로 남겨둔다.

🖉 참고문헌

• 구자황(2008), 수정과 피드백이 글쓰기에서 동인(動因)이 되는 방식을 위한 탐구, 어문연구 56, 어문연구학회, 323-343.

• 김양선(2012), 대학 글쓰기에서 첨삭-상담-고쳐 쓰기 연계교육의 효과 연구-한림대학교 글쓰기 멘토링 사업의 사례를 중심으로, 교양교육연구 6권4호, 한국교양교육학회, 377-406.

• 김정자(2006), 쓰기 '과정'의 초점화를 통한 쓰기 지도 방안-수정하기와 출판하기 과정을 중심으로, 국어교육학연구 26, 국어교육학회, 129-159.

• 남진숙(2012), 글쓰기 첨삭의 효과적인 교수 학습법, 사고와 표현 6권2호, 한국사고와 표현학회, 323-348.

• 대학작문학회 편집위원회(2015), 교양정신과 글쓰기, 대학작문학회 2015년 제12회 전국학술대회자료집, 연경문화사.

• 박상민·최선경(2011), 첨삭지도에 대한 학습자의 요구분석과 효율적인 첨삭지도 방법, 작문연구 13, 한국작문학회, 353-383.

• 송영진(2005), 직관과 사유, 서광사.

• 이만교(2009), 글쓰기 공작소, 그린비.

• 이상호·이현지(2008), 대학생을 위한 글쓰기, 한국학술정보(주).

• 이재기(2010), 교수 첨삭 담화의 유형과 양상 분석, 한민족어문학 57, 한민족어문학회, 557-597.

• 이재승(2002), 글쓰기 교육의 원리와 방법, 교육과학사.

• 이지호(2002), 글쓰기와 글쓰기 교육, 서울대학교출판부.

• 임칠성(2005), 통합 논술 첨삭지도 방법 고찰, 새국어교육 74, 한국국어교육학회, 49-74.

• 정희모(2008), 글쓰기에서 수정(Revision)의 절차와 방법에 대한 연구-인지적 관점을 중심으로, 현대문학의 연구 34, 현대문학연구학회, 333-356.

• 정희모·이재성(2008), 대학생 글쓰기의 수정 방법에 대한 실험 연구-자가 첨삭·동료 첨삭·교수 첨삭의 효과를 중심으로, 국어교육연구 33, 국어교육학회, 657-685.

• 주민재(2008), 대학 글쓰기 수정 교육에 관한 수업 모형 연구, 작문 연구 6, 한국작문학회, 281-318.

- 주민재(2014), 첨삭지도와 수정의 관점에서 고찰한 대학 글쓰기 연구 경향, 국어국문학 56, 국어국문학회, 423-453.

- 진국권(2007), 글쓰기학, 한국학술정보(주).

- 최규수(2009), 첨삭지도에 대한 대학생들의 반응 양상과 교육적 효과의 문제-명지대의 사례 분석을 중심으로, 반교어문연구 26, 반교어문학회, 129-153.

- 최선경(2010), 첨삭지도를 통한 글쓰기 교육 방안-분석, 진단, 처방, 협의의 4단계 동료첨삭 모형을 중심으로, 한민족문화연구 35, 한민족문화학회, 301-331.

- 최선희(2015), 대학생의 글쓰기 동인 활성화를 위한 글쓰기 교수법 연구-글쓰기 과정 학습의 실천을 중심으로, 대학작문 11, 대학작문학회, 189-233.

- Gail E Tomkins, 이재승·김민중·구세민·조지민 역(2012), 글쓰기 어떻게 가르칠 것인가, 박이정.

- 게리 클라인, 이유진 역(2012), 이성보다 더 이성적인 직관의 힘, 한국경제신문한경 BP.

- 데이비드 G. 마이어스, 이주영 역(2008), 직관의 두 얼굴, 궁리.

- 루즈 폰 베르더·바바라 슐테·슈타이니케, 김동희 역(2004), 즐거운 글쓰기, 들녘.

- 에마뉘엘 레비나스, 김동규 역(2014), 후설 현상학에서의 직관이론, 그린비출판사.

- 엘 프리다 뮐러-카인츠·크리스티네 죄닝, 강희진 역(2011), 직관의 힘, 끌레마.

- 페니 피어스, 김우종 역(2010), 꿈을 실현시키고 직관을 깨우는 힘, 감응력, 정신세계사.

2부

피드백 유형
및 사례

4장 동료 첨삭 논평에 대한 글쓰기 학습자의 반응 양상 연구

5장 학생의 학습동기를 자극하는 교수의 성공적인 피드백 전략

6장 첨삭의 표준 문장과 첨삭 조언지 활용 사례

7장 서평 구성 관련 피드백 방식과 수정의 관련성

동료 첨삭논평에 대한
글쓰기 학습자의 반응 양상연구

- 동료 첨삭논평의 유형과 적절성을 중심으로

김수정

1. 서문

본고에서는 대학 글쓰기 수업에서 수행된 동료 첨삭에 대해 동료 첨삭 논평의 유형과 적절성에 따른 글쓰기 학습자의 반응 양상을 파악하고자 한다. 동료 첨삭논평의 유형에 따른 글쓰기 학습자의 반응 양상을 살피기 위해 Straub(2000)이 제시한 첨삭논평의 구분 기준에 입각하여 교수자 첨삭 논평을 '초점'과 '방식'으로 구분하여 논의한 박준범(2017ㄱ)의 첨삭논평 구분 기준을 적용한다. 첨삭논평을 '초점'과 '방식'으로 구분하여 첨삭논평의 유형에 따른 글쓰기 학습자의 반응 양상을 논의한 연구로 교수자 첨삭을 대상으로 하는 이재기(2011), 박준범(2014, 2017ㄱ), 이미경(2015) 등이 있으나, 동료 첨삭을 대상으로 하는 연구는 드물다.[1]

동료 첨삭논평의 유형뿐 아니라 동료 첨삭논평의 적절성도 동료 첨삭논평에 대한 글쓰기 학습자의 반응 양상을 살필 때 고려되어야 하는 부분이다. 이와 관련하여 동료 첨삭논평의 적절성을 검토한 논의로 오택환(2010), 서영진·전은주(2012), 이윤빈·정희모(2014) 등이 있으나, 동료 첨삭논평의 적절성에 따른 글쓰기 학습자의 반응 양상에 대해 논의한 연구는 찾아보기 어렵다. 본고는 대학 글쓰기 수업에서 학생들이 제공한 동료 첨삭논평을 적절한 경우와 부적절한 경우로 구분하여 동료 첨삭논평의 적절성에 따른 글쓰기 학습자의 반응 양상을 살펴본다.

동료 첨삭논평에 대한 글쓰기 학습자의 반응 양상을 동료 첨삭논평의 유형과 적절성에 따라 살펴본다면, 첨삭의 주체가 동료일 때 나타나는 글쓰기 학습자의 반응 양상의 특성을 파악할 수 있다. 이를 활용하여 좀 더 효과적인 동료 첨삭을 시행할 수 있는 방안을 제시하고자 한다.

---

1 동료 첨삭에 대한 글쓰기 학습자의 반응 연구로 서수현(2011), 서영진(2012), 조윤아·이상민(2014), 한경숙(2014) 등이 있으나, 동료 첨삭논평을 '초점'과 '방식'의 측면에서 구분하여 논의한 연구가 아니라는 점에서 본고와 차이가 있다.

2. 연구방법

본 연구는 대학 글쓰기 수업에서 조별 동료 첨삭을 시행하여 글쓰기 학습자 24명의 동료 첨삭논평에 대한 반응 양상을 살펴본다. 본고에서 시행한 '초고 작성 – 동료 첨삭 – 수정고 작성'의 절차를 보이면 아래와 같다.

(1) '초고 작성 – 동료 첨삭 – 수정고 작성'의 절차

1. 글쓰기 학습자가 동일한 글쓰기 문제에 대해 초고를 작성한다. 글쓰기 학습자에게 제시한 글쓰기 문제는 다음과 같다.

   <본인이 생각하는 진정한 유토피아는 어떤 것인지에 대해 유토피아의 조건을 중심으로 쓰시오.>

2. 동료 첨삭을 시행하기 전 교수자는 동료 첨삭의 방법에 대해 안내하고, 학습자가 제공하게 될 첨삭논평의 유형을 '초점'과 '방식'의 측면에서 설명한다. 이때 '초점'과 '방식'의 항목을 고려하여 '초점'은 4가지 영역에서 모두 하나씩, '방식'은 모두 다른 항목으로 제공하도록 조건화하고, 원고지에 본인의 고유번호 및 '초점-방식'을 표기하도록 한다. 학생들에게 안내한 동료 첨삭의 방법은 아래와 같다.

   ① 조별로 첨삭, 개인 고유번호 배정(예: 1조1번이면 1-1)
   ② 채점표에는 첨삭한 글에 대한 총평을 작성
   ③ 첨삭은 원고지에, 1인당 3개의 글 첨삭
   ④ 1인당 1개 글에 대한 첨삭 분량:
      '초점'은 4가지 영역에서 모두 하나씩(최소4개이상), 이때 '방식'은 모두 다른 '방식'으로 첨삭, 앞 사람이 지적한 것을 동일하게 지적할 수 없음
   ⑤ 원고지 표기 방식: 고유번호, 초점-방식을 표기하고 내용 기입
      (예: 1조1번이, 1. 수사적 맥락에서 B. 열린 질문한 경우이면 1-1, 1-B)
   ⑥ 서면 첨삭 후 글쓴이에게 글을 돌려주고 조별로 대면 첨삭

3. 위와 같은 방법으로 수업 시간 2회에 걸쳐 총 110분 동안 서면 첨삭을 시행한다.

4. 서면 첨삭 후 글쓴이에게 글을 돌려주고 60분 동안 조별로 대면 첨삭을 시행한다. 글쓴이는 제공받은 첨삭논평에 대해 보충 설명을 요구하거나 이의를 제기할 수 있고, 첨삭 제공자는 글쓴이의 질문에 답하거나 서면 첨삭에서 미흡했던 부분을 보완하여 글쓴이에게 전달한다.

5. 동료 첨삭(서면, 대면) 후 글쓰기 학습자는 초고와 동일한 글쓰기 문제에 대해 수정고를 작성한다.

위와 같은 방법으로 시행된 동료 첨삭에서 학습자의 초고에 제공된 동료 첨삭논평을 그 유형과 적절성에 따라 구분한다. 먼저 동료 첨삭논평의 유형은 박준범(2017ㄱ)의 첨삭논평 구분 기준을 따라 크게 '초점'과 '방식'으로 구분한다.

박준범(2017ㄱ:46-70)은 '초점'은 첨삭논평이 글쓰기의 어떤 구성 요소와 관련한 것인지에 대한 것이고, '방식'은 첨삭논평의 문장 형식과 제공자의 의도와 관련한 것이라고 하였다. '초점'은 다시 4개의 하위 범주로 구분하였는데, '수사적 맥락'은 글의 목적이나 갈래, 주제, 분량, 예상 독자와 관련한 첨삭논평을 가리키고, '조직'은 글쓰기의 내용을 구성하는 단계성과 형식적 유기성을 의미하는 응집성과 관계되는 첨삭논평을 포함한다고 보았다. '내용'은 필자의 의견, 주장, 논점, 예시, 설명, 뒷받침 근거 등을 포함하며, '표현의 정확성'은 문장 수준이나 단어 수준과 직접적으로 관련되어 있는 항목으로, 문장의 통합 관계가 적절한지, 문장은 문법적으로 자연스러운지, 단어의 사용이 적절한지, 맞춤법은 적절한지 등을 대상으로 한다고 설명하였다.

박준범(2017ㄱ:46-70)에서는 '방식'을 문장의 형식에 따라 의문문 형식, 명령문 형식, 진술문 형식으로 구분하고 이를 다시 세분하여 총 9개의 하위 범주로 구분하였다. 의문문 형식은 첨삭논평 제공자가 학습자에게 어떤 것을 질문하고 대답을 요구하는 경우인데, 질문에 대한 대답의 한정성 여부에 따라 대답이 한정되어 있는 '닫힌질문'과 대답이 한정되어 있지 않은 '열린질문'으로 구분하였다. 명령문 형식은 첨삭논평 제공자가 학습자에게 글을 수정할 것을 요구하는 경우인데, 학습자의 원고에 수정 결과의 제시 여부에 따라 수정의 결과를 명시적으로 분명하게 제시한 '교정'과 수정의 결과를 명시적으로 분명하게 제시하지는 않는 '지시'로 구분하였다. 진술문 형식은 우선 첨삭논평 제공자의 태도에 따라 첨삭논평 제공자가 수업 상황과 무관한 제 3자의 위치에서 첨삭논평을 제공한 경우인 '독자반응'과 수업 상황을 전제한 경우에 해당하는 '충고/제안', '비판', '완화된 비판', '칭찬'으로 구분하였다. '독자반응'은 제 3자의 시점으로 독자로서의 서평이나 주관적인 생각, 판단, 느낌 등을 제공하는 경우이다. 수업 상황을 전제한 경우는 다시 첨삭논평 제공자의 긍정적인 태도, 부정적인 태도, 중립적인 태도에 따라 구분하였는데, 중립적인 태도에 해당하는 '충고/제안'은 가능성이 있는 여러 수정의 대안 중에서 하나의 대안을 제안하는 경우이고,[2] 부정적인 태도에 해당하는 '비판', '완화된 비판'[3]은 학습자의 글에 대한 수정의 결과나 방향을 요구 또는 제안하지 않고 문제점만을 지적하는 경우이다. 긍정적인 태도에 해당하는 '칭찬'은 학습자의 글에 나타난 요소나 학습자가 글쓰기를 수행하면서 나타난 행위에 대해 긍정적인 평가를 제공한 경우이다.

박준범(2017ㄱ)의 첨삭논평 구분 기준에 따라 본고에서 분류한 동료 첨삭논평의 예를 옮긴다. 먼저 '초점'의 하위 범주에 따라 살펴보자.

(2) '수사적 맥락'
　가. 주어진 논제에 맞게 자신이 생각하는 유토피아에 대해 잘 보여준 것 같다.
　나. 1200자 글쓰기에 맞지 않은 분량이니 조금 줄이는 게 좋을 것 같다.

---

2 박준범(2017ㄱ:63)은 '충고/제안'은 교수자가 학습자에게 원고의 수정을 제안하는 형식인데, 조건을 들어 제안을 수용하도록 하거나 독자로서의 역할을 강조함으로써 수정 과정에서 통제의 일부를 완화하는 것(Straub, 2000:82)을 가리키므로, 수정의 결과를 단정적으로 요구하는 '교정'이나 '지시'와는 다르다고 하였다.

3 박준범(2017ㄱ:59)은 '비판'은 교수자가 학습자의 글에 나타난 문제점에 대해 직설적으로 언급하는 반면, '완화된 비판'은 수식어구를 사용하거나 교수자의 견해가 주관적임을 알려 글에 대한 통제를 누그러뜨린다(Straub, 2000:81)는 점에서 차이가 있다고 하였다.

(3) '조직'

　가. 주장 1, 주장 2를 한 문단으로 묶어 한 번에 쓰는 것이 글의 구성에 알맞음.

　나. 결론은 자신의 주장을 요약하는 것인데 범죄가 발생하는 이유가 나오는 것은 글의 조직적으로 맞지 않는 것 같다.

(4) '내용'

　가. '빈부격차'가 경제직 평등보다 기회의 평등을 뒷받침하는 것 같으니 다른 근거를 마련할 필요가 있다.

　나. 주제를 뒷받침하기에는 두 번째 조건이 타당하지 않다.

(5) '표현의 정확성'

　가. '본다'라는 표현이 사용 가능하긴 하나, '생각한다'라는 표현이 좀 더 매끄러운 것 같습니다.

　나. ① 문장과 ② 문장이 단어만 다르고 속뜻은 같아서 중복된 문장으로 느껴진다. ② 문장을 "사람들이 원하는 욕구에는 … 것들이 있다."라고 하거나 ① 문장과 ② 문장을 적절히 섞어서 한 문장으로 쓰는 것이 좋을 것 같다.

다음은 '방식'의 하위 범주별 동료 첨삭논평의 예이다.

(6) '닫힌질문'

　가. ②가 ③을 적절하게 뒷받침한다고 생각합니까?

　나. '행복을 느낀다'가 낫지 않을까요?

(7) '열린질문'

　가. 이 문단이 '힘들 때 힘이 나는 나의 유토피아'라는 주제문을 어떤 식으로 뒷받침하고 있나요?

　나. 질병과 같은 방법으로 제재한다는 것이 무슨 뜻인가요?

(8) '교정'

　　가. 잠을 원하는^면

　　나. 이상^{적인}✓ 사회를

(9) '지시'

　　가. "무한한 자원으로 사람들 간의 갈등이 없어야 한다."를 "사람들간의 갈등을 줄이기 위해 무한한 자원이 필요하다."라고 고친다.

　　나. 우리가 살고 있는 세상이 유토피아라고 생각하는 이유를 적어야 한다.

(10) '충고/제안'

　　가. 본론 1과 본론 2의 내용을 요약해서 적은 내용이 있었으면 좋겠다.

　　나. '살해된'이라는 표현이 더 좋을 것 같다.

(11) '비판'

　　가. ③ 문장의 적절한 근거가 존재하지 않는다.

　　나. 주어와 서술어의 호응이 자연스럽지 못하다.

(12) '완화된 비판'

　　가. 질문 형식의 문장이 많이 쓰이면 집중력이 흩어지기 쉽다.

　　나. 문장이 더 다듬어졌다면 마무리의 느낌이 깔끔했을 것이다.

(13) '독자반응'

　　가. 마무리를 유토피아 세계에 대해 정리하면서 잘 맺어 더 쉽게 내용을 파악할 수 있었다.

　　나. 자신이 생각하는 유토피아의 효과를 잘 설명해서 읽는 사람으로 하여금 이해도 쉽고 공감도 할 수 있게 해서 좋았다.

(14) '칭찬'

　　가. 주어진 논제에 맞게 자신이 생각하는 유토피아에 대해 잘 보여준 것 같다.

　　나. 앞에 근거들이 호소력 있어서 주장을 명확하게 전달한 것 같아 좋았다.

박준범(2017ㄱ:74)에서는 첨삭논평의 방식 중 '독자반응'이나 '칭찬'에 대한 글쓰기 학습자의 반응이 수용인지, 거절인지를 판별하기 쉽지 않기 때문에 첨삭논평에 대한 글쓰기 학습자의 반응 양상에서는 '독자반응'과 '칭찬'을 배제해야 한다고 보았다.[4] 본고에서도 이에 동의하는 바, 첨삭논평의 방식 중 '독자반응'과 '칭찬'을 제외한 나머지 7개의 하위 범주를 대상으로 동료 첨삭논평에 대한 글쓰기 학습자의 반응 양상을 살펴보고자 한다.

첨삭논평의 적설성은 학생들이 제공한 동료 첨삭논평에 대해 연구자의 판단에 따라 '적절한 경우'와 '부적절한 경우'로 구분하였다. 본고에서 분류한 '적절한 경우'와 '부적절한 경우'를 보이기 위해 동료 첨삭이 시행된 글쓰기 학습자의 초고를 살펴보기로 한다. 아래는 초고의 한 문단을 옮긴 것으로 동료 첨삭논평이 주어진 부분은 밑줄로 표시하였다.

(15) 글쓰기 학습자의 초고 예시

> 우선, 내가 생각하는 유토피아를 정의하기 위해선 '멋진 신세계' 책에 나오는 문명인들의 ①꿈·목표·역할에 대하여 언급된 부분에 대하여 이야기를 건네고 싶다. ②문명인들은 자신이 태어난 곳 즉, '양소소'라는 곳에서 자신의 계급인 ③(알파·베타·감마·엡실론) 중 하나를 지정받고 자신의 계급에 따라 태어나서 죽음의 순간까지의 신체와 역할, 행동습성까지 주입식교육을 통해 자신의 삶이 결정되게 된다. 자신의 자아를 실현할 수 있는 꿈·목표에 관한 행동과 생각을 할 수 없으며 문명인들은 자신의 역할에 필요해서 태어난 도구같은 역할이다. 즉, 톱니바퀴를 가동시키기 위해 인공적으로 만들어 낸 부품에 별반 다를 것 없는 삶이다. 이러한 삶이 있는 곳이 진정한 유토피아라고 할 수 있을까? 절대 그렇지 않을 것이다.

①에 대하여 동료 첨삭 제공자는 "'꿈·목표·역할과 언급된 부분에 대하여'로 고치면 좋을 것 같습니다."와 같은 첨삭논평을 제공하였다. 첨삭논평 제공의 의도는 ①의 밑줄 친 부분에서 '-에 대하여'가 반복되어 표현이 자연스럽지 못한 것을 지적하고자 한 것으로 보이나, '꿈·목표·역할', '언급된 부분'이 각각 '-에 대하여'와 호응하는 것으로 잘못 이해하여

---

4 이와 관련하여 박준범(2017ㄱ:74)은 특히 '칭찬'의 경우, 제공된 '칭찬'의 첨삭논평이 수정고에도 그대로 유지되는 경우가 많은데, 이에 대해 글쓰기 학습자가 첨삭논평을 수용한 것이라고 보기는 어렵다고 하였다.

적절하지 않은 첨삭을 제공한 경우이므로 본고는 이를 '부적절한 경우'로 분류하였다.

②의 밑줄 친 부분은 문명인들의 삶에 대해 설명하는 내용인데, 많은 분량을 하나의 문장으로 기술하여 의미 전달 및 가독성이 떨어지는 모습이다. 이에 대해서 동료 첨삭 제공자가 "한 문장의 길이가 너무 긴 것 같다."라는 첨삭논평을 제공하였는데, ②의 밑줄 친 부분의 문제점에 대해 적절한 지적을 한 경우이므로 '적절한 경우'로 분류하였다.

②의 밑줄 친 부분 중 ( )로 표시한 ③ 부분에 대하여 동료 첨삭 제공자는 "'알파·베타·감마·엡실론' 이렇게 고치면 좋을 것 같다."와 같은 첨삭논평을 제공하였다. 고유명사를 쓸 때는 따옴표 안에 쓰는 것이 적절하다는 첨삭논평인데, 맞춤법에서 그러한 규정이 있는 것은 아니지만 고유명사나 특정 개념 등을 언급할 때 따옴표 안에 쓰는 것이 통상적이므로 ③에 대한 동료 첨삭논평도 '적절한 경우'로 분류하였다.

위와 같이 동료 첨삭논평을 그 유형과 적절성에 따라 분류한 뒤, 글쓰기 학습자가 제출한 초고와 수정고를 비교하여 동료 첨삭논평에 대한 글쓰기 학습자의 반응 양상을 살펴본다. 박준범(2017ㄱ:86)에서는 제공된 첨삭논평에 대한 글쓰기 학습자의 반응을 '수용', '거절', '삭제', '미제출'로 구분하였다. 박준범(2017ㄱ:86)은 '수용'은 교수자가 제공한 첨삭논평에 따라 글쓰기 학습자가 자신의 첫 번째 글쓰기 초고를 수정하여 수정고를 작성한 경우를 가리키고, '거절'은 교수자가 제공한 첨삭논평에 따라 글을 수정하지 않고, 글쓰기 학습자가 자신의 첫 번째 글쓰기 초고를 그대로 유지한 경우라고 하였다. '삭제'는 교수자가 제공한 첨삭논평에 해당하는 첫 번째 글쓰기의 초고를 수정하거나 거절하지 않고 삭제한 경우를 말하는데, 교수자가 제공한 첨삭논평에서 삭제와 관련한 내용을 제공하지 않았음에도 이에 대한 부분을 임의로 제거한 것을 가리키며,[5] '미제출'은 글쓰기 학습자가 첫 번째 글쓰기에 대한 수정고를 제출하지 않은 경우를 말한다고 하였다.

박준범(2017ㄱ)에서는 '미제출'의 경우와 더불어 글쓰기 학습자가 교수자로부터 제공받은 첨삭논평을 수용한 것인지, 거절한 것인지 명확하지 않은 '삭제'의 경우를 제외하고 '수용'과 '거절'의 반응에만 초점을 맞추어 첨삭논평에 대한 글쓰기 학습자의 반응 양상을 살펴보았다. '삭제'의 반응은 글쓰기 학습자가 첨삭논평을 수용한 것인지, 거절한 것인지 명확하지 않다는 박준범(2017ㄱ:86)의 논의에 동의하는 바, 본고에서도 '삭제'의 경우를 제외하고 '수용'과 '거절'을 중심으로 동료 첨삭논평에 대한 글쓰기 학습자의 반응 양상을 살펴보고자 한다.[6] 앞서 살핀 글쓰기 학습자의 초고와 동료 첨삭 후 작성된 수정고를 비교하여 본고에서 '수용'으로 처리한 경우와 '거절'로 처리한 경우를 살펴보자.

(16) 글쓰기 학습자의 초고와 수정고 비교 예시

<초고>
우선, 내가 생각하는 유토피아를 정의하기 위해선 '멋진 신세계' 책에 나오는 문명인들의 ①꿈·목표·역할에 대하여 언급된 부분에 대하여 이야기를 건네고 싶다. ②문명인들은 자신이 태어난 곳 즉, '양육소'라는 곳에서 자신의 계급인 ③(알파·베타·감마·엡실론) 중 하나를 지정받고 자신의 계급에 따라 태어나서 죽음의 순간까지의 신체와 역할, 행동습성까지 주입식교육을 통해 자신의 삶이 결정되게 된다. 자신의 자아를 실현할 수 있는 꿈·목표에 관한 행동과 생각을 할 수 없으며 문명인들은 자신의 역할에 필요로 해서 태어난 도구같은 역할이다. 즉, 톱니바퀴를 가동시키기 위해 인공적으로 만들어 낸 부품에 별반 다를 것 없는 삶이다. 이러한 삶이 있는 곳이 진정한 유토피아라고 할 수 있을까? 절대 그렇지 않을 것이다.

---

5 박준범(2017ㄱ:86)은 '삭제'의 반응은 '수용'으로서의 삭제 반응과 구별할 필요가 있다고 하면서, '수용'으로서의 삭제 반응은 교수자가 제공한 첨삭논평에서 삭제와 관련한 내용을 제공하여 이를 글쓰기 학습자가 수용하여 반응을 보인 경우라고 하였다.

6 본고에서 시행한 동료 첨삭에 대한 글쓰기 학습자의 반응은 '수용', '거절', '삭제'로 나타났는데, 수정고를 제출하지 않은 글쓰기 학습자는 없었으므로 '미제출'의 반응은 나타나지 않았다.

<수정고>
내가 생각하는 유토피아를 정의하기 위해 책 속의 문명인들의 ①'꿈·목표·역할에 언급된 내용의'
이야기를 건네고 싶다. ②'문명인들은 자신이 태어난 곳에서 ③'(알파·베타·감마·엡실론) 중 하
나의 계급을 지정받는다. 그리고 계급에 따라 태어나서 죽을 때까지의 신체와 역할, 행동습성까
지 주입식 교육을 통해 자신의 삶이 결정된다. 자아를 실현할 수 있는 꿈·목표에 관한 행동과 생
각은 할 수 없으며 문명인들은 자신의 역할만을 필요로 해서 태어난 도구 같은 운명이다. 다시
말해, 신세계라는 톱니바퀴를 가동하기 위해 인공으로 제조된 부품에 별반 다를 것 없는 삶이
다. 이런 삶이 있는 곳이 진정한 유토피아라고 할 수 있을까? 누구도 그렇게 생각하지 않을 것
이다.

먼저 '수용'의 반응으로 처리한 경우를 살펴보자. ② 부분이 해당하는
데, 앞서 살펴본 바와 같이 〈초고〉 ②의 밑줄 친 부분에 대하여 동료 첨삭
제공자는 "한 문장의 길이가 너무 긴 것 같다."의 첨삭논평을 제공하였다.
이에 대해 글쓰기 학습자는 〈수정고〉에서 ②'와 같이 2개의 문장으로 나
누어 기술하였는데, 이는 동료가 제공한 첨삭논평에 따라 글쓰기 학습자
가 자신의 초고를 수정하여 수정고를 작성한 경우이므로 '수용'의 반응으
로 보았다.

②와 같이 ①의 경우도 '수용'의 반응으로 보았다. 〈초고〉 ①의 밑줄 친
부분에 대하여 동료가 제공한 첨삭논평 "'꿈·목표·역할과 언급된 부분에
대하여'로 고치면 좋을 것 같습니다."에 대해 글쓰기 학습자는 〈수정고〉에
서 ①'와 같이 '꿈·목표·역할에 언급된 내용의'와 같이 수정하였다. 이는
동료가 제공한 첨삭논평을 그대로 반영하여 수정한 경우는 아니지만, 첨
삭논평에 자극을 받아 그 부분에 대해 일정 부분 수정하여 수정고를 작성
한 경우이다. 이러한 경우는 첨삭논평에 대해 자신의 초고를 그대로 유지
한 경우인 '거절'의 반응 양상과는 분명히 차이가 있으며, 동료 첨삭논평이
제공된 부분에 대한 수정이 이루어졌다는 점에서 '수용'의 반응 양상으로
처리하였다.

①, ②와 달리 ③의 경우는 '거절'의 반응으로 보았다. 〈초고〉의 ③ 부분
에 대하여 동료 첨삭 제공자는 고유명사를 쓸 때 따옴표 안에 쓰는 것이

적절하다는 첨삭논평을 제공하였는데, ③'에서 확인되는 바, 글쓰기 학습자는 첨삭논평에 따라 글을 수정하지 않고, 자신의 초고를 그대로 유지하였다.

3. 동료 첨삭논평에 대한 글쓰기 학습자의 반응 양상

이 장에서는 동료 첨삭논평에 대한 글쓰기 학습자의 반응 양상을 동료 첨삭논평의 유형과 적절성의 측면에서 살펴본다. 2장에서 밝힌 바, 글쓰기 학습자가 동료로부터 제공받은 첨삭논평을 수용한 것인지, 거절한 것인지 명확하지 않은경우로서'독자반응'과'칭찬'의방식으로제공된첨삭논평, '삭제'의 반응을 보인 첨삭논평은 논의에서 제외한다. 24개의 글에 제공된 첨삭논평 330개 중 '독자반응'의 첨삭논평 38개, '칭찬'의 첨삭논평 69개, '삭제'의 반응을 보인 첨삭논평 22개를 제외한 201개의 첨삭논평에 대해 글쓰기 학습자의 반응 양상을 살펴본다. 아래 (17)은 본고에서 시행한 동료 첨삭에서 제공된 첨삭논평 201개에 대한 글쓰기 학습자의 반응을 '수용', '거절'로 분류한 표이다.

(17) 동료 첨삭논평에 대한 글쓰기 학습자의 반응 양상

수용	거절	계
121개	80개	201개
60.20%	39.80%	100.00%

(17)을 보면, 동료 첨삭논평에 대한 글쓰기 학습자의 '수용'과 '거절'의 반응양상은 전체적으로 '수용'이 60.20%, '거절'이 39.80%로 나타났는데, 동료 첨삭논평의 유형과 적절성의 측면에서 구체적으로 살펴보자.

1) 동료 첨삭논평의 유형에 따른 반응 양상

동료 첨삭논평의 유형에 따른 글쓰기 학습자의 반응 양상을 '초점'과 '방식'으로 구분하여 살펴보자. 아래 (18)은 동료 첨삭논평의 유형에 따라 글쓰기 학습자가 보인 반응을 '수용', '거절'로 분류한 표이다.

(18) 동료 첨삭논평의 유형에 따른 글쓰기 학습자의 반응 양상

초점 \ 방식		닫힌 질문	열린 질문	교정	지시	충고/제안	비판	완화된 비판	계
수사적 맥락	수용	0	0	-	0	1	2	1	4
		0.00%	0.00%		0.00%	50.00%	40.00%	50.00%	33.33%
	거절	1	1	-	1	1	3	1	8
		100.00%	100.00%		100.00%	50.00%	60.00%	50.00%	66.67%
	계	1	1		1	2	5	2	12
		100.00%	100.00%		100.00%	100.00%	100.00%	100.00%	100.00%
조직	수용	2	-	-	0	6	4	3	15
		40.00%			0.00%	54.55%	66.67%	42.86%	46.88%
	거절	3	-	-	3	5	2	4	17
		60.00%			100.00%	45.45%	33.33%	57.14%	53.13%
	계	5	-	-	3	11	6	7	32
		100.00%			100.00%	100.00%	100.00%	100.00%	100.01%
내용	수용	10	6	-	2	10	5	3	36
		58.82%	60.00%		100.00%	55.56%	41.67%	42.86%	54.55%
	거절	7	4	-	0	8	7	4	30
		41.18%	40.00%		0.00%	44.44%	58.33%	57.14%	45.45%
	계	17	10	-	2	18	12	7	66
		100.00%	100.00%		100.00%	100.00%	100.00%	100.00%	100.00%
표현의 정확성	수용	10	2	13	9	20	8	4	66
		66.67%	66.67%	76.47%	69.23%	64.52%	100.00%	100.00%	72.53%
	거절	5	1	4	4	11	0	0	25
		33.33%	33.33%	23.53%	30.77%	35.48%	0.00%	0.00%	27.47%
	계	15	3	17	13	31	8	4	91
		100.00%	100.00%	100.00%	100.00%	100.00%	100.00%	100.00%	100.00%

합계	수용	22	8	13	11	37	19	11	121
		57.89%	57.14%	76.47%	57.89%	59.68%	61.29%	55.00%	60.20%
	거절	16	6	4	8	25	12	9	80
		42.11%	42.86%	23.53%	42.11%	40.32%	38.71%	45.00%	39.80%
	계	38	14	17	19	62	31	20	201
		100.00%	100.00%	100.00%	100.00%	100.00%	100.00%	100.00%	100.00%

(18)을 먼저 '초점'의 측면에서 살펴보자. 아래 (19)는 (18)의 초점 영역별 첨삭논평에 대한 글쓰기 학습자의 수용률과 거절률을 표로 정리한 것이다.

(19) 동료 첨삭논평의 초점에 따른 글쓰기 학습자의 수용률과 거절률

구분	수사적 맥락	조직	내용	표현의 정확성	계
수용률	33.33%	46.88%	54.55%	72.53%	60.20%
거절률	66.67%	53.13%	45.45%	27.47%	39.80%

(19)를 보면, '수사적 맥락'과 '조직'은 '수용률'과 '거절률'이 각각 '수사적맥락'은 33.33%, 66.67%, '조직'은 46.88%, 53.13%의 빈도를 보여 '거절'의 반응이 '수용'의 반응보다 높게 나타났다. 그에 비해 '내용'과 '표현의 정확성'에서는 '수용률'과 '거절률'이 각각 '내용'은 54.55%, 45.45%, '표현의 정확성'은 72.53%, 27.47%의 빈도를 보여 '수용'의 반응이 '거절'의 반응보다 높게 나타나는 차이를 보였다. 이는 동료 첨삭논평에 대한 글쓰기 학습자의 반응 양상이 첨삭논평의 '초점' 영역에 따라 다르게 나타남을 말한다. 즉, 글쓰기 학습자는 동료가 제공한 첨삭논평에 대해 '수사적 맥락'과 '조직'의 초점 영역에 비해 '내용'과 '표현의 정확성'의 초점 영역에서 높은 수용률을 보인다는 것이다.

이와 관련하여 교수자 첨삭논평에 대한 글쓰기 학습자의 반응 양상을 논의한 박준범(2017ㄱ)을 살펴보자. 박준범(2017ㄱ:90)에서는 교수자 첨삭논평

에 대한 글쓰기 학습자의 '수용'과 '거절'의 반응이 '수사적 맥락', '조직', '내용', '표현의 정확성'에서 대체로 비슷한 양상을 보인다고 하였다. 초점 영역간 큰 차이를 보이지 않는 것에 대해 글쓰기 학습자가 특정한 초점 영역에 대해 편향적으로 수용하거나 거절하는 양상을 보이지는 않는다는 것을 보여준다고 하였다. 또한 초점의 모든 영역에서 '수용'의 반응이 '거절'의 반응보다 약 3-4배 높게 나타난 것은 교수자의 첨삭논평에 대해 글쓰기 학습자가 기본적으로 수용의 태도로 접근한다는 것을 보여준다고 하였다. 첨삭논평에 대한 글쓰기 학습자의 '수용률'과 '거절률'이 초점 영역간 큰 차이를 보이지 않는 교수자 첨삭의 경우와 달리, 동료 첨삭에서는 첨삭논평에 대한 글쓰기 학습자의 반응이 초점 영역에 따라 다른 양상을 보임을 알 수 있는데, 이는 첨삭의 주체가 동료일 때 나타나는 특성으로 볼 수 있다.

글쓰기 학습자가 동료의 첨삭논평 중 '수사적 맥락'과 '조직'의 초점 영역에서 상대적으로 높은 거절률을 보이는 이유가 무엇일까? 동료 첨삭의 첨삭 제공자는 본인 스스로도 글쓰기 학습자라는 점에서 아직 완전한 글쓰기 능력을 갖추었다고 보기 어렵다. 이러한 글쓰기 능력의 미숙함은 동료 학습자의 글에 대한 첨삭논평에서도 드러나는데, 특히 초점 영역 중 단어나 문장, 문단 수준이 아닌 글 전체 수준에서의 첨삭논평을 제공하는 '수사적 맥락'과 문단 간의 관계를 파악하여 그 단계성, 응집성과 관련한 첨삭논평을 제공하는 '조직'에서 두드러진다고 볼 수 있다. 이는 동료가 제공한 '수사적 맥락', '조직'의 첨삭논평에 대해 글쓰기 학습자가 자신의 글을 나아지게 하는 데 별다른 도움이 되지 않는다는 인식을 가지게 하며, 결국 '수사적 맥락'과 '조직'의 첨삭논평에 대한 '거절'의 반응으로 나타난다. 첨삭논평의 초점 영역 중 가장 거시적인 영역인 '수사적 맥락'의 수용률(33.33%)이 가장 낮은 데 비해 조점 녕익 중 가장 미시적인 영역인 '표현의 정확성'의 수용률(72.53%)은 가장 높은 빈도를 보인다는 점이 이를 뒷받침한다.

다음으로 첨삭논평의 '방식'의 측면에서 살펴보자. 아래 (20)은 (18)의 방식 항목별 첨삭논평에 대한 글쓰기 학습자의 수용률과 거절률을 표로 보인 것이다.

(20) 동료 첨삭논평의 방식에 따른 글쓰기 학습자의 수용률과 거절률

구분	닫힌 질문	열린 질문	교정	지시	충고/제안	비판	완화된 비판	계
수용률	57.89%	57.14%	76.47%	57.89%	59.68%	61.29%	55.00%	60.20%
거절률	42.11%	42.86%	23.53%	42.11%	40.32%	38.71%	45.00%	39.80%

(20)을 보면, 방식의 모든 하위 범주에서 '수용률'이 '거절률'에 비해 높은 빈도를 보였다. 방식 항목 간 수용률과 거절률이 대체로 큰 차이를 보이지 않았는데, '교정'(76.47%)의 방식이 다른 방식에 비해 높은 수용률을 보였다.

박준범(2017ㄱ:91-92)은 교수자 첨삭논평에 대한 글쓰기 학습자의 '수용'과 '거절'의 반응이 '닫힌질문', '열린질문', '교정', '충고/제안', '비판', '완화된 비판'에서 대체로 비슷한 양상을 보이는데, '지시'의 방식에서 다소 높은 수용률을 보인다고 하였다. 이는 본고의 동료 첨삭논평에 대한 글쓰기 학습자의 반응 양상을 방식의 측면에서 살핀 결과와 유사하다. 즉, 본고의 동료 첨삭의 경우와 마찬가지로 박준범(2017ㄱ)의 교수자 첨삭의 경우에서도 방식 항목간 글쓰기 학습자의 반응이 대체로 비슷하게 나타난다는 것이다. 다만, 본고의 동료 첨삭에서는 '교정'의 방식이 가장 높은 수용률을 보인 데 비해, 박준범(2017ㄱ)의 교수자 첨삭에서는 '지시'가 가장 높은 수용률을 보인다는 점에서 차이가 있다.

이와 관련하여 박준범(2017ㄴ:14)에서는 글쓰기 학습자는 교수자가 '지시'

와 같은 분명하고 구체적인 수정 방향을 제시해 주는 것을 매우 선호하는 경향이 있다고 한 바 있다. 본고의 동료 첨삭에서 가장 높은 수용률을 보인 방식인 '교정'은 '방식'을 문장의 형식에 따라 크게 3가지 범주로 구분할 때 명령문 형식으로 구분되는데, 이는 '지시'도 마찬가지이다. 명령문 형식인 '교정'과 '지시'는 첨삭논평 제공자가 글쓰기 학습자에게 글을 수정할 것을 요구하는 경우로서 다른 방식에 비해 수정 방향을 구체적이고 직접적으로 제시한다는 공통점이 있다. 즉, 글쓰기 학습자는 첨삭의 주체가 교수자이든 동료이든 상관없이 '교정', '지시'와 같이 분명하고 구체적인 수정 방향을 제시해 주는 방식을 선호한다고 볼 수 있다.[7]

지금까지 동료 첨삭논평의 유형에 따른 글쓰기 학습자의 반응 양상을 살펴보았는데, 이를 활용하여 좀 더 효과적인 동료 첨삭을 시행할 수 있는 방안을 생각해 보자. 앞서 살핀 바, 동료 첨삭에서는 첨삭논평에 대한 글쓰기 학습자의 반응이 '초점' 영역에 따라 다른 양상을 보인다. 교수자는 동료 첨삭을 지도할 때 '초점' 영역을 고려하여, 첨삭논평 제공의 미숙함이 드러나는 '수사적 맥락'과 '조직'의 초점 영역에 대해 주의를 기울일 필요가 있다. 동료 첨삭 시행 전 교수자가 몇 편의 글에 대해 공개 첨삭을 시행하여 첨삭논평 제공의 예를 보여주는 것이 도움이 될 수 있다. 이때 '수사적 맥락'과 '조직'의 초점 영역을 중심으로 공개 첨삭을 진행하여 '수사적 맥락'과 '조직' 초점 영역의 첨삭에 대한 학생들의 이해를 향상시킨다. 이는 학생들이 글의 미시적인 영역뿐 아니라 거시적인 영역까지 살펴볼 수 있는 능력을 신장시켜 '수사적 맥락'과 '조직' 초점 영역에서도 좀 더 유의미한 첨삭논평을 제공할 수 있을 것이다. 또 다른 방안은 서면 첨삭 후 시행되는 대면 첨삭에서 '수사적 맥락'과 '조직' 초점 영역에 대해 학습자 간

---

7 박준범(2017ㄱ:91-92)의 교수자 첨삭논평에 대한 글쓰기 학습자의 반응 양상에서 '지시'의 빙식 디음으로 높은 수용률을 보인 방식이 '교정'이라는 점도 이를 뒷받침한다.

활발한 토의가 일어날 수 있도록 유도하는 것이다. 이때 교수자가 '수사적 맥락', '조직'의 초점 영역을 중심으로 점검해야 할 체크리스트를 제공하면 좀 더 구체적인 논의가 이루어질 수 있다.

활발한 토의를 통해 글쓴이와 해당 글을 첨삭한 학습자뿐 아니라 모든 조원이 자유롭게 의견을 나누면 '수사적 맥락'과 '조직' 영역에서 제공된 첨삭논평의 미숙함을 보완하는 데 도움이 될 것이다.

2) 동료 첨삭논평의 적절성에 따른 반응 양상

동료 첨삭논평의 유형뿐 아니라 동료 첨삭논평의 적절성도 동료 첨삭논평에 대한 글쓰기 학습자의 반응 양상을 살필 때 고려되어야 할 부분이다. 동료 첨삭에서는 글쓰기 능력이 미숙한 첨삭 제공자가 부적절한 첨삭논평을 제공하는 경우도 있기 때문이다. 이는 동료 첨삭이 내포하고 있는 문제점으로 여러 논의에서 지적된 바 있다. 유해준(2015:130)은 학습자의 언어적 능력이 충분히 발달되지 못한 상황에서는 동료의 피드백을 신뢰할 수 없을 것이며, 실제로 잘못된 피드백을 제공할 수도 있다는 위험요소가 있다고 하였다. 유유현(2016:325)에서는 올바른 첨삭을 하기 위해서는 글의 논리와 구성을 볼 수 있는 안목이 있어야 하고, 맞춤법과 문장력이 있어야 하며, 잘못된 점을 지적하는 것에서 나아가 이를 어떻게 고쳐야 하는지 처방할 수 있는 능력이 있어야 하는데, 학생들이 이렇게 완벽한 첨삭 능력을 갖추기는 어렵다고 보았다. 이와 관련하여 본고가 주목한 것은 동료 첨삭논평의 적절성에 따른 글쓰기 학습자의 반응 양상이다. 동료 첨삭논평을 적절한 경우와 부적절한 경우로 나누어 그에 따른 글쓰기 학습자의 '수용'과 '거절'의 반응 양상을 살펴보기로 한다. 아래 (21)은 동료 첨삭논평의 적절성에 따른 글쓰기 학습자의 반응을 '수용', '거절'로 분류한 표이다.

(21) 동료 첨삭논평의 적절성에 따른 글쓰기 학습자의 반응 양상

구분	수용	거절	계
적절한 경우	114	50	164
	69.51%	30.49%	100.00%
부적절한 경우	7	30	37
	18.92%	81.08%	100.00%
계	121	80	201
	60.20%	39.80%	100.00%

(21)을 보면, 동료 첨삭논평이 적절한 경우는 수용률이 69.51%인 것에 비해 부적절한 경우는 18.92%의 수용률을 보여, 동료 첨삭논평이 적절한 경우가 부적절한 경우에 비해 훨씬 높은 수용률을 보임을 알 수 있다. 이는 동료가 제공한 첨삭논평의 적절성에 따라 글쓰기 학습자가 보이는 반응 양상에 차이가 있음을 말한다. 즉, 글쓰기 학습자는 동료가 제공한 첨삭논평의 적절성을 판별하여 부적절한 경우라고 판단될 때는 '거절'의 반응을 보이는 경향이 있다.

위와 같은 결과는 본고의 분석 대상 글쓰기 학습자가 동료 첨삭논평의 적절성을 일정 수준 판별할 수 있는 학습자임을 보여준다. 글쓰기 학습자가 동료 첨삭논평의 적절성을 판별할 수 있는 일정 수준이 전제된다면, 동료 첨삭에서 글쓰기 학습자가 동료 첨삭논평의 적절성을 판별하는 과정은 본인의 글에 대해 좀 더 적극적으로 사유할 수 있는 기회가 된다. 즉, 글쓰기 학습자는 교수 첨삭논평보다 동료 첨삭논평에 대해 좀 더 비판적으로 접근하는데, 그러한 과정을 통해 본인 글을 재검토하고 사고가 촉진되며 또 다른 아이디어를 얻을 수도 있다는 것이다.[8] 동료 첨삭에서 부적

---

8 박주용·박정애(2018:88)는 동료평가가 학생들의 학습과 사고를 다양한 방식으로 촉진할 수 있다고 하였다. 동료평가 과정은 평가 기준을 이해하고 동료 글에서의 문제를 파악하는 사고의 과정이 포함되어 있기 때문에 학생들은 동료평가 과정을 통하여 전반적인 평가에 대한 통찰력을 향상시킬 수 있다고 설명하였다. 이는 동료 첨삭 논평 제공자로서 글쓰기 학습자가 얻을 수 있는 이점이다. 본고는 이와 더불어 동료 첨삭논평에 대한 '수용'과 '거절'의 반응을 나타내는 과정에서 글쓴이로서 글쓰기 학습자가 얻는 이점도 있다고 본다.

절한 첨삭논평이 제공될 수 있지만 글쓰기 학습자가 동료 첨삭논평을 비판적으로 수용하는 과정은 학습자의 글을 나아지게 하는 데 긍정적일 수 있다.

한편, 동료 첨삭논평이 부적절한 경우임에도 '수용'의 반응을 보인 경우가 18.92%로 나타났는데, 이는 본고의 분석 대상 글쓰기 학습자 중 일부는 동료가 제공한 첨삭논평의 적절성을 판별하는 데 어려움을 겪었음을 말해준다. 글쓰기 학습자가 적절성 판별의 어려움으로 부적절한 동료 첨삭논평을 수용한 경우는 글쓰기 학습자의 수정고 작성 시 첨삭논평이 도움이 되지 못하고 오히려 학습자의 글이 부적절하게 수정되는 원인이 될 수 있다.

(21)을 앞서 살핀 첨삭논평의 유형의 측면에서 보면, 동료 첨삭논평이 부적절한 경우임에도 '수용'의 반응을 보인 7개 경우 중 6개가 '표현의 정확성' 초점 영역의 첨삭논평이라는 점도 주목할 만하다.[9] 이는 글쓰기 학습자가 동료 첨삭논평의 적절성을 판별할 때 다른 초점 영역에 비해 '표현의 정확성' 영역에서 적절성 판별의 어려움을 느끼는 것으로 볼 수 있다. 즉, 글쓰기 학습자는 글의 주제, 구성, 주장, 근거 등과 같은 '수사적 맥락', '조직', '내용'의 초점 영역에 대해서는 동료 첨삭 제공자의 부적절한 첨삭논평을 대체로 판별할 수 있으나,[10] '표현의 정확성' 초점 영역에서 다루어지는 문장의 호응, 맞춤법 등에 대해서는 부적절한 첨삭논평을 판별하지 못하는 경우가 있다.

---

9 동료 첨삭논평이 부적절한 경우임에도 '수용'의 반응을 보인 7개 첨삭논평 중 6개는 '표현의 정확성' 초점 영역이었고, 나머지 1개는 '조직' 초점 영역이었다.

10 이는 글쓰기 학습자가 첨삭논평 제공자로서 '수사적 맥락'과 '조직' 초점 영역에서 첨삭논평 제공의 미숙함을 보이는 것과 달리, 자신이 쓴 글에 대해 동료가 제공한 '수사적 맥락', '조직'의 첨삭논평의 적절성을 판별하는 데에는 큰 어려움이 없음을 말한다.

동료 첨삭논평의 적절성에 따른 글쓰기 학습자의 반응 양상을 살펴보았는데, 이를 활용하여 좀 더 효과적인 동료 첨삭을 시행할 수 있는 방안을 생각해보자. 교수자는 동료 첨삭을 지도할 때 글쓰기 학습자가 첨삭논평의 적절성 판별에 어려움을 겪는 '표현의 정확성' 초점 영역에 대해 다음과 같은 방안을 활용할 수 있다. 동료 첨삭 시행 전 교수자가 '표현의 정확성' 초점 영역을 중심으로 '고쳐쓰기'에 대한 강의를 선행하는 것이 도움이 될 수 있다. 문장의 통합 관계, 맞춤법, 단어 사용의 적절성, 비문의 수정 등에 대한 강의와 오류 수정 실습을 병행하여 학생들의 문장과 단어 수준에서의 글쓰기 능력을 향상시키는 것이다. 이는 일차적으로 첨삭 제공자가 '표현의 정확성' 초점 영역에서 부적절한 첨삭논평을 제공하는 것을 완화할 수 있을 것이며, 나아가 글쓰기 학습자가 '표현의 정확성' 초점 영역의 첨삭논평의 적절성을 판별하는 데 도움이 될 수 있다. 또한 글쓰기 학습자가 수정고를 작성할 때 국립국어원의 국어사전을 활용하도록 지도하는 방안도 생각해 볼 수 있다. 국어사전에서 얻을 수 있는 단어의 뜻, 맞춤법, 띄어쓰기 등의 정보를 활용하면 이와 관련한 첨삭논평의 적절성 여부를 확인할 수 있으므로 글쓰기 학습자가 '표현의 정확성' 초점 영역의 첨삭논평의 적절성을 판별하는 데 도움이 된다. 교수자는 글쓰기 학습자의 수정고 작성에 앞서 '표현의 정확성' 초점 영역에서 제공된 첨삭논평의 적절성을 판별하는 데 국어사전을 어떻게 활용할 수 있는지를 알려주어야 한다.

4. 결론

본고는 대학 글쓰기 수업에서 수행된 동료 첨삭에 대해 동료 첨삭논평의 유형과 적절성에 따른 글쓰기 학습자의 반응 양상을 파악하고자 하였다. 동료 첨삭논평의 유형에 따른 반응 양상에서는 박준범(2017ㄱ)의 첨삭논평 구분 기준을 적용하여 '초점'과 '방식'의 측면에서 동료 첨삭논평에 대한 글쓰기 학습자의 반응 양상을 살펴보았고, 동료 첨삭논평의 적절성에 따른 반응 양상에서는 동료 첨삭논평을 적절한 경우와 부적절한 경우로 구분하여 그에 따른 글쓰기 학습자의 반응 양상을 살펴보았다.

연구의 결과를 요약하면 다음과 같다. 첫째, 글쓰기 학습자는 동료가 제공한 첨삭논평에 대해 '수사적 맥락'과 '조직'의 초점 영역에 비해 '내용'과 '표현의 정확성'의 초점 영역에서 높은 수용률을 보였다. 이는 동료 첨삭논평에 대한 글쓰기 학습자의 반응 양상이 '초점' 영역 간 차이를 보임을 말한다. 둘째, '방식'의 측면에서는 글쓰기 학습자의 반응 양상이 '방식'의 하위 범주 간 큰 차이를 보이지 않았는데, '교정'이 다른 방식에 비해 높은 수용률을 보였다. 이는 글쓰기 학습자가 '교정'과 같이 분명하고 구체적인 수정 방향을 제시해 주는 방식을 선호함을 나타낸다. 셋째, 글쓰기 학습자는 동료 첨삭논평이 부적절한 경우보다 적절한 경우일 때 훨씬 높은 수용률을 보였다. 이는 동료가 제공한 첨삭논평의 적절성에 따라 글쓰기 학습자가 보이는 반응 양상에 차이가 있음을 나타내는데, 글쓰기 학습자는 동료가 제공한 첨삭논평의 적절성을 판별하여 부적절한 경우라고 판단될 때는 '거절'의 반응을 보이는 경향이 있다. 넷째, 글쓰기 학습자가 동료 첨삭논평의 적절성에 대한 판별의 어려움으로 부적절한 동료 첨삭논평을 수용하는 경우도 있는데, 이는 '표현의 정확성' 초점 영역의 첨삭논평에서 두드러진다.

본 연구는 선행 연구에서 논의되지 않은 동료 첨삭논평의 '초점'과 '방식', '적절성'에 따른 글쓰기 학습자의 반응 양상의 특성을 밝히고자 했다는 점에서 의의가 있다. 본고에서는 동료 첨삭논평에 대한 글쓰기 학습자의 반응 양상만을 논의의 대상으로 삼았으나 동료 첨삭논평의 제공 양상도 함께 살펴본다면 제공 양상과 반응 양상 간의 관계를 파악할 수 있을 것이다. 이에 대한 연구가 이어질 필요가 있다.

📎 참고문헌

- 박주용, 박정애(2018), 동료평가의 현황과 전망, 인지과학 29(2), 한국인지과학회, 85-104.
- 박준범(2014), 글쓰기 학습자의 첨삭논평 수용 양상에 관한 고찰, 교양교육연구 8(6), 한국 교양교육학회, 271-305.
- 박준범(2017ㄱ), 첨삭논평에 대한 글쓰기 학습자의 반응 양상과 그 영향에 관한 연구-교수 자 첨삭을 중심으로, 영남대학교 박사학위논문.
- 박준범(2017ㄴ), 교수자 첨삭논평에 대한 글쓰기 학습자의 반응 양상 고찰-초점과 방식에 따른 반응 양상을 중심으로, 어문학 135, 한국어문학회, 1-33.
- 서수현(2011), 대학생의 보고서에 대한 동료 반응과 그 수용 양상, 國語敎育學硏究 41, 국 어교육학회, 447-472.
- 서영진(2012), 작문 활동에서 동료 피드백 의견 수형별 수용도 연구, 國語敎育學硏究 45, 국어교육학회, 242-271.
- 서영진, 전은주(2012), 작문 활동에서 동료 피드백 의견의 유형별 타당도 연구, 國語敎育學 硏究 44, 국어교육학회, 369-395.
- 오택환(2010), 쓰기 수행평가에서 동료평가자간 신뢰도 분석, 국어교육연구 47, 국어교육 학회, 91-116.
- 유유현(2016), 동료 첨삭을 활용한 수업 모형, 국어문학 61, 국어문학회, 319-339.
- 유해준(2015), 동료평가를 활용한 대학생 글쓰기 평가 방안, 인문과학연구 46, 강원대학교 인문과학연구소, 127-146.
- 이미경(2015), 교사의 서면 피드백에 대한 초등학생의 수용 양상 연구-연설문 쓰기를 중심 으로, 한국교원대학교 석사학위논문.
- 이윤빈, 정희모(2014), 대학생 글쓰기에서 동료 피드백의 양상 및 타당도 연구, 작문연구 20, 한국작문학회, 299-334.
- 이재기(2011), 교수 첨삭 담화와 교정의 관계 분석, 국어교육학연구 40, 국어교육학회, 467-502.
- 조윤아, 이상민(2014), 동료첨삭의 언어적 행동 및 글쓴이 반응에 대한 연구, 人文硏究 70, 영남대학교 인문과학연구소, 333-366.
- 한경숙(2014), 중학생의 쓰기에 제시된 동료 피드백의 유형과 수용 양상 연구-중학교 2학 년 학생을 대상으로, 작문연구 23, 한국작문학회, 147-174.

• Straub, R.(2000), The practice of response: Strategies for commenting on student writing, Hampton Press.

5장

학생의 학습동기를 자극하는
교수의 성공적인 피드백 전략

권미란

1. 서론

현재 글쓰기 수업은 교수와 학생이 함께 토론하는 방식으로 이루어지고 있다. 토론은 글쓰기의 주제를 선정하거나 배경지식을 마련하는 중요한 과정으로 활용된다. 또한 학생이 적극적으로 참여하는 수업환경을 조성하기 위해, 교수는 수시로 토론과 발표 시 드러나는 학생의 흥미나 관심사를 파악하고 이를 적극 수용해야한다. 평가자인 교수와 평가를 받는 학생이 대등한 토론을 하기란 어렵지만 교수와 학생은 일종의 공생관계다. 수업시간동안 동일한 시공간을 공유하며 교사와 학생은 공통의 목표에 도달하기 위해 노력한다. 무엇보다 수업의 주체는 학생이고 학생의 만족도가 수업의 질을 결정한다. 그래서 학생이 참여하는 글쓰기 수업을 만들기 위해 교수는 학생과 신뢰관계를 형성해야 한다.

글쓰기는 사회·문화·집단의 일원인 '내'가 타인과 삶을 공유하는 과정을 주제로 삼는다. 그래서 글쓰기는 주체의 행위이자 글쓴이의 태도와 가치관을 보여준다. 따라서 교수는 학생을 글쓴이로 인식하고 존중해야 한다. 모든 학생이 처음부터 교수를 신뢰하지는 않는다. 오히려 자신의 글쓰기에 참여하려는 교수를 불편해하는 경우가 더 많다. 이런 태도를 바꾸기 위해 교수는 그들이 쓴 글을 읽고 대화해야한다. 그래서 첨삭지도는 '학생과 교수가 대등한 주체로서 상호연대'[1]하며 서로의 생각을 이해하는 과정이어야 한다.

---

[1] 교수와 학생은 글쓰기를 수정하는 과정에서 서로의 경험과 감정을 공유한다. 그러면서 점차 서로를 신뢰하게 된다. 특히나 첨삭지도는 학생이 교수를 신뢰할 때 그 효과가 극대화된다. 교수와 학생이 서로를 신뢰할 때 학습 성취도와 수업만족도는 동반 상승한다. 학생도 교수의 자질을 평가하므로, 교수는 강의내용 및 수업방식, 교재계발 능력 등을 지속적으로 신장시켜야 한다.

첨삭지도 시 교수의 피드백은 중요하다. 글쓰기 단계에 맞는 해결책을 제공할 때 피드백 효과는 극대화된다. 첨삭의 목적은 글쓰기의 문제점과 해결책을 동시에 알려주는 것이기에, 교수는 조언자로서 기능해야한다. 그래서 지현배(2010: 58-59)는 글쓰기 지도 현장에서 첨삭은 오류를 바로 잡는 지적, 글의 완성도를 높이는 조언, 교수가 전수할 가치가 있는 글쓰기 노하우까지 포함하는 포괄적인 개념이라고 정의한다.

첨삭지도는 글쓰기에 관한 포괄적 활동으로, 과정중심교육을 지향한다. 때문에 반드시 글을 쓰는 동안에 첨삭이 진행되어야 한다. 글쓰기 단계마다 교수가 제공하는 피드백은 평가나 학점이라는 숫자로 인식되지 않는다. 첨삭내용은 학생의 '자기첨삭'과 '동료첨삭'의 기준점이 되고, 글쓰기 과정에 참여하는 학생의 태도변화를 촉구한다. 그래서 글쓰기 단계별 첨삭지도안이 필요하다.

2. 첨삭중심의 수업모형: 첨삭방식의 다각화

본 첨삭지도안은 서강대 교양과목 〈읽기와 쓰기〉의 수업에서 활용된 것이다. 이 수업은 다양한 종류의 글쓰기 과제를 했다는 점과 글쓰기 단계별로 학생들의 태도변화를 수시로 관찰하기 위해 글쓰기 전과 후에 학생의 자기평가와 동료평가를 실시해 교수의 피드백효과를 분석했다는 점에서 선정되었다.

다양한 연령대의 학생들은 글쓰기 이론이나 배경지식의 편차가 매우 컸고 토론과 발표를 할 때마다 그 능력 편차가 극명하게 드러난다. 그래서 개별교육의 일환으로 첨삭지도가 활용될 수 있었다. 즉 첨삭중심의 수업은 수준별 글쓰기수업을 필요로 하는 학생의 요구를 반영한다.

교양수업을 듣는 학생 수는 적게는 20명에서 많게는 40명에 육박한다. 이런 수업환경에서 일대일 대면 첨삭을 한다는 것은 거의 불가능에 가깝다. 따라서 효율적인 첨삭지도안 마련이 시급하다. 본 수업은 몇 가지 예외적인 특징을 갖는데, 우선 독후감제도다. 독후감제도[2]는 수업시간 외에 쓴 5편의 독후감을 독후감조교가 첨삭하고 일정수준에 미달한 학생은 면담한다. 또 글쓰기 센터에서 개별 첨삭지도도 받을 수 있다.

첨삭은 글쓰기 교육 전반에 걸친 폭넓은 교육활동으로 이해된다. 이에 구자황(2008: 326)은 글쓰기에서의 피드백은 학습자의 학습행동에 대하여 교수자가 적절한 반응을 보이는 것으로, 수용자의 반응에 대한 전달자의 대응적 반작용도 포함된다고 주장한다. 그래서 본 연구자는 첨삭을 교수와 학생이 글쓰기 관한 정보를 서로 교환하는 과정이라고 본다.

피드백의 유형은 말/글, 개인/단체, 일방적/쌍방적 형태(구자황, 2008: 334)로 구분된다. 이는 첨삭지도를 오직 글로 한정짓는 태도나 퇴고과정에만 필요하다는 입장에서 벗어나기 위함이다. 퇴고 시 하는 첨삭만을 중시하는 태도는 첨삭의 의미를 자칫 '완벽한 의사표현을 위해 문장을 고치는 것'(이태준, 2005: 108)으로 한정지을 수 있다. 그래서 글쓰기 단계 별 첨삭이 필요하다.

글쓰기 단계별 첨삭은 일회적이고 단발적인 조교나 튜터의 첨삭지도와는 달리, 중·장기적으로 진행되는 교수에게 적합한 방식이다. 교수는 학생의 글쓰기에서 문제점을 파악하여 그 해결책을 수시로 제시하며 첨삭의 질적 차이를 도모한다. 물론 교수도 학생과 대면할 기회는 많지 않지만 교수의 첨삭은 조교와 튜터의 첨삭과 연계되어 글쓰기 전후과정에 다각적으로 영향을 미친다. 그래서 글쓰기 단계에 기반을 둔 첨삭 중심 수업은 학

---

2 서강대학교 독후감제도는 1970년대 학내교육제도로 시행된 이후로 지금까지 유지되며 여러 차례의 변혁을 맞이한다. 독후감 제출방법이나, 제출시기, 제출 편수 등이 비꼈지만 독후감조교가 학생들의 글을 첨삭평가 하는 것은 변하지 않았다.

생의 글쓰기 능력 신장 및 그 변화하는 과정을 살펴보기에 용이하다.

3. 글쓰기 단계 별 첨삭 지도안 만들기

3.1. 평가방식의 상용화 전략

교수는 첨삭을 하며 학생의 글쓰기과정에 참여한다. 우선, 글쓰기 주제를 선정하는 단계에서는 구술 첨삭을 통해 학생들이 자기평가 및 동료평가를 하게 한다. 또 학생이 자기 글의 주제나 논제를 설명하거나, 핵심어를 제시하게 한다. 이때 학생에게 글의 논지를 명확하게 나타내는 방법을 알려준다. 글쓰기를 하기 전과 후(김종록, 2015)에 동료평가[3]의 기회를 마련하여, 자기 글을 객관적으로 바라보게 한다. 동료 첨삭은 평가라기보다는 학생들끼리 한데 모여 글쓰기 정보를 공유하는 활동이다. 학생들은 동료첨삭을 통해 자기 글에 대한 객관적으로 평가하고 서로의 생각에 귀 기울이며 함께 해결책을 찾는다. 그 다음에는 개요와 초안을 작성하는 단계에서 대면 첨삭을 한다. 글의 논제를 선정한 학생에게 초안과 개요를 작성하게 하고 글의 내용구조 상 삭제되거나 첨가되어야 부분들을 설명한다. 개요에서 '서론 – 본론 – 결론' 부분을 구체적인 항목으로 제시하게 한다. 마지막 단계에서는 온라인 첨삭을 한다. 내용상 추가되거나 삭제된 내용을 확인하고 문장 오류나 오타 및 탈자 등을 표시한다. 글의 장점과 단점을 설명하고 잘못된 용어나 어휘표현, 비문 몇 개를 고쳐준다.

---

3 동료 첨삭은 5분 안에 글을 읽고 3개 이하로 조언하게 한다. 내용은 긍정적인/부정적인 측면 2가지를 제한한다. 학생들은 상대의 글을 읽으면서 능동적 태도의 중요성, 글쓰기 어려움이나 사고선환의 필요성을 공유하며 좋은 글에 대한 기준을 세운다.

글쓰기 과제의 논제는 학생들이 결정한다. 따라서 학생들이 쓴 글에는 주체로서 지각과 머릿속 관념을 낯선 이에게 낱낱이 드러내야 하는 생경한 경험이 담겨있다. 교수는 학생의 생각을 이해하는 동료로서, 첨삭 시 냉철한 평가자에서 신뢰의 대상으로 변경된다. 인간의 마음에 대해 연구한 Edelman(2009: 198)은 고등동물이 자신을 의식하는 뇌 과정(범주화, 지각, 기억, 개념형성)을 거치면서 언어를 획득했다고 했다. 따라서 글쓰기는 곧 자기존재를 의식하는 과정으로, 학생은 첨삭을 통해 자신의 존재를 검증하는 방법을 이해하게 된다.

3.1.1. 글쓰기 단계 별 첨삭과 첨삭방법

첨삭지도의 목적은 학생이 자기견해 및 주장을 명확히 밝힐 수 있는 글쓰기 능력을 갖추게 하는 것이다. 글쓰기과정마다 첨삭이 진행되면 학생은 글쓰기에 필요한 선행활동인 토론과 발표에 적극적으로 참여하게 된다. 그래서 토론과 발표는 교수의 첨삭방식과 첨삭 시기나 횟수를 결정하는 요인이 된다. 첨삭지도는 수업환경에 따라 첨삭횟수나 주기가 달라질 수 있다.

본 연구자는 글쓰기를 5단계【① 글의 주제 및 논제 선정하기(토론) → ② 개요쓰기(발표) → ③ 초고 작성하기 → ④ 수정하기 → ⑤ 완성하기】로 구분한다. 집단 토론 및 개별 발표를 통해 글쓰기 주제를 선정하는 단계를 마련했다. ①과 ②단계에서는 글을 쓰는 데 필요한 배경지식 및 자료조사를 한 뒤 집단토론을 한다. 이후 학생들은 자기견해 및 생각을 정리하고 개별 논제를 발표를 한 뒤 '자기 평가'와 '동료 평가'를 실시한다. 학생은 집단과 개인 활동을 통해 글쓰기 이론을 배운다. 이는 논리적인 사고능력을 신장시키며 첨삭내용을 바르게 이해하게 한다.

본 수업에서 첨삭지도는 총 3회(구술, 대면, 서면 첨삭)시행되고 글쓰기는 5단계[4]에 걸쳐 완성된다. 첨삭은 하나의 단계가 종결되는 2주(약 10~14일정도)단위로, 수업시간(75분간)동안 이루어지고 그 순서는 학번, 주제, 팀별 또는 개인의 특징을 고려하여 교수가 선정한다. 다음은 글쓰기 단계별 첨삭방식을 정리한 표다.

차수	형식	내용
1차 구술	집단토론 (공개)	교수가 팀원들이 서로 질의하고, 상대 팀의 주제에 대해 평가하게 한다. 학생들은 자유로운 토론과 발표를 통해 '자기평가'와 '동료평가'를 하게 된다. 이때 교수는 토론과정과 주제 선정의 적절성에 대한 피드백만 제공한다.
2차 대면	개별면담 (비공개)	모두 개별로 이루어진다. 사이버캠퍼스에 교수가 상담 가능 시간을 공지한다. 대면 첨삭 시간은 1차는 목요일(75분), 2차는 월요일(6시간)에 실시했다. 1차는 교수가 지정한 학생들과 희망자로 10명(총인원의 반), 2차 시 나머지 학생이 모두 참여한다.
3차 서면	온라인 (공개/비공개)	사이버캠퍼스에 학생이 올린 '완성된 글'을 교수가 평가한다. 글에 대한 평가는 비공개로 진행된다. 학생은 자신이 쓴 글에 대한 문제점을 바로 확인한다.(비공개) 모든 학생들의 공통적인 문제점이 드러난다.(공개)
교수와 학생의 의사소통은 사이버캠퍼스와 서강톡톡을 사용한다. 해당 매체를 통해 학생들은 개인적 의문점이나 글쓰기에 관한 궁금증을 수시로 묻고 답한다. 그 내용을 구성원 모두 공유한다.		

첫 번째는 구술첨삭이다. 논제를 선정하는 단계로 집단토론의 내용을 첨삭한다. 주제 선정과정 및 논제의 적절성에 대한 공개적인 구술평가로

---

4 본 과제는 5단계에 걸쳐 문제해결형 글쓰기 한편을 완성하는 것으로, 11월 22일부터 12월 8일까지(총 16일간) 진행되었다.

1단계(11월 22일): 〈문제해결 글쓰기〉 공통논제 선정하기(그룹 토론)

⬇ 동료 첨삭

2단계(11월 29일): 논제 결정 및 개요작성하기(개인 발표)

⬇ 1차 첨삭

3단계(12월 1일): 글쓰기 개요 완성 또는 초안 작성하기
Ⓐ 학생끼리 글을 교환하여 1차 첨삭하기 / Ⓑ 수정 및 보완된 개요 및 초안을 교수에게 제출하기

⬇ 2차 첨삭

4단계(12월 6일): 교수 지침(첨삭) 사항 전달받기 (개별 면담: 비공개)

⬇ 3차 첨삭

5단계(12월 8일): 완결된 글쓰기 과제 (공개/비공개)

모든 학생에게 내용을 전달한다. 특정 학생의 의견만 대상으로 하여 다른 학생들이 소외되지 않게 유의해야 한다.(심호남, 2015: 167) 이 첨삭의 목적은 팀 별(4-5명씩)로 자기 조의 토론주제를 선정하고 다른 팀의 주제를 평가한 뒤 자기 논제를 수정하게 하는 것이다. 학생들은 평가자이자 평가의 대상자가 되는 경험을 통해 주제선정의 근거를 파악하게 된다. 즉 구술 첨삭은 글쓰기의 선행과제인 토론단계에서 진행되고 교수는 논제에 대한 피드백[5]만을 제공한다.

먼저 구술첨삭은 첫째 좋은 글의 예를 알려주고, 둘째 글을 평가하는 기준을 설명하고, 셋째 글을 수정하는 이유를 밝힌다. 그래서 교수는 글에 대한 질문을 던진다. 구자황은 교수가 학생의 글에 대해 어떻게 반응하는지가 글의 향상 가능성을 결정한다(2008: 324)고 했다. 그래서 학생의 반응을 살피는 구술첨삭은 글쓰기 전에 학생이 스스로 일정한 의미를 구성하도록 한다.

다음은 대면첨삭이다. 글의 주제 및 논제에 부합하는 개요나 초안을 점검한다. 교수는 학생과 개별적으로 5~10분 동안 만나 첨삭내용을 알린다. 이 때 학생의 글쓰기 습관이나 태도 등을 파악해두었다가 온라인 첨삭내용에 반영한다. 교수는 글 뿐 아니라 학생의 의사소통 능력 전반에 관한 정보를 얻을수 있다. 그래서 심호남(2015: 171)은 교수 첨삭과 대면 첨삭이 글쓰기 교육에서 가장 효과적이라고 주장했다. 교수가 직접 첨삭하고 제안한 글쓰기 노하우를 학생은 가장 쉽게 이해한다.

---

5 이를 위해 교수는 학생들에게 다음과 같은 질문을 던진다.
　주제 선정: 이 주제를 선택한 이유가 무엇인가요?
　과정 탐색: 이 주제로 글을 쓸 때 얼 만큼의 시간이 소요될까요?
　수정 논의: 이 주제에 관한 배경지식을 얼마만큼 갖고 있나요?

예) 정○찬 학생이 이번에 발표한 글은 전보다 내용구성이 더 탄탄해졌네요. 특히 근거문장을 추가한부분이 아주 훌륭했어요. 그런데 서론에서 문제의식이 좀 더 부각되는 내용이 추가 되면 좋겠어요. 촛불 시위가 평화적 시위를 넘어서 민주행사로 각인되고 있다는 사실을 보여주는 직접적인 사례를 구체적으로 제시해주세요.

마지막은 온라인 첨삭으로. 글의 구체성, 명확성, 완결성에 대해 평가한다. 주장과 근거의 관계가 적절한 지(구체성), 첨가되거나 삭제되어야 할 내용이 있는 지(명확성), 글이 논리적인지(완결성)를 묻고, 그 보완책을 제시한 뒤 상중하로 평가한다. 온라인 첨삭 내용은 반드시 명확한 문장형태로 쓴다.

상) 사례 정○찬 20160959
- 제목이 글쓴이의 구체적인 주장을 잘 드러낸다.
- 글의 전개에 따라 중심내용이 명확하게 제시된다.
- 서론/본론/결론의 글 구성이 완결성을 갖는다.
- 요약문은 글의 정보만을 간추려야 한다.

중) 사례 최○인 20121035
- 제목에서 글의 목적이나 의도가 전혀 드러나지 않는다.
- 내용상의 주안점이나 핵심어나 개념에 대한 설명이 상세하다.
- 글의 순서대로 기술해서 글을 쓴 목적이 드러나지 않는다.
- 서론/본론/결론의 형식에 맞는 논리적 구조가 다소 부족하다.

하) 사례 대상자: 허○혁 20151003
- 제목이 글쓴이의 목적이나 중심내용을 드러내지 않는다.
- 실험내용을 산발적으로 기술해서 주장이 거의 드러나지 않는다.
- 주장을 뒷받침할 논리적인 근거가 부족하다.

이상의 평가기준을 정리하면 다음과 같다. 첫째, 완결구조를 지닌 한편의 글을 완성했는가. 둘째, 중심내용과 부가내용을 잘 구별하여 서술했는가. 셋째, 내용의 순서나 서술방식이 글의 성격과 일치하는 가다. 첨삭은 학생들이 쓴 글을 객관적으로 평가하고 그들의 지적욕구를 해소해주는 데 있다. 대부분의 학생들은 자신이 얼마만큼 글을 잘 쓰는지 알고 싶어

하지만 공개적인 평가보다는 개별적인 상담을 원한다. 학생들이 공개적인 평가를 기피하는 데는 자신감 부족과 글이 곧 자기 자신을 반영하는 산물이기 때문이다. 그래서 글쓰기 과제도 개별과제로 하기를 원한다. 왜냐하면 글쓰기는 온전히 자신을 드러내는 공간이기 때문이다. 그래서 교수는 학생의 노력을 칭찬하는 긍정적인 피드백을 제공해야 된다.

3.2. 긍정적 피드백의 상용화 전략

첨삭은 글을 고칠 수 있는 방법을 알려준다는 점에서 글쓴이의 반성적 사고를 요한다. 하지만 지나친 자기반성적 태도는 글쓰기를 방해한다. 대부분의 학생들은 자신이 쓴 글이 쓴 형편없다고 느끼고 그 글을 읽어준 교수에게 고마움 느낀다. 글을 통해 교수와 학생은 긴밀한 유대감을 형성하며 진솔한 대화를 나눈다. 그래서 이은자(2009: 128)는 첨삭 피드백 자체의 형식이 학생과의 소통을 전제로 하는 대화적 성격의 것이어야 한다고 주장했다. 진솔한 대화를 나눈 교수와 학생은 서로의 관점을 이해하고 공감하게 된다.

주체적 담화의 소산으로 학생의 사고전환을 야기한 대화형식의 첨삭은 상대방의 의견을 수용하게 만든다. 그래서 학생도 교수에게 자기 견해를 쉽게 밝히게 한다. 하버마스(이광모, 2008: 285)는 논증활동이란 참여자들이 주장을 주제화하고 그것을 타당성 있는 논거로 뒷받침하거나 혹은 비판하려고 시도하는 대화형태라고 정의한다. 첨삭은 학생이 논증적 사고를 대화 행위로 익히게 하고, 글쓰기를 일종의 담화 행위로 받아들이게 한다.

만약 우리가 전혀 관심이 없는 주제로 글을 쓴다면 어떨까? 글쓰기를 어렵다고 생각하는 이유는 재미가 없기 때문이다. 글이란 나 자신을 둘러싸고 있는 세계에 대한 관심표명이다. 그래서 글쓰기는 내가 보고 듣고 말하고 싶은 것을 타인에게 전달하는 소통의 차원(경북대학교, 2009: 3)에서 접근해야 한다. 그래야 본래의 취지(김신정, 2013: 36)에 맞는 성과를 달성할 수 있다.

학생은 첨삭지도를 받으며 글쓰기가 일정한 의미를 구성하는 의사소통의 과정임을 깨닫는다. 글이 완성되는 과정에서 학생은 자기만의 의미를 만들어간다. 그래서 교수의 피드백은 자신의 글을 부정적으로 바라보는 학생에게 자신감을 불어넣고, 누군가의 '말'에 경청하게 만든다. 이러한 긍정적인 내용이 학생에게 던지는 교수의 질문과 답에 깃들어 있어야 한다.

3.2.1. 질문하기

교수는 학생이 첨삭내용을 제대로 이해했는지 확인하기 위해 질문을 던진다. 크로스 화이트(2001: 53)는 우리가 문제를 추론하는데 있어서 상상적으로 제공되는 질문은, 반대 주장의 근원이며, 이것들은 우리가 글을 쓰는 데에까지 도달하게 한다고 했다. 학생은 교수의 질문에 답하면서 자기생각을 점검하고 글을 어떻게 고쳐야 할지 고민한다. 그래서 질문은 글의 세부적인 부분이나 가장 미흡하거나 부족한부분에 대해하는 것이 좋다. 여기서 주의할 점은 문장오류나 잘못된 어휘 사용을 지나치게 문제 삼아선 안 된다는 것이다. 교수는 글을 고치려는 학생의 노력하는 자세에 주목하고 글을 완성하도록 독려하기 위해 다음의 질문들을 해야 한다.

<학생의 자기점검을 유도하는 질문>
1) 글이 주제가 무엇인가?
2) 개요에 맞게 글이 작성되었는가?
3) 비문이나 오타 또는 탈자가 있습니까?

<교수의 평가기준을 확인시켜주기 위한 질문>
1) 해당 문단에서 주장문장과 근거문장을 구분할 수 있는가?
2) 이러한 개념이나 정의를 사용한 이유가 무엇인가요?
3) 이 글은 서론 본론 결론의 형식을 갖추고 있습니까?

첨삭은 교수와 학생의 쌍방향적인 피드백(구자황, 2008)을 가능케 한다. 그래서 스스로의 것이든 아니면 다른 사람에 의한 것이든 간에 이를 통해 글의 질적 변화를 만들어낸다. 그래서 교수의 첨삭지도에는 학생의 글 뿐 아니라 학습동기를 유발시킬 수 있는 내용이 담기게 된다.

3.2.2 조언하기

피드백의 핵심적인 기능에 대해 구자황(2008: 328)은 학생으로 하여금 텍스트의 의미를 구성하는 능력을 기르게 하고, 나아가 텍스트 너머의 현실과 소통하며 창의적인 힘을 온전히 반영·생성할 수 있는 글쓴이로 만들어내는 것이라고 했다. 하지만 무언가를 만들어내는 능력이 곧 독창성을 의미하지는 않는다. 고정관념이나 획일화된 사고에서 벗어나는 것, 보편적인 방식에 귀착되지 않는 새로운 관점, 그 생각을 구체화하는 능력이 바로 글쓰기에서 요구되는 창의성이다. 즉 창의성은 폭넓은 배경지식과 그 정보를 활용하는 능력 그리고 기존의 가치체계를 성찰하는 사고훈련을 통해 습득된다. 그래서 교수는 타인의 의견을 수용하는 유연한 사고를 하도록 조언해야 한다. 학생에게 '틀렸다거나 쓸모없다'는 부정적인 표현을 자제하고 그 나름의 목표대로 글을 완성하도록, 문제를 스스로 해결하며 성장(노명완, 2013: 11)하도록 해야 한다. 그래서 조미숙(2016: 271-298)은 글쓰기 교육의 발전 방안을 고찰하며, 인성교육의 중요성'을 강조한 바 있다. 글쓰기는 결코 단기간에 습득할 수 있는 능력이 아니다. 때문에 평가 역시 장기적이고 단계적으로 이루어져야 한다.

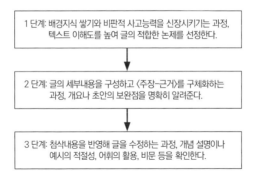

1 단계: 배경지식 쌓기와 비판적 사고능력을 신장시키기는 과정, 텍스트 이해도를 높여 글의 적합한 논제를 선정한다.

2 단계: 글의 세부내용을 구성하고 〈주장-근거〉를 구체화하는 과정, 개요나 초안의 보완점을 명확히 알려준다.

3 단계: 첨삭내용을 반영해 글을 수정하는 과정, 개념 설명이나 예시의 적절성, 어휘의 활용, 비문 등을 확인한다.

(1) 1차 첨삭은 글쓰기 전 단계로, 학생이 '무엇을' 주제로 삼고 그 '무엇'이 왜 중요한 지를 밝히도록 구체적으로 설명해준다.

사례 1) 정○찬 학생은 동물권에 대한 논제를 글의 주제로 삼고자 했으나 동물권이 중요시 된 지금의 사회상이나 배경 또 문화적맥락을 인지하지 못했다. 따라서 교수는 학생에게 동물권에 대한 배경지식과 최근 이슈가 되고 있는 동물보호법 및 동물권에 대한 기사를 보여주고 문제의식을 재설정하게 돕는다.

사례 2) 신○민 학생은 사회 부조리에 관한 논제를 글의 주제로 삼았으나 그 논제의 범주가 너무 넓었다. 그래서 사회 불평등의 문제점을 확실히 보여줄 수 있는 구체적인 사례나 사건을 제시하도록 했다. 교수는 학생이 주목하는 사회 불평등의 실제 사례나 기사문 등을 보여주고 이 중에서 가장 중요하거나 해결이 요구되는 문제를 논제로 삼도록 제안했다.

이 첨삭은 모두 수업 시간 안에 그룹 별로 학생들이 토론을 하는 동안에 이루어진다. 한 학생 당 3~5분 정도 진행되고 교수는 철학, 과학, 종교, 문화라는 네 개의 범주에서 문제 시 되는 사회현상을 찾고 이를 문제해결형 글쓰기의 논제로 만들게 한다. 학생 들이 논제를 선정하고 그 적절성을 탐색하게 한다. 논제를 보완할 수 있도록 주제의 범주를 제한하고 구체적인 사회적 배경이나 사건 및 현상의 문제점을 조사하게 한다.

(2) 2차 첨삭은 학생에게 논제를 '어떻게' 다룰지 결정하게 한다. 방법론적 층위에서 내용을 구성하는 방법(예시, 정의, 비교, 대조, 설명 등)을 활용하게 한다. 개념 정의나 구체적인 예시를 들어 설명해야 할 부분에 대해 말해 준다.

사례 1) 최○인 학생은 촛불집회라는 사회현상을 두고, 비교적 매우 명확한 논제를 제시했다. 논제는 '평화적인 문화행사로서의 촛불집회의 발전 가능성'이었다. 하지만 학생이 작성한 개요에는 시위현장에 대한 간략한 소개와 촛불 집회의 지속 가능성 그리고 초기 집회의 목적과 달리 상업화되고 있는 시류에 대한 비판만이 세시되었다. 그래서 교수는 논제에 맞는 내용을 다음과 같이 첨하도록 제안했다.

㉠ 글의 서두에 어떤 문제의식을 기반으로 촛불집회의 발전 가능성을 논하는 지를 밝히게 한다. 상업화된 집회현장의 일례를 통해 문제의식을 부각시키게 했다.

㉡ 본문내용에서 과거와 현재의 촛불 집회의 변화양상을 설명하고, 어떤 점이 문제인지를 항목별로 제시하게 했다. 촛불집회에 사용되는 도구의 변화나 집회 참여 층의 확대나 인원 그리고 문화행사, 시위경로나 안전에 대한 공지사항 또는 집회광고 등을 분석하도록 했다.

㉢ 결론에 촛불집회가 온전한 문화행사로 제 기능을 하기 위한 대안마련을 고민하도록 했다.

사례 2) 김○원 학생은 여성 차별 문제에 대한 높은 관심으로 인해 오히려 하나의 논제만을 선정하여 이를 문제 삼는데 어려움을 겪었다. 그래서 여성 혐오의 극단적인 사례라 할 수 있는 '강남역 10번 출구에서 일어난 묻지마 살인 사건'을 중심으로 여성 차별의 문제점을 논의하기로 했다. 여성 차별과 여성 혐오라는 두 층위의 문제를 동시에 다루기 위해서 문제의식을 좁히는 상담이 이루어졌고 교수는 논제를 명료히 하기 위해, 다음과 같은 제안을 한다.

㉠ 글의 서두에 여성 혐오가 사회문제가 된 사회적 배경이나 원인, 예를 들어 소수자에 대한 차별이나 사회갈등의 측면을 밝히게 한다.

㉡ 본론에서 '강남역 살인 사건'을 통해 우리 사회의 문제점을 재조명하게 하고, 이 사건이 사회구성원 전체에게 미친 영향력을 설명하고 이를 사회/국가/개인 등의 영역에서 살펴보게 한다.

㉢ 결론에서 여성혐오가 사회발전에 저해요인임을 밝히고 이 문제를 해결할 수 있는 방안을 마련하도록 했다.

2차 첨삭은 수업 시간외에 교수가 학생과 일대일로 만나 10분가량 개요 및 초안내용을 분석하고 해결책을 설명해준다. 이때 학생은 글쓰기 과정에 대해 반성하고 궁금증을 토로한다. 학생이 쓴 논제를 뒷받침하는 근거의 적절성을 스스로 판단하고 글의 구조를 바꾸도록 제안한다. 함께 문장이나 문단의 위치를 바꾸거나 고치고 혼자 한 문장이나 단어를 고쳐보게 한다.

(3) 3차 첨삭은 글 완성단계로, 계획대로 글의 내용 및 구성이 되었는 지를 확인한다. 교수는 학생들의 글을 정해진 기간 내에 수거하여 온라인 첨삭한 후 과제 제출 3일 전에 제공한다. 학생들은 첨삭내용을 바탕으로 글을 수정한다. 그 내용은 3가지로 제시된다.

> ㉠ 2차 첨삭내용들이 반영된 정도를 알려주고 글의 분량이나 오탈자 등을 살피게 한다.
> ㉡ 〈서론 - 본론 - 결론〉부분을 중심으로 장단점을 설명해준다. 글의 내용 중 삭제가 요망되거나 첨가될 부분들을 몇 가지 언급하고 학생이 선택하게 한다.
> ㉢ 비문이나 어휘 활용의 적절성을 확인하도록, 틀린 문장이나 이상한 문단을 표시한 뒤 쓴 이유나 수정방안을 밝히게 한다.

대학기관은 "학문적 담화 공동체로 학생들은 지식을 배우고 그 지식을 바탕으로 새로운 문제를 탐구하고 논리화하는 학술적 글쓰기 능력(김광미, 2014: 10)을 기르게 된다. 하지만 수업에 참여하는 학생들을 크게 두 부류로 구분한다. 하나는 자기 주도적 학습자이고, 다른 하나는 비 주도적 학습자이다. 모든 학생이 수업에 적극적으로 참여하는 수업은 교수와 학생이 어떤 관계에 있느냐에 따라 결정된다. 따라서 교수는 수업을 활성화시키기 위해 학생과 긴밀한 유대관계를 형성하고 학생 긴의 언대가 형성되도록 노력해야 한다. 수업을 듣는 동안 학생은 다른 학생들과 글쓰기 과정을 공유하고, 이 경험이 정서적인 안정과 적극적으로 글쓰기에 참여하는 동기로 작용 한다.

그래서 교수는 글쓰기 과제를 앞두고 벌이는 이론이나 발표를 할 때, 학생들 끼리 서로 경쟁하거나 대결하는 구도가 되지 않도록 해야 한다. 편안한 수업 분위기는 학생들이 자유롭게 자신의 의견을 발표할 수 있게 만든다. 이러한 수업 분위기는 교수가 학생의 토론과 발표를 단지 평가의 지표로 활용하지 않을 때 가능해진다. 학생이 수업 중에 하는 토론과 발표를 글쓰기를 준비하는 과정의 일부분 인식하게 만들어야 한다. 그래서 교수는 수업 중에 이루어지는 학생의 이론과 발표의 결과를 숫자나 등급으로 제시하지 않는다. 다만 교수는 토론 시 학생들이 상대방의 입장과 견해를 파악하고 이해하는 태도를 기를 수 있도록 적절히 칭찬과 주의를 준다. 발표 시에는 학생들이 다른 사람에게 특정한 정보나 내용을 명확하게 전달하기 위해 숙지해야 하는 어투나 어조 등을 알려준다. 즉 교수는 학생이 하는 발표의 청자이자 발화자로서 그들이 발표한 내용이나 정보의 유용함을 칭찬하거나 부족한 부분을 보완할 수 있는 다양한 방법들을 숙지시킨다.

다시 말해서 교수는 학생이 자기 생각과 주장을 발전시킬 수 있는 수업 분위기를 만들어 주어야 한다. 그래서 학생에게 토론이나 발표를 시키기에 앞서서 그에 필요한 다양한 배경지식을 쌓도록 하고, 해당 토론의 주제나 테스트에 대한 사전정보를 미리 제공해야 한다. 학생은 교수가 사전에 공지한 논제나 텍스트를 읽고 토론과 발표를 준비하면서 '무엇'에 대해 말하고 이를 '어떻게' 제시할 것인지를 고민하게 된다. 이때 교수는 학생들이 질의할 수 있는 시간이나 기회를 지속적으로 마련함으로써 수시로 그들의 사고력이 확장될 수 있는 계기를 마련해주어 한다. 즉 교수는 학생들이 수업에서 하는 토론과 발표가 글쓰기 과정의 일부분이 되도록 계획해야 한다.

교수는 학생이 읽기, 말하기, 쓰기라는 활동들이 결코 따로 분리될 수 없는 글쓰기 과정의 일부이자 단계임을 인식하고 수용할 수 있도록 해야 한다. 그래서 첨삭은 토론과 발표 이후에 진행된다. 교수는 첨삭을 통해, 수업 중 학생이 하는 읽기와 말하기 그리고 쓰기라는 활동들이 공통의 목적(나의 주장이나 어떤 대상이나 현상을 설명하기 위한)을 이룩하기 위한 일련의 단계였다는 사실을 주지시킨다. 그래서 읽기와 말하기 그리고 쓰기는 한 회의 수업 중에도 짧은 주기로 순차적으로 반복된다. 따라서 이론과 발표는 학생이 글을 쓰기 위해 반드시 거쳐야 하는 사고의 심화과정으로 활용된다. 이때 학생은 글쓰기가 읽기와 말하기라는 의사소통의 과정과 긴밀히 결부되어 있다는 사실을 다시금 숙지하게 된다.

그래서 학생의 학습동기를 자극할 수 있는 다양한 요소들을 글쓰기 단계마다 배치해야 한다. 학생들은 평가를 받지 못한 글은 자기소모적 과제라고 여긴다. 따라서 교수는 수시로 글쓰기를 평가해야 한다. 평가는 곧 학생에게는 관심이고 열정이다. 그러므로 첨삭을 받은 학생은 수업에 열의를 품게 된다. 이주섭(2000: 315)은 작문의 도구적 성격을 강조하며, '쓰기를 위한 학습과 학습을 위한 쓰기'가 동시 작용할 때 작문능력이 신장된다고 했다. 그래서 첨삭횟수가 늘어갈수록 글의 완성도는 높아지고 이를 학생 스스로 확인한다는 점에서 학습동기를 자극하는 가장 유용한 도구가 된다.

4. 결론

본 논문은 첨삭을 통해 학생들의 글쓰기 과제 수행능력을 향상시키는 과정을 연구하였다. 학생늘의 삭문 능력을 향상시킬 수 있는 피드백 요인을 살펴보기 위해 다음의 2가지를 분석했다. 하나는 토론 주제를 선정하는 과정이고 다른 하나는 개별 과제로서의 글쓰기 완성물이다. 본 수업의 글쓰기 과제는 모든 학생이 공통된 네 가지 주제(종교, 철학, 문학, 사회 관련)들 중 하나를 선택하여 작성한 것이다. 이 과제는 글쓰기 단계에 걸쳐 순차적으로 진행되는 전 과정을 확인하는데 용이했다. 첨삭은 팀별 토론 및 개별 발표를 포함해 3차례(구술, 대면, 서면) 이루어졌다.

첨삭은 글쓰기에 대한 학생들의 요구사항들을 파악하게 한다는 점에서 교육인 동시에 상담이 된다. 구술, 대면, 서면형식의 다양한 첨삭 방식을 활용하면서 첨삭이 쓰기능력과 함께 읽기와 말하기라는 의사소통 능력도 신장시킨다는 사실을 확인했다. 특히나 대면 첨삭은 학생이 논제를 선택하고 해당 논제에 맞는 내용들을 선별하여 글의 구조를 만드는데 중요한 역할을 했다. 또한 글쓰기활동으로 학생들의 사고방식이 바뀌는 과정을 살펴볼 수 있었다.

이제 글쓰기 능력은 통합교과의 영역을 넘어서 실용학문의 영역에 다다르고 있다. 그래서 글쓰기 교육의 필요성을 교수보다도 학생이 더 많이 자각하고 있다. 그렇기에 학생은 교수가 내린 글에 대한 평가에 더더욱 민감하게 반응하게 된다. 글에 대한 평가를 자기 자신에 대한 평가로 인식할 수 있기 때문이다. 그만큼 교수는 첨삭을 통해서 학생에게 큰 영향력을 제공할 수 있다. 따라서 첨삭은 수업의 질을 결정짓는다. 글에 대한 교수의 평가가 질적으로나 양적으로나 풍성해질 때 학생의 수업 만족도는 높아지기 때문이다. 그러므로 글을 첨삭하는 과정이나 방법의 다각화가 필요시된다.

🖉 참고문헌

• 구자황(2008), 수정과 피드백이 글쓰기에서 동인이 되는 방식을 위한 탐구, 어문연구56권, 어문연구학회, 323-343.

• 김효석(2016),대학 내 첨삭 수업의 현황과 개선방안 고찰, 교양학 연구3권, 다비치미래교양 연구소, 155-176.

• 김종록(2015), 동료 첨삭을 통한 과정적 글쓰기 방안, 대학 작문학회 전국학술대회 자료집, 대학작문학회, 167-178.

• 노명완(2003), 대학작문: 현 실태, 개념적 특성, 그리고 미래적 지향, 대학 작문 창간호, 대학작문학회, 11-39.

• 박현동(2008), 평가조언표를 활용한 논술평가와 고쳐쓰기 지도 방안, 국어교육학연구 32집, 국어교육학회, 201-242.

• 박상준(2009), 대학 토론교육의 문제와 해결방안 시론: 토론 교육의 목적을 중심으로, 어문학104집, 한국어문학회, 27-56.

• 스피비(2004), 신헌재 외 옮김,구성주의와 읽기·쓰기, 박이정.

• 수잔 로메인(2009), 김동환 옮김,언어와 사회, 소통.

• 심호남(2015), 첨삭을 활용한 글쓰기 수업 모형 연구, 대학작문14(11), 대한작문학회, 163-193.

• 손혜숙(2015), 대학 글쓰기에서의 서평 쓰기 교육방법 연구, 한민족문화연구48권, 한민족문화연구, 545-575.

• 지현배(2010), 첨삭의 항목별 효용과 글쓰기지도 전략, 우리말글48권, 우리말글학회, 55-84.

• 정희모(2015)<글쓰기>과목의 목표설정과 학습방안,현대문학의 연구17권(24), 한국문학연구학회, 181-204.

• 이태준(2005), 문장강화, 창비.

• 이주섭(2000), 대학 작문 교재 구성의 양상,한국어문교육9호, 한국교원대학교 한국어문교육연구소. 1-26.

• 이재현(2015), 글쓰기 관련 수업의 구성과 개선 방향에 대하여, 사고표현8(2), 한국사고와 표현학회. 219-251.

• 이수곤·김태훈(2008), 문장 첨삭의 대안적 기준과 방식 고찰, 국제어문54권, 국제어문학회, 537-565.

· 이순희(2014), 과정 중심 첨삭지도의 효율성 연구-대학 글쓰기 교육에서-, 국어교육연구 56집(10), 국어교육학회. 137-172.

· 엄성원(2014), 독후감 첨삭교육과 '글쓰기센터'와의 효과적인 연계 방안, 교양교육연구8권 (2호), 한국교양교육학회, 463-489.

· 크로스 화이트(2001), 오형엽 옮김, 이성의 수사학, 고려대학교 출판부.

6장

첨삭의 표준 문장과 첨삭 조언지 활용 사례

지현배·김영철

1. 서문

글쓰기 교과에서 최근 중시되는 것이 첨삭지도이다. 각 대학의 글쓰기 강좌에서 다양한 형태로 첨삭지도가 이루어지고 있지만, 개별 교수자의 경험과 안목에 의존하는 실정이다. 첨삭의 기준과 방법에 관한 합의안이 구체적으로 마련되지 않았고, 이를 위해 축적된 자료도 많지 않기 때문이다. 이런 이유로 대학의 글쓰기 주체들에게서 첨삭의 효과 검정이나 첨삭의 방법 개발 등이 시급한 과제로 대두되었다.

이 연구는 글쓰기 교과에서 효율적인 첨삭지도의 방안을 찾고 첨삭지도의 모형을 모색하는 노력의 하나다. 이를 위해 다음과 같이 논의를 이어가기로 한다. 첨삭지도의 효용을 확인하기 위해 첨삭 항목의 효율을 검증하기로 한다. 그리고 교수자들의 첨삭에 대한 수강생의 인식을 살피기로 한다. 이들은 통해 교수자들의 첨삭의 전략을 수립하는 자료로 활용할 수 있을 것으로 기대한다.

그리고 첨삭할 때의 문장에 대한 선호도를 토대로 표준 문장의 형태를 찾고자 한다. 여기에는 첨삭의 내용과 진술 방식이 포함된다. 그리고 첨삭 받는 수강생의 태도와 특성을 분석함으로써 첨삭 메뉴얼에 반영하고, 이를 토대로 첨삭 조언지를 활용한 사례를 소개하고자 한다. 첨삭 조언지는 첨삭에 소요되는 노력을 줄이면서 효율을 높이고 첨삭지도의 표준화를 위한 보조 도구로서 활용할 수 있다.

2. 첨삭의 항목별 효용과 첨삭에 대한 인식

2.1. 항목별 효용과 교수자의 첨삭 실태

근래 글쓰기 강좌에서 첨삭지도는 핵심 요소로 강조되고 있다. 학생들의 글쓰기 능력을 향상시키는 가장 유용한 교수방법으로 인식되기도 한다. 그래서 교육 현장에서는 학생 개개인에 대한 교수자의 첨삭지도에는 많은 시간과 노력이 투여된다. 이런 이유로 첨삭지도의 효율을 높이기 위한 전략을 모색할 필요성이 커지고 있다. 학생의 입장에서는 제한된 시간과 기회에 최대한 많은 도움을 받기 위함이고, 교수자의 입장에서도 효율적인 방법을 취할 필요가 있기 때문이다.

그런 점에서 첨삭의 각 항목별 효과를 검정하는 일, 수강생과의 의사소통의 효율을 높이기 위한 방안을 찾는 일 등을 우선 수행할 필요가 있다. 규범 영역, 내용 구성 영역 등을 구분해 볼 때, 첨삭의 항목별 효용에 대한 자료는 첨삭지도의 전략적인 면에서 필요하고, 현장에서 효과적인 지도를 하기 위해서도 유용한 것이다. 다음은 글쓰기 강좌의 수강생을 대상으로 첨삭 항목별 효용을 분석한 사례다.[1]

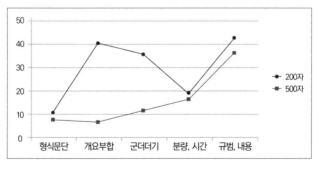

<그림 1(인용)> 첨삭 전후 항목별 오류 개선도: 규범 영역 효과 없음

---

1 지현배(2010), 첨삭의 항목별 효용과 글쓰기 지도 전략, 우리말글 48집, 우리말 글학회, 71~72.

위의 자료에서 얻은 결과가 통계적으로 유의한 것인지를 검정하기 위해서 대응표본 평균차 검정을 시행하였다.[2] 검정 결과 '첨삭의 효과'는 유의한 것으로 판명되었다. 200자 첨삭에서 지적받은 전체 개수의 평균은 1.72±1.064이었고, 500자 첨삭에서의 평균은 0.93±.887이었다. 1, 2차 첨삭의 평균값에 대한 대응 표본 t검정 결과 p<.05 수준에서 유의미한 차이가 있었다. 평균은 0.793개 줄어들었다. 이로써, '교수자의 첨삭지도는 학생들의 글쓰기 능력을 향상시킨다.'는 결론을 얻었다.

| | 대응차 | | | | t | 자유도 | 유의확률(양쪽) |
| | 평균 | 표준편차 | 차이의 95% 신뢰구간 | | | | |
			하한	상한			
개인합계 (200자:500자)	.793	1.260	.527	1.059	5.920	86	.000

<표 1> 1, 2차 첨삭에서의 개선도(전체): 대응표본 t-검정 결과

첨삭의 항목별 효과를 검정하기 위해서 동일한 방법으로 항목별 검정을 시행한 결과가 〈표 2〉와 같다. 1차와 2차 첨삭에서 지적된 오류의 개수 평균은 다음과 같다. 형식문단: .13±.334/.09±.291, 개요 부합: .47±.502/.08±.274, 군더더기: .41±.495/.14±.347, 분량·시간:.22±.416/.20±.399, 규범오류: .49±.503/.43±.640. 1, 2차 첨삭의 평균값에 대한 대응표본 검정 결과 p<.05 수준에서 유의미한 차이를 보인 것은 '개요 부합'과 '군더더기'였다. 나머지 영역은 개선되긴 했지만, 그것의 차이는 통계적으로 유의하지 않은 것으로 결론이 났다.

---

2 89명의 데이터 중에서 결측치가 있는 2개를 제외하고 87개를 대상으로 했다. 분석도구는 SPSS 18.0 한글버전을 사용했다.

	대응차				t	자유도	유의확률(양쪽)
	평균	표준편차	차이의 95% 신뢰구간				
			하한	상한			
형식문단 (200자:500자)	.034	.443	-.060	.129	.726	86	.470
개요부합 (200자:500자)	.391	.578	.268	.514	6.309	86	.000
군더더기 (200자:500자)	.276	.623	.143	.409	4.130	86	.000
분량·시간 (200자:500자)	.023	.590	-.103	.149	.363	86	.717
규범오류 (200자:500자)	.069	.804	-.102	.240	.800	86	.426

<표 2> 1, 2차 첨삭에서의 개선도(항목별): 대응표본 t-검정 결과

한 문단(200자) 쓰기의 첨삭지도에 이은 두 문단(500자) 쓰기의 결과를 비교함으로써 항목별 개선도를 측정하였으므로 개선도의 차이는 곧 첨삭의 효용을 의미한다. 〈표 1〉은 모든 항목에서 개선이 되었고, 〈표 2〉는 형식문단 쓰기, 어휘와 문장 규범, 분량과 시간 지키기 등에서 효과는 크지 않음을 보여준다. 이 검정 결과, '① 첨삭지도가 수강생의 전반적인 글쓰기 능력 향상에는 효과가 있음, ② 논리와 구성 영역에 두드러진 효과가 있음, ③ 규범 영역은 뚜렷한 효과 없음'으로 결론이 났다.

이를 토대로, 교수자의 첨삭 유형을 파악하기 위하여 첨삭지를 분석하였다. 연구자들이 강의한 대학의 글쓰기 강좌를 대상으로 했다.

〈표 3〉은 교수자들이 실제로 첨삭한 원고에서 첨삭 항목의 빈도를 조사한 결과다. 총 60개의 강좌에서 한 문단(200자), 두 문단(500자), 네 문단(1000자) 쓰기 결과에 대해 첨삭한 것에서 한 강좌당 상/하 두 명의 것을 대상으로 했다. 분석 대상이 된 첨삭지는 총 325매였다.[3] 분량별 분포는

---

3 60개 분반에서 3차례에 걸쳐 2쌍씩의 원고를 모았으므로, 대상은 360매이지만, 수집과정에서 누락 등의 사유로 35매의 결손이 있었다.

200자 103, 500자 104, 1000자 118개였고, 수준별 분포는 상 162, 하 163개였다.

첨삭 항목	첨삭 내용	1회	2회	3회	4회	5회	6회	계
A1 어휘 규범	띄어쓰기 오류-맞춤법 위반	38	37	41	26	19	66	227
A2 어휘 규범	표기방법 오류-맞춤법 위반	61	42	12	7	5	5	132
A6 어휘 내용	의미적용 오류-잘못 사용함	67	35	26	7	3	0	138
B1 문장 규범	문법규칙 오류-문법요소 교정해야 할 비문	68	42	31	9	6	4	160
B6 문장 내용	맥락을 벗어남-앞뒤 내용과 어울리지 않음	53	18	3	2	0	0	76
B7 문장 내용	독해에 부담줌-너무 길거나 불필요한 요소	52	22	12	2	3	1	92
C1 문단 규범	형식문단 위반-원고지 쓰는 법 위반	37	9	8	7	2	8	71
C6 문단 내용	설계와 다름-개요를 벗어난 내용	12	2	1	0	0	0	15
C7 문단 내용	통일성 위반-이질적 내용이 섞임	15	2	0	0	0	0	17
D1 개요 규범	기술형식 위배-서술형으로 통일 안 됨	4	0	0	0	0	0	4
D6 개요 내용	긴밀성 미비-논리적 맥락 형성 안 됨	16	0	0	0	0	0	16
D7 제목 표기	대표성 없음-글 내용이 드러나지 않음	11	0	0	0	0	0	11

<표 3> 교수자의 첨삭항목 빈도: 규범 중심의 첨삭

〈표 3〉은 첨삭지에서 실제 첨삭한 내용을 어휘, 문장, 문단, 개요의 각 항으로 나누어 그것의 빈도를 조사한 것이다.[4] 어휘에서 문장, 문단으로 갈수록 지적한 빈도가 감소하고 있다. 이는 교수자들이 개요나 문단보다는 어휘와 문장 중심으로 첨삭을 했음을 보여주는 자료다. 학생들의 오류 빈도가 어휘와 문장이 훨씬 높다는 현실을 보여주는 것이면서, 교수자들이 문면에 드러난 오류를 지적하는 것 중심으로 첨삭을 했음을 드러내는 것이기도 하다.

---

4 1회~6회의 횟수는 한 원고에서 동일한 항목을 지적받은 횟수이다. 'A1어휘 규범의 4회 칸'에 있는 '26'은 '어휘 규범에 대해서 4번 지적받은 원고가 26매'라는 의미다. 6회는 6회 이상을 포함한다.

일정 분량의 글에서 어휘의 수가 문장의 수보다 많으므로, 어휘 오류의 가능성이 문장이나 문단 단위의 오류 가능성보다 높다. 그러므로 오류의 빈도에 비례하는 첨삭은 재고해야 한다. 오류 빈도에 비례해서 지적을 하는 것은 첨삭지도가 원고에 드러난 오류를 찾아 주는데 머무를 우려가 있다.[5] 지적의 개수를 미리 정하고, 정도가 심한 것이나 더 시급히 개선해야 할 것을 우선 지적하는 전략이 유효하다고 판단된다.[6] 학생이 쓴 글의 오류를 모두 지적하려고 하면, 결국 어휘와 문장 규범 중심으로 지적할 수밖에 없기 때문이다.

교수자들의 실제 첨삭 원고를 분석한 결과는, 빈도 조사를 통한 첨삭의 효용 검정(<표 2>참조)에서 '효율'이 없는 영역 중심으로 첨삭지도가 이루어지는 문제점을 노출하고 있다. 이는 고비용 저효율의 첨삭지도가 이루어지고 있음을 의미한다. 글쓰기 교육의 효율을 위해서나 학생들의 능력 향상을 위해서나, 교수자의 노력이 수강생에게 자양분이 되기 위해서는, 이 부분에서 발상의 전환을 위한 노력이 필요하다. 표준 첨삭안의 필요성을 여기서도 찾을 수 있다.

2.2. 첨삭에 대한 인식과 수강생의 요구

첨삭에 대한 수강생의 인식이나 태도에 대한 검토가 지도 전략으로 고려되어야 한다. 아래는 2010년 이후 연구자들의 글쓰기 강좌를 수강한 학생 127명에 대한 설문 결과이다. 15번과 20번 문항의 답변 내용은, 첨삭에서 지적하는 내용을 이해한다는 응답이 94%, 첨삭에서 지적받은 내용에 대

---

5 지현배(2011), 글쓰기 첨삭지도의 실태와 수강생의 반응 분석, 대학작문 2호, 대학작문학회, 159.

6 학생들의 글쓰기 효능감을 고려할 때도 지나치게 지적 사항이 많은 것은 재고할 사안이다. 교수자들이 공통적으로 경험하는 사안인데, 교수자가 지적 사항을 빼곡하게 적게 되면, 원고 작성자의 글쓰기 효능감에 부정적인 영향을 줄 수 있다.

해서 신경을 쓴다는 응답이 89%임을 뜻한다.[7] 이는 수강생의 절대 다수가 교수자의 메시지를 이해하며, 그것에 주의를 기울인다는 의미다.

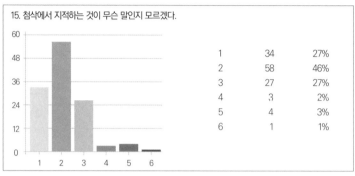

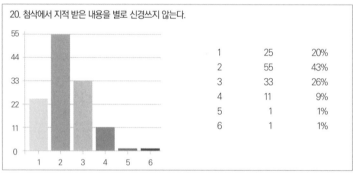

<그림 2> 첨삭 내용에 대한 반응 1: 교수의 메시지를 이해함

〈그림 3〉의 25번 설문은 칭찬에 대한 학생들의 반응이다. 여기서 보면, 교수자의 칭찬을 받으면 더 잘하고 싶어진다는 학생이 89%이다. 매우 그렇다고 응답한 학생이 36%라는 점도 주목된다. '빨간 펜'으로 대변되는 첨삭지는 대체로 오류를 지적하는 것 중심으로 작성된다. 교수자의 이런 인식과는 별도로, 수강생에게 '칭찬'이 격려가 된다는 점을 기억할 필요가 있겠다. 글의 장점에 대한 지적이 학생들의 의욕을 키운다면 첨삭에 활용할 가치가 있다.

---

7 응답지에서 숫자의 의미는 〈1:매우 아니다, 2:아니다, 3:아닌 편이다, 4:그런 편이다, 5:그렇다, 6:매우 그렇다〉이다.

40번은 자기 글에 대한 잘못을 지적받을 때 학생들이 보인 반응이다. 16%의 학생이 잘못을 지적받으면 글쓰기가 싫어진다고 답했고, 나머지는 그렇지 않다고 답했다. 교수자로부터 자기 글을 지도 받을 때 잘못을 지적받을 수 있다는 것을 인정하고, 이에 대비하고 있다는 의미로 읽힌다. 25번의 칭찬에 대한 태도와 연결시켜 보면, 학생들은 '①교수자의 칭찬은 격려로서 받아들이고, ②오류에 대한 지적은 개선을 위한 자양분으로 삼는다'고 이해할 수 있겠다.

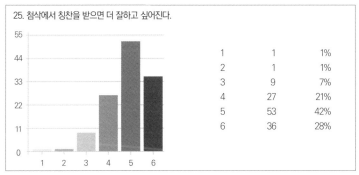

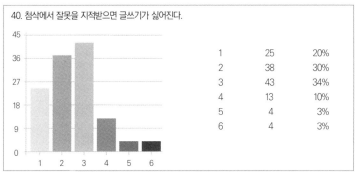

<그림 3> 첨삭 내용에 대한 반응 2: 칭찬은 격려로 받아들임

첨삭의 표준 문장에 관한 정보를 얻기 위해 글쓰기 수강생과 교수자를 대상으로 첨삭할 때 사용되는 문장에 대한 설문을 하였다. 2010~2011년에 연구자들이 강의하던 대학교의 수강생과 교수자가 기술한 의견은 총

42개였다. 설문에 답한 수강생 37명 중 26명이 33가지의 의견을 제시했고, 교수 15명 중 7명이 9가지의 의견을 제시했다.

이들의 의견은 5묶음으로 분류되었다. "①오류뿐만 아니라 개선책까지 구체적으로 제시 바람(A), ②이해하기 쉽게 정확하게, 설명은 간결하게 조언해 주기 바람(B), ③원고에 대한 평가 또는 글의 내용에 대해서도 깊이 있는 조언을 바람(C), ④잘못을 지적하기만 하기보다 칭찬과 존중하는 태도를 기대함(D), ⑤첨삭 항목과 기준 등의 표준화를 위한 노력 필요(E)" 등이 그것이다. 대표적인 의견은 〈표 4〉와 같다.

	학생	교수
A	• 첨삭하실 때 문제점 지적도 좋지만, 문제점 개선방안이나 문맥에 맞게 이어지는 표현도 제시해주시면 좋겠습니다. • 첨삭내용은 고친 내용을 정확하게 표현하고 관련이론을 충분히 제공하는 것이 편하다고 생각합니다.	• 문제되는 지점을 정확히 짚어 주는 데 그쳐야지 개선책을 미리 제시하는 것은 글쓰기에 도움이 되지 않는다고 봅니다.
B	• 뜻이 정확하고 간결한 문장이 좋습니다. 왜냐하면 이해하기가 쉽기 때문이죠~	
C	• 교수님의 개인적인 평가를 간단하게 라도 확인할 수 있으면 좋을 것 같습니다.^^	• 글 전체 내용에 대한 평가를 해 줄 필요가 있다고 생각합니다.
D	• 칭찬할 문장은 잘했다고 해주시고 … ㅠㅠ 잘한 게 없었나요.. • 수강생의 글쓰기 능력을 존중해 주는 어투였으면 합니다.	• 지적사항만 나열하면 학생들이 글쓰기에 대한 흥미와 자신감을 잃기 쉬우므로, 글을 잘 쓰지 못한 학생에게도 반드시 칭찬의 표현을 한두 마디 써주는 것이 좋다고 봅니다.
E	• 첨삭에 대한 구체적인 기준이 필요합니다.	• 첨삭 항목, 기준, 문장 등을 표준화하는 것이 시급합니다.

<표 4> 첨삭에 대한 의견: 구체적인 지도와 표준안 마련 선호

〈표 4〉에서 A는 학생들의 선호도가 매우 높게 나타났지만, 교수자는 다른 의견을 보인 것이 특징이다. B에 관련된 교수자의 의견이 없고, E와 관련해서는 학생들의 인식이 미치지 않은 것을 확인할 수 있다. 장점이나 긍정적인 부분을 함께 고려할 필요가 있다는 것은 교수자나 수강생이 공통으로 의견을 제시했다. 그리고 수강생들의 의견중에는 학생을 존중하는

태도를 보여 달라는 내용이 있다. 〈표 5〉와 〈그림 4, 5〉는 이들 의견 분포를 표와 그림으로 나타낸 것이다.

	A	B	C	D	E	Total
합계(33/52)	19	13	3	4	3	42
학생(26/37)	16	12	2	3	0	33
교수(7/15)	3	1	1	1	3	9

<표 5> 수강생 52명 중 33명, 교수자 15명 중 7명의 의견

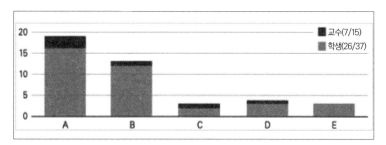

<그림 4> 수강생-교수자 의견의 누적치는 A와 B가 월등히 높음

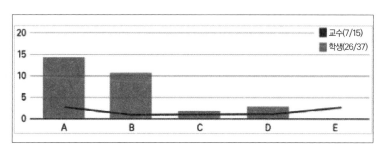

<그림 5> 수강생은 A와 B를, 교수자는 A와 E를 강조함

3. 첨삭의 표준 문장과 첨삭 조언지 사례

3.1. 수강생과 교수자의 표준 문장 선호도

첨삭 항목이나 수강생의 태도와 함께 첨삭에 사용되는 문장에 대한 연구도 필요하다. 첨삭지도는 학생과의 소통이 전제되므로, 효율을 높이기 위해서는 학생들의 입장을 고려해야 하기 때문이다. 다음은 연구자들이 수업한 학교의 글쓰기 수강생 39명과 교수자 13명의 응답 내용이다. 〈표 6〉의 D와 E는 표준 문장의 '서술어 유형'에 대한 선호도를 얻고자 하는 질문이다. 종결어미를 어떤 것으로 할 것인가에 대해서 나쁜 예는 대체로 일치하고 있다. 완전한 문장을 선호한다는 점이 공통이다.

여기서, 소수 의견으로 제시된 46번과 47, 49번에 주목할 필요가 있다. 수강생 중에서 46번을 지적한 비율이 3%이고, 교수자 중에서 47번과 49번을 지적한 경우가 8%씩, 합이 16%이다. '~이다'에 대해서 수강생이, '~입니다'는 교수자가 각각 나쁜 예로 지적한 것이다. 이런 결과는 바람직한 예를 묻는 E에서 더 구체적으로 나타나고 있다. 예사와 존대 표현인 '이다:입니다'에 대해 학생은 41:115, 교수자는 76:69의 비율을 보이고 있다.

D. 첨삭의 <표준 문장>으로 가장 나쁜 예 2개를 고르시오.	수강생	교수자
40 '나뭇군'은 X.	97%	85%
41 '나뭇군'은 잘못.	51%	54%
42 '나뭇군'은 X, <나무꾼>이 OK.	23%	38%
43 '나뭇군'은 잘못, <나무꾼>이 맞음.	0%	8%
44 '나뭇군'은 잘못, <나무꾼>으로 쓸 것.	0%	0%
45 '나뭇군'은 잘못, <나무꾼>으로 써야 함.	0%	0%
46 '나뭇군'의 바른 표기는 <나무꾼>이다.	3%	0%
47 '나뭇군'의 바른 표기는 <나무꾼>입니다.	0%	8%
48 '나뭇군'은 <나무꾼>으로 써야 한다.	0%	0%
49 '나뭇군'은 <나무꾼>으로 써야 합니다.	0%	8%

E. 첨삭의 <표준 문장>으로 바람직한 예를 2개 고르시오	수강생	교수자
50 '나뭇군'은 X.	0%	0%
51 '나뭇군'은 잘못.	0%	8%
52 '나뭇군'은 X, <나무꾼>이 OK.	8%	8%
53 '나뭇군'은 잘못, <나무꾼>이 맞음.	3%	15%
54 '나뭇군'은 잘못, <나무꾼>으로 쓸 것.	15%	15%
55 '나뭇군'은 잘못, <나무꾼>으로 써야 함.	18%	0%
56 '나뭇군'의 바른 표기는 <나무꾼>이다.	28%	38%
57 '나뭇군'의 바른 표기는 <나무꾼>입니다.	69%	46%
58 '나뭇군'은 <나무꾼>으로 써야 한다.	13%	38%
59 '나뭇군'은 <나무꾼>으로 써야 합니다.	46%	23%

<표 6> 첨삭의 표준 문장: 수강생은 '문제점-개선방향' 형태를 원함

〈표 6〉의 E에서 주목되는 것은, 학생들은 50, 51번에 대해서 0%를 보인 점이다. 이는 잘못을 지적하는 것에 그치지 말고, 개선방향에 대해서 구체적으로 알려 달라는 요구로 이해된다. 기타의견을 자유롭게 기술하는 항목에 적힌 24개 중 16개가 '첨삭에서 문제점뿐만이 아니라 꼭 개선책을 제시해주면 좋겠습니다.'는 내용이었다. 학생들의 선택 항목 중에서 63, 64와 66, 67번에 대한 선호도가 현저히 낮게 나타난 것도 이런 맥락으로 이해할 수 있다.[8]

F. 첨삭의 <표준 문장>되기를 바라는 유형을 2개 고르시오.	수강생	교수자
60 ***은 잘못입니다.	0%	8%
61 ***의 바른 표기는 ###입니다.	33%	46%
62 ***은 ###을 잘못 표기한 것입니다.	23%	0%
63 ***은 비문입니다.	3%	8%
64 ***은 '주어-술어' 호응이 맞지 않습니다.	8%	15%

---

8 소수 의견 중에는 "문제점을 정확하게 지적하되, 너무 친절히 바른 문장을 제시해 줄 필요는 없는 것 같습니다. 올바르고 적절한 문장을 스스로 만들 줄 알아야 한다고 생각하기 때문입니다."도 있었다. 교수자들 사이에서는 이런 태도를 첨삭의 지침으로 삼는 경우도 있다. 어떤 전략을 취할 것인가에 대해서는 결론을 내리기에 앞서 더 정밀한 논의가 필요하다.

65 ***에서 주어###에 맞춰 술어는 ###이 되어야 합니다.	56%	46%
66 주장을 뒷받침하는 근거가 부적절합니다.	13%	23%
67 근거로 제시한 ***은 객관성이 부족합니다.	5%	31%
68 근거를 ###로 바꾸면 주장의 설득력이 높아집니다.	59%	23%

G. <첨삭 문장>이 갖춰야 할 가장 중요한 요건을 2개 고르시오.	수강생	교수자
70 이해하기 쉽게 쓴 문장	36%	8%
71 짧고 간결하게 쓴 문장	5%	23%
72 뜻을 정확하게 쓴 문장	10%	46%
73 진정성이 느껴지는 문장	0%	8%
74 존중감이 느껴지는 문장	10%	8%
75 자신감을 키워주는 문장	3%	8%
76 문제점을 정확하게 지적하는 문장	59%	46%
77 개선책을 적절하게 제시하는 문장	51%	54%
78 관련이론을 충분히 제공하는 문장	5%	0%

<표 7> 첨삭의 요건: 내용에 충실한 첨삭

위의 <표 7>에서 F의 문장은 '어휘-문장-문단'에 대한 세 묶음으로 나눌 수 있다. 수강생이나 교수자 모두 큰 편차를 보이지 않은 점, '어휘<문장<문단' 단위로의 완만한 상승을 보인 점이 공통이다. 부정 표현보다는 긍정문의 형태에 대한 선호도가 높은 것도 수강생과 교수자가 다르지 않다. 다만, 수강생이 68번을 선호한 것은, 앞에서 지적한 '대안' 제시에 대한 요구가 반영된 것으로 판단된다. 교수자는 66~68번에 대해서 고른 분포를 보이는 것이 특징이다.

첨삭 문장이 갖춰야 할 요건에 대한 G에서도 수강생과 교수자는 큰 차이를 보이지 않는다. '문제점을 정확하게 지적하고, 개선책을 적절하게 제시하는 문장'을 대표로 선택했다. 문장의 형태(70-72)나 문장을 기술하는 태도(73-75)보다는 문장이 담고 있는 내용(76-79)에 대한 요구가 컸다는 점은 '첨삭' 문장의 '본질'에 충실할 것을 요구하는 점에서 바람직하다. 다만, 70번과 72번에 대한 수치는 유의미한 차이로 판단된다. 아래의 〈그림 7〉에서도 확인할 수 있다. 교수자가 '정확한 의미'를 중시하는 반면, 수강생은 '이해하기 쉬운' 문장을 선호한다.

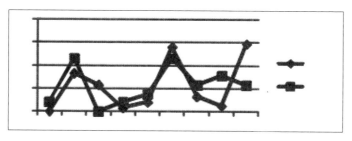

<그림 6> 공통점: '진단-처방'을 함께 제시하는 문장

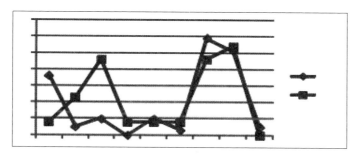

<그림 7> 차이점: 교수자는 정확한 의미, 수강생은 쉬운 문장

3.2. 첨삭지도의 보조도구, 첨삭 조언지 사례

글쓰기 교육에서 첨삭지도는 수강생의 완성 원고에 필요한 내용을 직접 지도하는 형식이 일반적이다.[9] 전체 수강생을 대상으로 수 차례 첨삭지도를 하는 것이 교수자에게 큰 부담으로 작용한다. 한 강좌 30명을 기준으

---

9 한성대학교에서 온라인 첨삭 시스템을 개발하여 2008년부터 활용하고 있다는 보고가 있다. 한성대학교 라이팅 센터에서는 온라인에서 그리기 도구와 첨삭 도구를 활용하여 원고지에 펜으로 하는 것과 유사한 형태의 첨삭을 하고, 첨삭자료를 DB로 구축하였다. 조희정 외(2009), 한성대학교 〈사고와 표현〉 교육의 현황, 사고와표현 제1집 1호, 한국사고와표현학회, 103~108쪽.

로 할 때, 3강좌 혹은 4강좌를 맡을 경우 첨삭을 제때 충실하게 수행하기가 불가능할 수도 있다.[10] 원고지 수기 방식의 첨삭 시스템은 첨삭 시간의 단축, 첨삭 층위나 범위의 균등 등에서 약점을 지니고 있다. 이의 보완책이나 개선책을 모색할 필요가 있다.

한성대의 웹상의 첨삭 사례나 중등학교에서 논술지도에 '평가 조언표'를 활용하는 경우[11] 등이 참고될 수 있다. 평가자의 부담을 들고, 학습자에게도 부정적인 영향을 완화하면서 학습자의 단계에 맞는 평가 조언을 할 수 있는 것 등이 장점으로 소개되어 있다.[12] 강좌의 목적이나 평가 요소에 따라 평가 조언표를 구성하는 항목이 정해지겠지만, 이에 대한 타당성 검토는 논외로 한다.[13] '첨삭 조언지'는 원고지에 직접 첨삭하는 것과 함께 연구자들이 보조적으로 수업에 활용하였다.

우선 첨삭 조언지 양식은 2종류로 작성하였다. 하나는 200자와 500자 쓰기에서 사용되는 것으로, 어휘와 문장 규범, 그리고 문단 쓰기의 규범을 중점 지도 항목으로 삼았다. 평가의 기준을 제시하고, 조언의 전체 내용을 제공하는 것으로 구성하였다. '규범성, 간결성, 정확성, 객관성, 일관성'의 각 요소를 6점 리쿼드 척도로 평가하고, 그것의 총점으로 분반에서의 석차를 냈다. 그 석차에 따라 상중하 각 1/3씩 5, 4, 3점의 점수를 부과하고,

---

10 75분 수업을 2회로 예로 들면, 200자 쓰기를 화요일 수업에 했다면, 원칙적으로 목요일 수업 시간에 첨삭 결과를 학생들에게 돌려주어야 한다. 500자도 그렇고, 1000자의 경우도 마찬가지다. 100명의 원고 첨삭을 하루 이틀에 해 내는 것은 쉬운 일이 아니다. 첨삭 내용이 부실해 지거나, 돌려주는 시간이 늦어질 수밖에 없는데, 이는 강의 부실 또는 학생들의 불만 요소가 된다.

11 박현동(2008), 평가조언표를 활용한 논술 평가와 고쳐 쓰기 지도 방안, 국어교육학연구 32집, 국어교육학회, 201~242쪽.

12 위의 글, 206쪽.

13 일반적으로 문단쓰기에서는 '통일성, 긴밀성, 완결성'이 주요 항목이 될 수 있겠고, 글쓰기 일반 원리에 따른 것이 항목 구성의 요소가 될 수 있다. 또한 강의 요목으로 구체화되어 있는 개요 작성 능력, 문장 쓰기 능력, 어휘 규범 준수 능력 등을 측정하고 강화하는 요소들이 그 후보가 될 수 있겠다.

총평을 덧붙였다.[14]

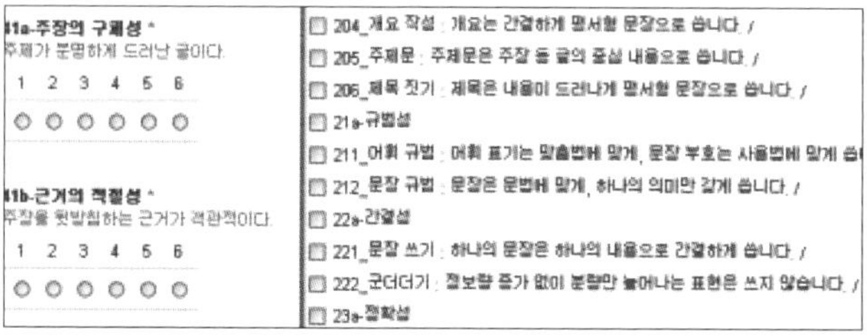

<그림 8> 첨삭 내용 입력창: 구글의 문서도구 [양식]을 활용한 조언 내용 입력창(부분)

첨삭 조언지a (문단 쓰기)

분반	조	조원 번호	12a-간결성	13a-정확성	14a-객관성	11a-규범성	15a-일관성	합계	석차	점수
{(1)}	{(2)}	{(3)}	{(4)}	{(5)}	{(6)}	{(7)}	{(8)}	{(9)}	{(10)}	{(11)}
100-총평	{(12)}									

<그림 9> 첨삭조언지a의 폼 부분: 위의 시트를 필드로 전환한 후 여기에서 한글의 [메일머지 만들기] 실행하면 개인용 <첨삭 조언지>가 생성된다.

첨삭 조언지b (1000자 쓰기)

분반	조	조원 번호	41a-주장의 구체성	41b-근거의 적절성	42a-맥락의 논리성	42b-내용의 진실성	43a-표현의 창의성	43b-독서의 효용성	합계	석차	점수
{(1)}	{(2)}	{(3)}	{(4)}	{(5)}	{(6)}	{(7)}	{(8)}	{(9)}	{(10)}	{(11)}	{(12)}
400-총평	{(13)}										

<그림 10> 첨삭조언지b의 폼 부분: 1000자 쓰기의 <첨삭 조언지>를 생성하는 틀이다.

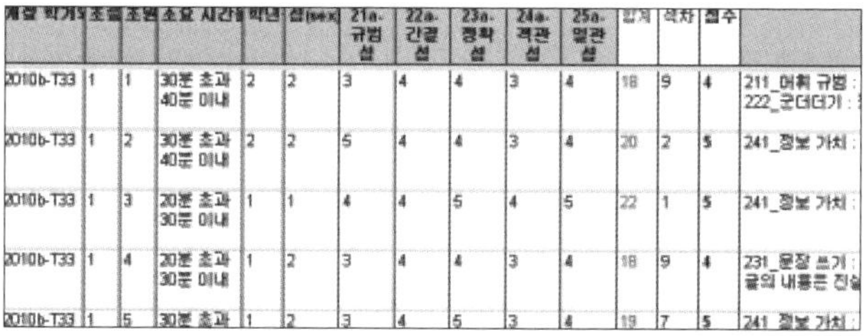

[illegible]	조	조원	소요 시간	학년	성(sex)	21a-규범성	22a-간결성	23a-정확성	24a-객관성	25a-일관성	합계	석차	점수	
2010b-T33	1	1	30분 초과 40분 이내	2	2	3	4	4	3	4	18	9	4	211_어휘 규범 : 222_군더더기 :
2010b-T33	1	2	30분 초과 40분 이내	2	2	5	4	4	3	4	20	2	5	241_정보 가치 :
2010b-T33	1	3	20분 초과 30분 이내	1	1	4	4	5	4	5	22	1	5	241_정보 가치 :
2010b-T33	1	4	20분 초과 30분 이내	1	2	3	4	4	3	4	18	9	4	231_문장 쓰기 : 글의 내용은 진실
2010b-T33	1	5	30분 초과	1	2	3	4	5	3	4	19	7	5	241_정보 가치 :

<그림 11> 첨삭조언지 스프레드시트: 입력창에 입력하면 자동으로 생성된다.
첫 칸이 별첨한 <첨삭조언지a 학생>의 것이다.

---

14 이 첨삭 조언지 내용은 2012년부터 글쓰기 프로그램(강석근 외, 2012: 130~132 참조)에 부분적으로 적용되었다.

1000자 쓰기에 대해서는 '주장의 구체성, 근거의 적절성, 맥락의 논리성, 내용의 진실성, 표현의 창의성, 독서의 효용성'의 기준에 따라 각 요소를 6점 만점으로 평가하였다. 이의 총점으로 석차를 내고, 평점을 부가하는 방식은 앞의 경우와 같이 했다. 점수는 1(아주 미흡), 2(미흡), 3(다소 미흡), 4(무난), 5(우수), 6(탁월)을 기준으로 했다. 3 이하는 미흡함을 의미한다. 학생들에게 이를 공지하였고, 3점 이하의 항목을 보완하도록 조언하였다.[15]

첨삭 조언지가 강좌의 표준화를 정착시키는 데에도 상당부분 기여할 수 있을 것으로 보인다. 교수자들이 도구를 공유하게 되면 그것을 운용하는 사람에 따른 편차가 줄어들기 때문이다. 그것은 수강생 전체에게 같은 목표를 가지고, 동일한 기준을 적용하여 지도하고 평가할 수 있는 가능성을 열어 준다. 강의 경험이 적은 교수자들도 도구의 도움을 받으면 표준 강의에 적용하는 노력과 시간을 줄일 수 있다. 교수자의 강의 부담도 경감되는 효과가 있다.

첨삭지도에 대한 수강생과 교수자의 의견을 종합하면, 교수자의 의견을 수강생이 조언을 받아들이는 태도도 긍정적이었다. 수강생이 선호하는 첨삭 문장은 '문제점과 처방을 함께 담은 존대 표현'이며, 표준 첨삭을 위한 첨삭 조언지는 장기적으로 첨삭 매뉴얼로 확대될 수 있다. 지속적인 보완을 통해서 매뉴얼로 완성되면 강의의 균등화는 한 단계 도약할 수 있을 것으로 기대한다. 강의 효율도 높일 수 있을 뿐만 아니라 글쓰기 공동체의 색깔을 갖는 데에도 도움이 될 것이다.

---

15 학생에게 배부하는 첨삭 조언지는 '흔글' 워드프로세스의 '메일머지' 기능을 활용하여 작성하였다. '첨삭조언지a'와 '첨삭조언지b'의 폼을 만들고, 필드를 생성해서 '메일머지 만들기'를 실행하여 학생 개인의 조언지를 출력하였다. 필드를 생성하는 데는 구글의 '스프레드시트'를 활용하였다. 구글 '문서도구'에서 점수 입력용 '양식'을 만들어 그것에서 각 학생의 첨삭 내용을 입력하게 되면, 스프레드시트가 자동으로 생성된다. 그것으로 '흔글' 워드프로세서의 필드 파일로 전환할 수 있다. 첨삭조언지를 활용하면, 첨삭을 표준화하고 첨삭에 소요되는 시간을 줄일 수 있는 장점이 있다. 무엇보다 학생에게 구체적인 정보를 줄 수 있고, 수강생에게 균등한 지도를 하는데 기여한다. 아이디어 수준의 시안을 개선하기 위하여, 조언지의 형식, 지도할 항목과 우선 순위, 문장의 내용과 기술 형태 등에 관한 구체적인 논의가 진행될 필요가 있다.

4. 결론

교양 교육의 중요성이 강조되고 의사소통 교육의 필요성이 증가하면서 글쓰기 교육에 대한 관심과 투자가 늘고 있다. 실습이 강조되는 글쓰기 강좌에서 첨삭지도는 교육의 핵심 요소가 되고 있다. 이 글은 연구자들이 글쓰기 교과에서 효율적인 첨삭지도의 모형을 찾고자 하는 데서 출발하였다. 첨삭의 표준 문장과 첨삭 조언지의 사례를 통해 첨삭의 효율을 높이고 첨삭지도의 표준화에 기여하는 방안을 궁리하였다. 이 논문에서 진행한 논의의 결과는 다음과 같다.

첨삭 항목별 개선도를 검정하여 첨삭지도는 학생의 글쓰기 능력을 신장시키는데 효과가 있음을 밝혔다. 항목별로 보면, 논리와 구성 영역은 효과 있으나, 규범 영역은 효과가 적은 것으로 결론이 났다. 교수자들이 실제로 행한 첨삭 원고를 분석한 결과 '효율'이 낮은 영역 중심으로 첨삭지도가 이루어졌음을 발견하였다. 첨삭의 항목은 오류 빈도에 비례해서는 안 된다는 사실을 알게 되었다.

첨삭을 대하는 학생의 태도는, '칭찬은 격려로 받아들이고, 오류 지적은 개선을 위한 자양분으로 삼음'이 밝혀졌다. 수강생들의 첨삭문장 선호도를 분석함으로써 '학생들은 진단과 함께 처방을 원하며, 존대표현을 중요하게 여김'을 알게 되었다. 첨삭 조언지가 표준 첨삭을 실현하고 첨삭 시간을 줄이는데 기여할 수 있음을 제안하였다. 이를 확장한 첨삭 매뉴얼이 개발된다면, '첨삭 모형이 강의의 균등과 운영의 효율 향상에 기여할 수 있는' 가능성을 확인하였다.

🖉 참고문헌

• 강석근 외(2012), 글쓰기 1, 동국대학교출판부.

• 나은미 외(2009), 대학 글쓰기에서의 첨삭 프로그램 현황과 개선 방안: 한성대학교를 중심
으로, 한성어문학 28집, 한성대학 국어국문학과, 185~214.

• 노명완(2010), 대학작문: 현 실태, 개념적 특성, 그리고 미래적 지향, 대학작문 창간호, 대학
작문학회, 11~39.

• 박상준(2009), 대학 토론교육의 문제와 해결방안 시론: 토론교육의 목적을 중심으로, 어문
학 104집, 한국어문학회, 27~56.

• 박은미(2009), 건국대 글쓰기 영역 수업 사례 연구, 사고와표현 2집 1호, 한국사고와표현학
회, 155~172.

• 박현동(2008), 평가조언표를 활용한 논술 평가와 고쳐 쓰기 지도 방안, 국어교육학연구
32집, 국어교육학회, 201~242.

• 박호관(2010), 대구대학교 공통 교양 대학 글쓰기의 교육 목표와 교육 과정탐색, 우리말글
49집, 우리말글학회, 87~109.

• 이상혁(2009), 대학 글쓰기에서 학습자 수준을 고려한 교육 과정에 대하여: 단계 별 글쓰기
시스템 모듈화를 중심으로, 우리어문연구 33집, 우리어문학회, 525~546.

• 정희모(2008), 대학 글쓰기 교재의 분석 및 평가 준거 연구, 국어국문학 148집, 국어국문학
회, 243~277.

• 조희정 외(2008), 한성대학교 <사고와 표현> 교육의 현황, 사고와표현 제1집 1호, 한국사
고와표현학회, 91~113.

• 지현배(2010), 첨삭의 항목별 효용과 글쓰기 지도 전략, 우리말글 48집, 우리말글학회,
55~84.

• 지현배(2011), 글쓰기 첨삭지도의 실태와 수강생의 반응 분석, 대학작문 2호, 대학작문학
회, 135~163.

• 허재영(2009), 대학 작문교육의 역사와 새로운 방향: 대학 작문교재 개발 및 작문관의 변천
을 중심으로, 어문학 104집. 한국어문학회, 1~26.

7장

서평 구성 관련 피드백 방식과
수정(revision)의 관련성
- 대학 신입생 학습자를 대상으로

서은혜

1. 서론

    대학 글쓰기 영역에서 고차원적, 복합적 사고 계발의 매개가 되는 첨삭의 효과에 대해서는 별다른 이견이 없을 것이다. 실제 교수자 첨삭, 동료 첨삭, 자기 첨삭 등 다양한 첨삭과 피드백 방식들이 수업 현장에서 실행되고 있고, 이는 자신의 글에 대한 객관적 진단과 문제 해결 전략을 선택하는 것에 익숙하지 않은 초보 필자들에게 유효한 학습 방식이라 할 수 있다.[1] 또 교수자 첨삭의 경우, 부수적 효과로서 교수자와 학습자 사이의 신뢰 형성과 학습자의 동기 유발에도 어느 정도 효과적이라 볼 수 있다.

    대학 글쓰기 영역에서 첨삭 지도의 효과에 대해서는 다양한 관점에서 사례가 공유된 편이다. 최근에는 미시 구조인 맞춤법, 어휘, 문장 규범의 지도보다는 거시 구조(주제, 구성 등)에 대한 진단이 필요하며, 효과적인 첨삭 지도 방법이란 필연적으로 학습자의 능동적인 수정 과정을 유발해야 한다는 공통 감각을 공유하는 연구가 많이 제출된 편이다. 최규수는 일회성 첨삭 지도 중심의 교육을 탈피하고 실제적으로 학습자들이 수정 지도를 통해 무엇을 필요로 하는지를 탐색해야 할 필요성을 강조한다(최규수, 2009:129-157). 특히 문법적 차원의 정확성에 초점을 맞춘 첨삭 지도보다는 학습자들로 하여금 수정의 계기를 부여하고 논평에 대해 적극적으로 이해할 수 있는 방안을 모색해야 한다는 주장은 충분히 고려할 만한 가치가 있다. 그는 이미 의사소통 피드백(communication feedback)을 제안한 바 있는데, 이는 "교사와 학생이 글쓰기를 매개로 하여 일정한 주제에 대해 의견을 교환하되, 학생의 글쓰기와 교사의 첨삭 지도가 어느 일방으로만 진행되지 않도

---

[1] Hayes는 대학 신입생 학습자의 경우 글의 거시구조보다는 주로 미시구조에 집중하여 수정하는 경향이 있는데, 이는 전문 필자가 거시구조와 미시구조를 동시에 수정하는 것과는 대조되는 현상이라 말한다. 이러한 현상에 대해 Hayes는 수정 과정에서 거시구조와 관련된 작업기억이 활성화되기 어렵거나 혹은 통제구조 내에서 거시구조 수정이라는 목표에 집중하지 않을 가능성을 제시하고 있다.

록 하는 것", "'평가'가 아닌 '지도'로서, '학점 이수'가 아닌 지적 사유와 표현 행위에 대한 자극제"로서의 의미를 지닌 것이다(최규수, 2001:72).

구자황은 첨삭이나 퇴고 중심의 수정 개념에서 벗어나, 사고의 유연성과 창의성을 기를 수 있는 피드백 방식이 요구된다고 말한다. 이를 위해서는 지나치게 일반적이거나 모호한 피드백도 지양해야 하지만, 과잉친절의 피드백, 즉 지나치게 세심하게 많은 것을 언급하는 피드백 역시 피해야 할 것이라 말하며, 학습자에게 있어서는 '지지적 피드백', 즉 학생의 기본 능력을 신뢰하고 지지하는 피드백이 필수적이라 말한다. 즉 피드백의 양이 아니라 적시성과 정확성이라는 질적인 차원이 필자와 독자 사이의 통합적 쓰기 기능을 신장시킬 수 있다는 것이다(구자황, 2008:337-338).

최웅환은 첨삭 지도가 학생들이 글을 좀 더 나은 방향으로 고칠 수 있는 지식과 능력을 길러주는 일이라는 점에서 기존의 수정, 피드백 개념과 크게 차이가 없다고 보고, 첨삭 지도 관련 연구들을 조망하고 있다. 그 역시 교수자의 일방적 지식 전달보다는 학습자의 실질적 글쓰기 능력의 신장에 도움이 될 수 있는 교육 효과를 낳아야 한다는 것을 강조한다(최웅환, 2013:331-364).

박진숙은 첨삭 지도의 의미를 "교수자가 학습자의 글쓰기에서 문제가 되는 점을 정확히 진단해 주고, 학습자가 이를 고쳐 쓰기에 반영하도록 함으로써 학습 효과를 높이고자 하는 것"이라 정의한다. 그는 대학 글쓰기 교육의 첨삭 지도 방법을 일대일 대면 첨삭, 돌려 읽기, 교차 첨삭으로 나누어 각 지도 방법의 요지와 장단점을 서술하고 있다(박진숙, 2009:103-127). 특히 편집자의 의도에 따라 글을 고치는 것이라는 한국 사회의 첨삭에 대한 공통감각을 수정하여, 대학 글쓰기 교육에서의 첨삭이란 학습자의 의도를 최대한 존중하면서 그들이 "어떤 유형의 글을 쓰도록 할 것인지"를 선택하는 권한 정도를 가지고 있다고 보는 부분은 학습자의 사고 과정 존중으로서 첨삭 지도의 특성을 고려할 때 주목할 만한 언급이다(박진숙, 2009:119).

김남미는 학습자의 글쓰기에서 나타나는 문제를 유형화하여 주제 선정, 자료 수집과 선택, 구성, 어휘와 언어 규범 준수 문제로 세분화하여 각 단계별로 효과적으로 피드백을 하는 방식을 탐색하고 있다. 이 연구에서는 교수자의 지식 전달 중심의 피드백과는 다르게 학습자가 스스로 자신의 글 안에서 문제점을 찾고 수정할 수 있는 능력을 기르는 데 도움이 될 수 있는 효과적인 교수법이 제시되어 있다. 신뢰성 높은 자료를 선별하는 데 도움을 주는 학습지 구성, 체계성 확보를 위한 글 돌아보기 연습문제 등이 이에 해당된다(김남미, 2012:269-296).

그리고 교수자의 지도 방법 이외에도, 학습자의 수정(revision)이 이루어지는 인지적 과정과 실제 효과에 대한 실증적 분석도 이루어지고 있다. 정희모는 인지구성주의 관점의 수정 전략, 과정 연구를 검토하고, 한국의 교육 현실에 맞는 수정 모형을 제안하고자 하였다. 쓰기 목표와 의도, 지식 등을 포괄하는 통제 구조, 목표 텍스트와의 비교로서의 수정, 진단 과정의 분류, 수정전략과 방법의 개념을 체계적으로 제시하고 있으며, 단순히 수정의 효과와 결과를 분석하는 차원을 넘어서서 수정에 개입되는 인지적 과정을 이론화하고자 한 연구로서 의미 있다(정희모, 2008:333-360). 주민재는 개인별 수정과 협력 수정을 연계시킨 수업 모형을 제안하고 있으며, 학습자들이 선택한 수정(revision)의 구체적 양상을 기존 '첨가(add), 삭제(delete), 대체(substitute), 재배열(redorder)'의 4가지에서 '유지, 분리, 접합, 변환'을 추가하고 있다(주민재, 2008:281-318).

정희모와 이재성은 교수첨삭, 동료첨삭, 자기첨삭이라는 첨삭 지도 방법에 따른 수정의 효과에 대해 통계분석을 시도하였다. 보통 대학 글쓰기 교육 현장에서 교수첨삭이 가장 효율이 높다고 보고 적극적으로 이 지도 방법을 시행하고 있는데, 이에 대한 실증적 검증을 수행하고 있다. 그 결과, 주제의 적절성이나 문장 수정 면에서 교수첨삭이 효과적이지만, 동료 첨삭 역시 주제의 적절성, 내용의 일관성, 문장 수정 면에서 유의미한 수정 효과가 나타남을 확인할 수 있었다. 또한 자기첨삭은 통계적으로도 그 효과가 교수첨삭이나 동료첨삭과 비교해 상대적으로 적은 것으로 드러났다(정희모·이재성, 2008:657-685). 이러한 연구는 교수자의 피드백 방법 탐색으로부터 연구 범주를 확장시켜 실제 학습자들이 글을 수정하는 것에 개입되는 여러 인지적 요소나 요건들을 실증적으로 분석하고 있다는 점에서 유의미하다.

글쓰기 과정에 개입되는 다양한 피드백 방법을 유형화하여 제시한 연구들 역시 주목된다. 염민호와 김현정은 피드백의 출처, 기능, 인지, 유형에 대해 설명하고, 교수 피드백과 동료 피드백별로 수업에 실제 활용 가능한 특성을 제시하고 있다(염민호·김현정, 2009:311-336). 이은자는 피드백 방법을 명시적 피드백과 암시적 피드백으로 구분하고, 각 피드백이 유효하게 작용하는 경우를 설명한다. 그에 따르면, 명시적 피드백은 학습자들로 하여금 수정되어야 할 글의 방향을 명백하게 인지할 수 있도록 하지만, 시범을 보여주는 과정에서 학습자들이 쉽게 문제에 도달하게 되기 때문에 자발성을 저해할 우려가 있다고 말한다. 보통 주제나 구성, 문장 표현 영역에 명시적 피드백을 사용한다고 한다. 또한 질문이나 기호 사용을 통한 암시적 피드백, 간접 전달 방식이 학생의 문제 해결 능력과 수정 능력을 키울 수 있는 방법이라는 관점을 보인다. 더불어 학습자들의 수준에 따른 구분도 행하는데, 미숙한 필자일수록 명시적 피드백을, 그리고 능숙한 필자일수록 암시적 피드백의 비중을 늘려가는 것이다(이은자, 2009:139).

이처럼 학습자의 사고 과정과 의지를 존중하는 교수자의 피드백의 효과와 방법에 대해서 많은 유의미한 연구가 존재한다. 그러나 정희모와 이재성의 연구에서 Faigley & Witte의 개념이라 제시한 수정 과정의 '상황적 가변성'(Situational Variables)이라는 문제가 첨삭과 수정 연구에 있어 좀 더 고려되어야 할 것으로 보인다. 이는 수정 과정에 "텍스트를 쓴 목적이나 이유, 주제에 관한 친밀성, 장르의 종류, 텍스트의 길이, 그 날의 컨디션 등 매우 다양한 요소들이 수정 과정과 수정 방법에 영향을 미친다"는 것으로 요약해 볼 수 있다(정희모·이재성, 2008:660).

이 중에서도 장르의 종류 문제, 즉 수정 대상 글의 장르 규범과 관련하여 첨삭 지도 내용 구성이 다채롭게 분화될 수밖에 없고, 이에 따른 학습자들의 수정 전략 선택에도 수많은 변수들이 개입될 수밖에 없다는 점에 주목할 필요가 있다. 가령, 대학에서 자료 기반 글쓰기의 대표적 장르로 여겨지는 서평의 경우, 책의 사회 문화적 의미를 제시하는 것, 그리고 이와 연계된 신문 기사나 사례 제시 등이 필수적이다. 그러나 서평 장르에 익숙하지 못할 가능성이 큰 신입생 학습자들의 텍스트를 제대로 진단하기 위해서는 이러한 장르상 차이와 자료 탐색에 대한 교수자의 조언이 필수적인 경우도 많다. 그러나 학습자의 사고 과정 자체를 존중하며 조심스럽게 첨삭을 진행해야 할 교수자의 입장에서 어느 '정도'까지 학습자에게 이러한 과정을 시범이나 사례를 들며 명시적으로 설명해 주어야 학습자로 하여금 가장 나은 수정 과정을 거치게 할 수 있을 것인가라는 질문을 던져 볼 수 있다.

이처럼 실제 수업 현장에서 첨삭과 수정을 연계하여 지도해야 할 교수자의 사례를 생각한다면, 가장 효과적인 첨삭 지도 방법에 대한 보편적 접근, 이론적 탐구만이 아니라 개별 장르별 차이나 실제 학습자들의 수정 반영에 대한 실증적, 분석적 연구 영역 역시 확보될 필요가 있다. 따라서 '서평 첨삭', '감상문 첨삭', '자기소개서 첨삭' 등 다양한 글의 장르별로 첨삭의 방법과 수정의 효과에 대한 세부적 연구가 좀 더 깊이 있게 진행되어야 할 것이라 판단 된다.

이 점에서 최근에 제출된 주목되는 연구가 대학 학습자의 서평을 진단하고 첨삭 방안을 제시한 김남경의 연구이다. 이 글에서는 대학 학습자의 서평 쓰기에서 진단되는 문제를 제목, 요약 구조, 사회문화적 의미 부여 등으로 보고, 자주 진단되는 문제에 대한 첨삭 지도 방안을 제시하고 있다. 이 중에서 특히 주목되는 것은 서평 장르를 독후감과 구분하도록 하는 서술 부분인 '사회문화적 의미 부여'를 어떤 방식으로 지도하는가에 관한 문제이다. 이 글에서는 "사회적 차원에서 이 책의 의미를 파악하여, 자신의 견해를 보충해 보세요. 글의 수준을 높일 수 있습니다."와 같은 첨삭 문장을 제시하거나, 좀 더 구체적으로는 "작가의 의도, 전문가의 서평, 이 책에 대한 기사 등의 내용을 추가하여 작성해 보세요."와 같은 문장을 통해 공동체의 다른 구성원과 공유하는 의미를 만들어내는 과정을 유도하는 방안을 제시하고 있다(김남경, 2017:48-49). 특히 이러한 문제들은 대학 학습자들의 서평에서 자주 발견되는 주요한 문제이며, 필자가 언급하고 있듯 독후감과 서평 장르의 핵심적 구조 차이에 대한 이해와 연결된다. 따라서 교수자의 해당 부분에 대한 언급이 얼마나 효과적으로 학습자들에게 수용되어 올바른 수정 전략을 선택하고, 질적으로 향상된 텍스트를 만들어 내느냐라는 문제는 중요하다. 이러한 점을 포착했다는 점은 이 연구의 성과이지만, 실제 학습자들이 이러한 교수자의 문장을 어떤 식으로, 얼마나 수정에 반영하는지는 언급되지 않아 이러한 부분에 대한 후속 연구가 필요할 것으로 생각된다.

　이처럼 세부 장르별 첨삭 지도 방법과 효과에 대한 연구는 첨삭 일반론에 대한 연구와는 다르게 많지 않은 편이다. 또한 첨삭 지도 방법의 제안이 실제 학습자들의 수정 과정에 반영되는 양상에 대한 연구도 그다지 많은 편은 아니다. 이러한 문제의식 하에 이 글에서는 서평 첨삭 과정 중에 발생하는 주제의 명료화와 내용 분석의 깊이를 확보하기 위해 교수자가 일대일 대면 첨삭 과정 중 수행하는 글감 구성 관련 명시적, 암시적 피드백이 실제 학습자의 고쳐 쓰기 과정에 어떤 식으로 반영되는지, 그리고 그 효과는 어떠한지를 검증해 보고자 한다.[2]

이 글에서 말하는 글감 구성 관련 '명시적 피드백'은 도서의 내용과 관련성이 큰 시사적 이슈의 사례를 들면서 글감 추가를 유도하기 위한 것이다.[3] 이는 서평의 장르적 특성으로 요구되는 사회 문화적 현상에 대한 통찰과 분석을 학습자가 능동적으로 책의 요지와 연계시킬 수 있도록 하는 방법으로서 고안된 것이다. 보통 많은 학습자의 글에 개인적 감상이 드러날 뿐 책의 사회문화적 의미에 대한 적극적 평가가 빠져 있는 경우가 많기 때문에, 교수자가 첨삭 과정에서 책의 일부분과 연계시킬 수 있는 동시대적 사건이나 이슈를 사례로 들면서 그 두 가지를 연계시키는 것이 필요하다는 것을 자각할 수 있도록, 이를 통해 학습자가 서평의 장르 특성과 수정 과정시 요구되는 문제 해결 전략을 적절히 선택할 수 있는 효과를 기대한 것이다.[4]

반면 '암시적 피드백'은 앞서 김남경의 연구에서 제안되었듯, 실제 도서 내용 관련된 시사적 이슈의 사례를 들지 않고 '책의 사회문화적 의미를 논증할 수 있는 근거를 찾아보자' 정도로 피드백을 행하는 것이다. 이는 수정 방향과 목표를 뚜렷하게 알려주는 명시적 피드백과는 다르게, 학습자가 수정 방향을 스스로 모색할 수 있도록 하는 방법을 말한다(이다운,

---

2 박진숙은 대면 첨삭 지도는 서면첨삭 지도에 비해 학습자의 질문 기회 제공, 이해도를 높이기 위한 반복 설명 등이 가능하므로, 지도 인원수가 많지 않으면 학습 효과를 높일 수 있는 지도 방법이라 평가한다.

3 이다운은 '명시적 피드백'을 글의 수정 내용과 방향을 뚜렷하게 알려주는 방법으로, '암시적 피드백'을 학생이 자율적으로 방향을 모색하도록 하는 방법으로 정의하고 있다. 이 글에서는 해당 용어의 의미를 이어받아 사용하고자 한다.

4 물론 전체적인 수업 진행 과정에서 동시대의 시사적 이슈를 참고하여 텍스트를 분석하는 방법을 설명하지만, 그 설명만으로는 실제 텍스트 안에서 이러한 방식을 선택한 학습자들의 수가 많지는 않은 편이다. 따라서 일대일 대면 첨삭 과정에서 이러한 연계 사례를 교수자가 제시하면서 학습자들로 하여금 수정을 행할 수 있도록 동기화하는 것이다.

2019:374). 그러나 기존 연구에서도 명시적 피드백과 암시적 피드백이 적용되어야 할 영역에 대한 주장은 엇갈리고 있다. 단락이나 문법과 같은 미시구조는 명시적 피드백을, 주제나 구성 같은 거시 구조는 암시적 피드백을 사용해야 하다는 주장(이다운, 2019:374)과 주제나 구성, 문장 표현 영역에 명시적 피드백을 사용한다고 말한 연구(이은자, 2009:139)의 차이를 예로 들 수 있다. 이는 과제글의 종류, 학습자의 개별 특성과 관련해 다양한 결과가 도출된 결과임을 짐작할 수 있는데, 이 글에서는 서평 장르의 경우로 한정해 두 가지 피드백 방식 중 학습자의 수정에 도움이 되는 방법이 무엇인지를 검증해 보고자 한다.

이러한 검증은 명시적 피드백과 암시적 피드백, '진단 – 정교화 – 설명 – 교정 – 확인' 등으로 나뉘는 일반적인 피드백 구성 내용이 '서평'이라는 특정한 장르적 글쓰기 내에서 어떤 식의 효용을 나타내는지를 실증적으로 연구한다는 점에서 의미가 있을 것이라 판단된다. 이를 위하여 이 글의 2장에서는 피드백의 유형, 글쓰기 내에서의 진단과 관련된 여러 분류 체계 이론을 살펴볼 것이다. 3장에서는 2장의 내용을 기반으로 일대일 대면 첨삭 설계와 수행 과정을 설명하고, 교수자의 '사례 제시' 여부에 따른 학습자들의 수정(revision) 반영 여부를 살펴볼 것이다. 4장은 연구 결과의 통계적 분석과 그 의미를 논할 것이다.

2. 피드백과 진단 유형 분류

2장에서는 인지심리학, 교육학 영역에서 진행된 피드백 관련 이론과 유형 분류를 살펴볼 것이다. 이를 토대로 대학 글쓰기 학습자 대상 서평 일대일 대면 피드백의 방식을 설계하기 위한 것이다. 인지 구성주의 관점에서 수정(revision) 모델을 논한 연구, 교육학 영역에서 피드백 방식을 논한 연구, 사회 심리학에서 피드백 일반을 구성하는 요소들을 분석한 연구가 이에 해당된다.

린다 플라워(Linda Flower) 등은 수정(reivision)을 이미 존재하는 지식을 끌어오는 과정이 아니라, 그 과정 자체로부터 기존 글을 평가(evaluation)하고 전략을 선택(strategy selection)하는 지식을 활성화하는 일이라고 본다. 이 수정의 인지적 모형 단계로는 과제 성의(task definition), 기존 텍스트에 대한 평가(evaluation), 수정을 위한 전략 선택(strategy selection)이 있다. 또 수정의 인지적 모형을 활성화하기 위한 구성 요소로 텍스트에 대한 지식과 의도가 있는데, 의도는 이미 알고 있는 지식이나 누군가에 의해 가르쳐지는 것이 아니라, 수정자 스스로 문제 해결 요소로 가지고 들어오는 활성화된 지식이며, 이를 텍스트 수정에 직접 적용하기 위해 생각하게 되는 기준들을 의미하는 것이다. 이 의도는 텍스트에 대한 평가 단계에서 일어나게 되는데, 도달해야 하는 목표 텍스트와 현재 텍스트 사이의 비교 과정의 개입이 필수적이다. 만약 이 비교가 수행되지 않으면 수정하려는 의도가 일어나지 않기 때문이다(Linda Flower et.al, 1986:21-29).

이 비교를 촉발하고 원텍스트의 문제를 명료하게 구체화하는 것이 교수자의 피드백이다. 이처럼 텍스트에서 발견된 문제를 인식하고 특정한 유형으로 편입시켜 범주화하는 행위를 '진단(diagnosis)'이라 부른다. 이는 문제를 단순히 인식하는 관찰(detection)과 차이가 있는 것이다 (Linda Flower et.al, 1986:47-48). 글쓰기에 대한 경험이 풍부한 필자들에게 진단이란, 유형화된 문제와 관련된 과거 경험을 상기시키는 행위이지만(Linda Flower et.al, 1986:49), 실질적으로 초보 필자들에게는 이러한 과거 경험이 부재하기 때문에 교수자의 피드백을 통해 진단 능력이 전이되도록 훈련하는 과정이 필요하다.

린다 플라워 등은 진단을 그 방법별로 세 가지로 구분하고 있다. 첫 번째는 예상 독자의 반응을 시뮬레이션해보도록 하는 진단 방식으로서, 이때 진단은 명확하기보다는 다소 암시적이며 다루는 문제 범주 크기는 큰 편이다. '독자가 이 글을 읽는다면 ~하게 받아들일 것'이라는 반응을 알려주는 것이 이러한 방식에 해당된다. 두 번째는 의도적 진단(an intentional diagnosis)으로서, 예상독자 시뮬레이션 방법에 비해 보다 텍스트 자체 내 특징과 구조에 초점을 맞춘 진단이며, 그 내용이 명확하다는 특징이 있다. 단, 다루는 문제의 범위는 예상독자 시뮬레이션 방법처럼 다소 크고 복합적인 문제인 경우가 많다. 이러한 진단 방법은 엄격한 글쓰기 규칙을 적용하는 식의 방법이 아니라, 수정자 스스로가 문제를 발견하도록 하는 체험적인 깨달음의 과정을 지향한다. 규칙에 의한 진단 (Rule-governed diagnosis)는 의도적 진단처럼 수정 행위가 일어나도록 하는 규칙을 명확히 제시하지만, 다루는 문제의 범주는 더 좁고 작은 편이다. 그리고 보통 어구, 단어를 사용하여 수정을 지시하는 방식으로 이루어진다((Linda Flower et.al, 1986:49~50). 이를 정리하여 표로 나타내면 다음과 같다.

진단 종류	내용	특징
예상 독자 관련 진단	이 글을 읽은 독자는~하게 받아들일 것이다.	범주가 큰 문제 암시적
의도적 진단	이 글의 구조는~한 점에서 좋다 (수정되어야 한다)	범주가 크고 복합적인 문제 명시적 수정자 스스로의 체험적 깨달음을 유도
규칙에 의한 진단	이 글의 ~한 부분은 ~에 의해 수정되어야 한다	범주가 작은 문제 명시적 어구, 단어를 사용하여 수정 지시

<표 1> 린다 플라워 외(Linda Flower et.al)에 의한 진단 유형 분류

한편 쉼멜(Schimmel, 1988)은 피드백 유형을 크게 네 가지로 분류한다. 먼저, 수정 피드백 (corrective feedback)은 부정확한 답변에 대한 옳고 그름을 알려주는 것이다. 이 피드백은 과제에서의 오류나 실수, 잘못된 부분이 무

엇인지를 분명하게 파악하는 것에 도움을 준다. 설명적 피드백(explanatory feedback)은 모범 답안, 예상 답안과 관련된 정보나 그 요지를 설명하는 방식으로서, 수정적 피드백과는 달리 단지 모범 답안을 단정적으로 제시하는 것은 아니다. 이 방법은 지식적 차원만이 아니라 사고 과정에서의 오류, 논리적 결함을 수정하는 방법으로 많이 사용된다.

진단적 피드백(diagnostic feedback)은 잘못된 이해의 출처를 일반적 오류와 비교하여 더욱 명확히 드러내는 피드백 방식이다. 컴퓨터 프로그램 등을 사용한 기계적 비교가 이 사례에 해당된다. 그리고 정교화 피드백(elaborative feedback)은 과제에 대한 보충 정보를 제공하거나 지식의 범주를 확장시키기 위한 피드백이다. "제퍼슨이라는 답은 맞습니다. 버지니아 대학은 제퍼슨적 건축과 글에 대한 관심이 높은 곳으로서, 때로는 토마스 제퍼슨 학교라고 불리기도 합니다."와 같은 피드백에서처럼, 답에 관련된 다른 사실이나 정보를 추가적으로 제시한다. 이는 학습자가 기존에 가지고 있던 지식을 새로 학습해야 할 지식과 연계시키는, 정교화라는 기본적 원리를 피드백에 차용한 것이다(Fleming, Malcolm L, Levie, W. Howard, 1993:219-221). 이를 정리하여 표로 나타내면 다음과 같다.

피드백 종류	내용	목적
수정	답변에 대한 옳고 그름을 알려줌	과제의 오류나 실수를 정확하게 인지하도록 함
설명	모범 답안, 예상 답안과 관련된 정보나 그 요지를 설명하는 방식	사고 과정 자체에서의 오류나 논리적 결함을 수정함
진단	잘못된 이해의 출처를 일반적 오류와 비교하여 더욱 명확히 드러내는 방식	
정교화	과제에 대한 보충 정보를 제공하거나 지식의 범주를 확장시키기 위한 피드백	학습자가 가진 기존 배경 지식을 새로운 지식과 연계시킴

<표 2> Schimmel(1988)의 피드백 유형 분류

일젠 등(Ilgen, D.R., Fisher, C.D., &Tayolr, M.S.)은 사회 심리학적 견지에서 피드백의 역할을 강조한다. 즉 피드백 당사자 간 상호 역할 이해와 영향에 대한 세심한 고려가 필요한 상호 교류적 행위로서의 피드백에 주목하고 있는 것이다. 이들은 피드백의 보편적 개념이 사실 실제 적용될 때 개인차에 따라 서로 다른 영향을 발휘한다는 것에 주목하여, 이러한 개인차가 피드백 수용에 어떤 영향을 미치는지를 보고자 연구를 수행하였다.

이를 위하여 먼저 피드백 출처, 메시지, 수신자(recipient)로 나누어 이야기하고 있다. 피드백 출처(source)는 수신자의 행위를 관찰하고 평가하는 사람들, 수신자 자기 자신의 과거 경험 등이 될 수 있다. 이 때 중요한 것은 피드백 원천에 대한 신뢰성(credibility)인데, 이 신뢰성은 피드백 출처의 전문성과 진실성에 좌우되는 요소이다.

그리고 메시지와 관련, 필자들은 피드백의 기능을 크게 두 가지로 나누고 있다. 즉 ①지시적 기능(diriectional function)과 ②동기유발적 기능(motivational function)이다. 지시적 기능이란, 목표를 달성하기 위한 방법에 대한 정보 제시의 의미이며, 동기 유발적 기능이란, 미래의 보상/처벌과 관련된 기대를 활성화하는 정도를 말하는 것이다. 이 동기 유발적 기능을 보편적 작업 환경이 아닌 글쓰기 영역에 적용한다면, 초고 텍스트보다 글을 더 낫게 고치려는 동기 유발로 변형해서 이해할 수 있을 것이다.

피드백의 여러 요소들이 복합적으로 작용하는 과정을 이해하기 위해 이 연구의 필자들은 피드백의 효과가 수신자에게 도달하는 모형을 다음과 같이 제시한다.

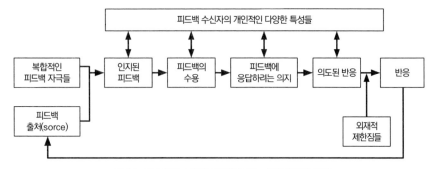

<그림 1> 피드백이 수신자에게 작용하는 효과에 대한 모델
(Ilgen, D.R., Fisher, C.D., &Tayolr, M.S., 1979:352)

피드백 수용 단계에 영향을 미치는 것으로 출처(전문성, 신뢰성, 수용자에 대한 의도성, 대담성이나 에너지의 역학, 개인적 매혹)가 있고, 메시지 차원에서는 긍정적 피드백이 부정적 피드백보다 수용될 가능성이 높다. 이는 여러 연구에서 언급했듯 자기 이미지나 효능감과 일치하는 피드백을 수용할 가능성이 높기 때문이다. 메시지 차원에서 피드백의 일관성 역시 수용에 영향을 미치는 요소였다. 그리고 수신자 특성으로는 내적 통제성에 대한 믿음이 높은 사람이 외적 통제성을 중요하게 생각하는 사람들보다 행동을 변화시키는 경향성이 높았다. 수신자의 나이 또한 영향을 미치는 요소였는데, 나이가 어릴수록 피드백을 수용하는 경향성이 더 많았다.

피드백 응답 의지에 영향을 미치는 요소들 역시 출처, 메시지, 수신자 차원으로 나눠서 볼 수 있다. 출처 면에서 볼 때 피드백 출처가 권력, 힘이 있을수록 피드백 응답 의지가 강해졌고, 내재적 동기를 더 유발할수록 피드백 응답 의지가 강해졌다. 즉, 피드백에 응답할 수 있는 능력이 자신에게 있고, 그에 대한 개인적 통제 정도가 만족할 만하다고 느껴졌을 때 피드백 응답 의지가 강하게 보였다는 것이다.

응답 능력에 대한 믿음은 기대 이론으로 설명하는데, 기대 이론의 전제는 피드백을 수용하고 그것을 수행하려는 노력이 직접적인 수행 결과를 향상시킬 수 있다는 기대 정도에 따라 응답 의지가 달라진다는 것이다. 또 내재적 동기 유발에 영향을 미치는 요소는 ① 효능감 등 피드백 반응 능력에 대한 감각과 ② 개인적 통제 정도가 있다. 여기서 개인적 통제(personal control)이라 함은, 수행자가 얼마나 응답 행동에 대해 자유롭게 선택할 수 있다고 스스로 느끼는지를 의미한다. 피드백 수행에 대한 자신감과 개인적 통제 정도는 둘 다 중요한데, 피셔(Fisher)의 연구에 따르면, 피드백할 때 이 두 가지 요소에 대한 고려가 상호 간 방해 요소가 되어서는 안 된다는 점을 보여준다.

개인적 통제 정도와 관련, 피드백의 구체성을 확보하기 위해 제시된 정보가 새로운 것이라면 응답자는 그것을 수용할 의지를 보이는 경향성이 높지만, 정보가 새롭지 않거나 불필요하다고 생각될 경우 피드백에 응답하고자 하는 의지는 줄어들게 된다. 이미 알고 있는 정보에 대한 피드백은 자칫 잘못하면, 피드백 수행자에 의한 개인적 통제력의 조정으로 받아들여질 수 있기 때문이다.

또 수신자의 특성과 관련하여 볼 때, 내향적인 수신자는 과제 자체에 대하여 피드백에 동기 부여되고, 외향적인 수신자는 다른 사람들의 승인이나 인정이 담긴 피드백에 동기 부여되는 경향을 보였다. 또 성취 동기가 강한 수신자들에게 피드백의 양은 유의미한 상관성이 있었다. 또 피드백의 구체성은 목표의 구체성과 가장 많이 관련되어 있다. 피드백이 구체적일수록, 구체적인 목표를 수립하기도 훨씬 쉬워진다(Ilgen, D.R., Fisher, C.D., &Tayolr, M.S. 1979:349-365).

3. 서평 대면 피드백의 딜레마:
'명시적-정교화 피드백'과 '암시적-설명적 피드백' 사이의 선택

서평 피드백 상황에서 교수자가 부딪치는 딜레마 상황 중 하나는, 피드백 지도를 통해 분석과 평가를 중심으로 하는 서평 장르 이해도를 높이기 위해 특정 부분 예시를 통해 상세한 설명을 할 것인가 아니면 학습자의 수정 과정을 존중하기 위해 피드백 지시사항을 최대한 간결하게 추릴 것인가의 문제이다. 일반적인 글 첨삭 과정에서라면 후자의 중요성에 대해 강조하겠지만, 대학 신입생의 경우 대상 텍스트를 글쓴이의 시각으로 분석하고 평가하는 서평 장르 개념 자체에 익숙하지 않아 후속적인 피드백 지도를 통해 그 개념에 대한 이해를 명확히 전달할 필요가 있는 경우가 많다. 그런데 상세한 예시를 통한 분석과 평가의 방법을 전달하다보면 오히려 학습자의 수정 과정에 교수자의 피드백이 방해가 될 가능성도 상존한다. 따라서 어느 '정도'까지 구체적으로 예를 들며, 책의 의의와 한계를 분석하고 평가하는 논증 방식이 적용되어야 함을 강조할 수 있어야 하는지에 대해 다소 모호한 감각을 가질 가능성이 커진다.

우선, 서평은 독후감과 다르게 책의 내용을 현실 세계의 사건, 다른 텍스트와 스스로 접합하여 그 의미를 추출해 내고 평가하는 작업임을 주지하기 위해 실제 대상 도서의 내용과 연계된 시사적 이슈 중 하나를 사례로 제시한다고 가정해 보자. 린다 플라워 등의 연구에서 언급한 진단의 유형 분류로 이 방식을 생각해 본다면, 텍스트의 구조적 특징 자체에 초점을 맞춘 의도적 진단(intentional dignosis)에 해당된다고 볼 수 있다. 또 쉬멜의 연구에서 제시된 피드백 분류를 기준으로 생각해 본다면, 학습자에게 누락된 내용이 무엇인지 사례를 통해 제시하는 명시적 피드백 방법은 '정교화 피드백(elaborative feedback)'에 가까운 방식이라 볼 수 있다. 정교화 피드백의 핵심이 학습자가 가진 기존 배경 지식을 새로운 지식과 연계시킬 수 있는 다리를 만드는 점이라 볼 때, 서평 대상 도서와 연계된 시사적 이슈의 사례를 제시하는 것은 교수자가 '새로운 지식'을 제시하는 행위라 볼 수 있다. 그리고 이미 초고를 작성한 학습자들이 가지고 있는 서평 장르나 대상도서 주제와 관련된 기존 배경 지식, 장기 기억에 교수자가 새로운 정보를 접합시키는 행위로도 볼 수 있는 것이다.

　반면 이러한 사례를 제시하지 않고 서평 장르 자체와 관련된 지식을 다시 한 번 상기시켜주는 암시적 피드백의 방식은 설명적 피드백(explanatory feedback)에 가깝다. '서평 장르에서는 이 책의 사회 문화적 의의와 한계에 대한 글쓴이 고유의 분석과 평가가 필요합니다.' 라고만 짧게 언급하는 것은, 모범 답안과 관련된 정보나 요지를 설명함으로써 서평 학습자의 사고 과정 자체의 논리적 결함을 언급해 주는 방식이라는 점에서 그러하다. 즉, 이러한 언급 속에서는 서평이라는 장르가 독후감과는 다르게 책에 대한 개인적 인상과 느낌이 아닌, 사회 문화적 의미를 분석하고 평가하는 글쓰기라는 장르 인식이 먼저 선행되어야 함을 강조하게 되는 효과를 낳는 것이다.

　한편, 이렇게 서로 다른 피드백 방식은 극대화하고자 하는 기대 효과 역시도 다르다. 일젠(Ilgen, D.R.) 등의 연구에서 언급된 피드백 메시지의 두 가지 주요 기능, 지시적 기능과 동기 유발적 기능을 이러한 상반된 기대 효과에 적용해 볼 수 있을 것이다. 교수자가 사례를 직접 제시하는 명시적 피드백의 경우 서평 장르에 핵심적인 '책의 사회 문화적 의의, 한계 분석'이 구체적으로 무엇을 의미하는지와 관련된 정보를 세세하게 언급해 줄 수 있다는 장점이 있다. 즉 초고에서 누락되어 있는 서평 장르의 핵심적 구성 요소가 '과연 무엇을 의미하는지'를 정교화하여 설명할 수 있으며, 이는 피드백 메시지가 남고 있는 지시적 기능을 최대화하고자 한 방식이기도 하다. 이를 통해 독후감 쓰기에 익숙하던 초보 학습자의 수정 통제 구조(control structure)에 실제 변화를 일으키는 효과를 기대하는 것이기도 하다.[5]

한편, 암시적 피드백 방식은 수업 때 설명한 서평 장르의 핵심적 특징만을 다시 한 번 환기함으로써 명시적 피드백에 비해 피드백 메시지의 지시적 기능을 최대로 끌어올리려는 의도는 약하다. 대신 이 방식은 학습자가 서평 장르의 구조적 특징을 이해할 수 있다는 것, 간단한 언급을 통해 실제 학습자가 내용 보완을 위한 적절한 자료 출처를 찾을 수 있고, 수많은 자료 가운데 가장 대상 도서의 내용과 연관성이 큰 자료를 선택할 수 있으며, 두 자료 간 비교를 통해 스스로 논쟁점을 찾고 구조화할 수 있다는 것을 전제로 한 피드백 방식이다. 즉, 수정 과정에 있어 학습자 개인의 능력을 최대로 신뢰하면서 스스로 수정에 필요한 여러 명제적, 절차적 지식을 정교화할 수 있음을 전제로 한 방법인 것이다. 결과적으로 학습자 개개인의 수정 과정에 있어서의 통제력을 최대로 존중하는 방식이라고도 할 수 있을 것이다. 이처럼 기존 피드백 이론에서 제시된 유형 개념을 적용한 결과, 그리고 두 피드백 방식 간의 차이를 정리해서 나타내자면 다음과 같다.

시사적 이슈 사례 제시 여부	피드백 구분 1	피드백 구분 2 (by Schimmel (1988))	강조점	기대 효과 (by Ilgen, D.R.&)
제시	명시적 피드백	정교화 피드백	- 도서와 관련된 시사적 이슈의 내용 - 서평에서 추가되어야 할 글감의 성격	피드백 메시지의 지시적 기능의 최대화
제시 안 함	암시적 피드백	설명적 피드백	- (누락되어 있는)서평 장르의 핵심적 구성 요소	학습자의 과제에 대한 개인적 통제력의 보장

<표 3> 서평 구성 관련 피드백 방식의 차이

---

5 Wallace와 Hayes(1991)는 거시구조와 미시구조의 차이, 그리고 두 구조의 수정과 관련 지시를 행한 실험 집단과 단순히 글을 더 낫게 만들라는 지시를 한 통제 집단의 차이를 제시한다. 실험 결과 거시구조와 미시구조의 차이에 대해 알고 두 구조를 모두 수정하라는 지시를 받은 실험 집단이 더 뛰어난 수정 결과를 보였다는 것이다. 이 결과를 토대로 Hayes는 수정을 위한 통제 구조가 가르침에 의해 변형될 수 있다는 결론을 이끌어낸다.

2019년 2학기, 검토한 피드백 이론 내용을 바탕으로, 실제 서평 학습자들에 대한 일대일 대면 피드백을 시행하였다. 서울 소재 대학 신입생 60명을 대상으로 이광석의 『데이터 사회 비판』(2017)을 읽도록 한 후, 서평의 개념과 이론, 독서와 사유 발전시키기 과정을 전체 수업 형태로 진행하였으며, 이를 토대로 55명에게 초고를 제출받았다. 대상 도서는 빅데이터 사회에서의 데이터 계급의 발생, 이와 함께 수반되는 온라인 감시와 정보 인권의 문제를 다루고 있는 책이었다. 초고를 받은 이후 교수자가 검토 기간을 거쳐 일대일 대면 피드백을 시행하였다.

　이 중 서평과 독후감의 장르적 차이를 보증하는 내용인 책의 사회 문화적 의의, 한계에 대한 분석이 완전히 누락되거나 혹은 일부 보충되어야 한다고 판단한 글이 20편이었다. 교수자는 대면 첨삭 방식을 통해 수정 필요성을 언급하면서, 한 집단에게는 책의 구체적 내용과 연관된 시사적 이슈나 사례 1개를 직접적으로 제시하며, 이와 같은 성격의 글감이 추가되어야 서평으로서의 장르적 특성을 충족시킬 수 있음을 언급하였다. 그리고 다른 집단에게는 직접적인 사례를 제시하지 않고, 단순히 사회문화적 의의나 한계에 대한 글쓴이 고유의 분석과 평가가 추가되어야 한다는 언급만 하였다.대면 지도의 요지는 간략하게 학생들의 원고에 적어놓은 상태였으며, 이를 참고하여 교수자는 대면 상황에서 구두로 피드백을 진행하였다. 이와 같은 지도 방법의 차이를 보여주는 구체적 실례를 들면 다음과 같다.

① (학생의 초고 중 일부)
이 책을 읽고 많은 생각이 들었다. 내가 행하는 모든 것들이 기록되어 데이터화되고, 나도 모르게 흘린, 또는 내가 잊어버린 정보가 새어나간다는 것을 알게 되자 문득 공포감이 일었다. 나는 기술 자체는 중립적이라고 생각해왔지만 이 책을 읽고 난 후 나의 생각은 기술이 중립적일 수는 없다고 바뀌었다. 앞으로 정보관련 기술은 더욱 발전할 것이고, 쌓여가는 데이터도 늘어날 것이다. 이를 제어할 제도적, 사회적 안전장치가 없다면, 또는 권력 있는 누군가가 그릇된 선택을 한다면, 우리 사회는 한 순간에 자기도 모르게 빅브라더의 감시 속에 살게 될 수도 있다.

② (학생의 초고 중 일부)

저자는 트위터, 페이스북, 인스타그램 등 소셜웹에 감정데이터를 마구잡이로 쏟아내고 웨어러블 기기를 이용하여 자신의 생체 데이터를 기업에 24시간 실시간으로 보내며 자신의 프라이버시를 거리낌없이 국가와 기업에 넘기는 대중들과 24시간 대중들을 관리하며 인간을 기계로 만들고 자신들의 영지의 소작농으로 대중들을 이용하는 기업들, 기술발전을 이끌어 데이터를 이용하여 대중들을 감시하고 여론과 사회분위기를 조작하려는 정부, 데이터 기술을 이용하기에만 급급했던 이들 모두에게 경고를 한다. 자신들의 데이터를 여기저기에 뿌리고 다니면서 이것이 어떻게 이용되는지도 모르고 자신의 데이터에 대한 소유권을 잃어버린 대중들에게 데이터가 어떻게 사용되는지 알아야 하고 자신의 데이터를 잘 지키도록 하라고 하며 데이터 사회를 즐기기만 했던 대중들에게 경각심을 심어준다.

①번 사례는 명시적-정교화 피드백 방식을 적용한 결과이며, ②번 사례는 암시적-설명적 피드백 방식을 적용한 결과이다. 이러한 방식으로 대상도서의 의의와 한계에 대한 분석이 필요하다고 판단한 20명 중 13명에게는 명시적-정교화 피드백을 수행하였고, 7명에게는 암시적-설명적 피드백을 수행하였다. 이러한 피드백을 수행한 후, 수정 원고를 받아 해당 언급에 대한 실제 수정 여부와 수정본의 질 향상 여부를 점수화하였다. 고쳐 쓰기 후 해당 부분에 제시된 사회 문화적 의의나 한계를 분석하는 부분의 근거를 참신성, 내용적 깊이를 토대로 1, 3, 5점으로 분류하였다. 1점은 이미 대상 도서 안에 언급된 사례를 다시 한 번 반복 요약하며 자신의 사회 문화적 의미 평가 부분 내용에 근거를 드는 경우였다. 3점은 대상 도

서에 나오지 않은 사례를 평가 근거로 들고 있지만, 책이나 신문 기사를 찾는 것보다는 상식적 사실을 언급하고 있는 경우였다. 5점은 대상 도서에 나오지 않은, 다른 책이나 신문 기사로부터 대상 도서의 내용과 관련성이 큰 이슈를 제시하며 자신의 평가에 근거를 드는 경우였다. 이와 같은 채점 기준을 신입생 대학 글쓰기 평가에 등급을 매기기 위한 미시간 주의 쓰기 평가 척도(Michigan Writing Assessment) (Sara Cushing Weigle, 2017:188-189)에서 제시된 '아이디어와 논증' 부분의 평가 채점 지침서와 비교하여 설명해 본다면 다음과 같다.

미시간 쓰기 평가 채점 지침서 단계 ('아이디어와 논증'부분)	미시간 쓰기 평가 채점 지침서 내용 ('아이디어와 논증'부분)	서평에 적용했을 때 해당되는 경우	부여 점수
6	전체적으로 해당 쟁점을 중심으로 다루고 있음. 입장이 분명하고 강함. 논증이 강하고 탄탄함. 쟁점의 복잡성이 신중하게 다루어졌고 다른 관점도 매우 잘 설명됨		
5	해당 쟁점을 잘 다룸. 입장이 분명하고 탄탄한 논증이 보임. 쟁점의 복잡성이나 그에 대한 다른 관점이 설명됨	대상 도서에 나오지 않았고, 학습자 스스로 다른 책이나 신문 기사를 검토하여 대상 도서의 사회 문화적 의의 분석과 연계성이 큰 사례를 근거로 드는 경우	5점
4	해당 쟁점을 언급하였으나 더 잘 초점화하여 전개해야 함. 입장은 사려 깊지만 더 명료해야 함. 논증이 더 탄탄해야 함. 종종 반복이나 불일치가 나타남. 쟁점의 복잡성이나 다른 관점을 분명히 다루려고 시도는 했음.		
3	쟁점을 고려하기는 했으나 논거의 핵심 없이 의견이나 주장에 의지하는 편임. 내용이 반복되거나 불일치함. 입장이 더 분명해야 하고 논증이 더 설득적이어야 함. 해당 쟁점의 복잡성이나 다른 관점을 설명하고자 시도했어도 부분적으로만 성공함.	대상 도서 안에 나오지 않았지만, 상식적으로 대부분 알고 있는 내용을 사회 문화적 의의 한계 평가에 드는 경우	3점

2	화제가 개괄적으로 언급되기는 했으나 논점이 제대로 파악되지 못하고 논증이 피상적이며 전체적인 전개 없이 한 관점에서 다른 관점으로 바뀌었을 뿐 다른 관점들이 신중하게 고려되지 않음		
1	화제에 대해 언급은 했을지라도 내용이 잘 전개되지 않았거나 화제에 대한 논증이 뒷받침되지 않음	대상 도서 안에 이미 있는 내용을 반복 요약하며 근거를 드는 경우	1점

<표 4> 사회 문화적 의의 한계 분석 근거의 질에 따른 점수 분포 기준

　미시간 주 쓰기 평가 채점 지침서에서 분류된 등급은 논증의 논리성과 쟁점의 복합성을 고려한 정도에 따라 나뉜다. 이는 책의 의의와 한계를 분석한 총괄적 평가를 글쓴이의 '주장'으로, 그리고 그 주장을 뒷받침하기 위한 여러 사례나 자료들을 '근거'로 드는 서평 글쓰기 채점 기준과도 공통적인 부분이 많은 것으로 보인다. 우선 학습자가 대상 도서 안에 이미 나온 화제를 단순히 요약하는 경우 논증 자체가 잘 이루어지지 않았기 때문에 미시간 주의 쓰기 평가 척도 1단계에 조응되는 것으로 볼 수 있다. 그리고 일반적 상식을 기반으로 평가를 수행한 경우(예. 기술중립론을 반대하는 『데이터 사회 비판』 저자의 의견에 대한 논박으로 노벨의 다이너마이트 발명의 의도와 결과의 격차를 예로 드는 것), 쟁점을 고려했으나 저자의 의견에 대한 보다 설득력 있는 비판이 결여되었으므로 미시간 주 쓰기 평가 척도 3단계에 조응된다. 그리고 학습자 스스로가 신문 기사 등을 찾아보며 책의 시의성을 스스로 평가한 경우(예. 2019년 안면인식 카메라의 감시 기술과 홍콩시위의 전개 과정이 대상 도서에서 말한 기술억압과 관련된다고 해석), 그 평가를 뒷받침하는 근거의 성격이 뚜렷하므로 논증이 탄탄하며, 미시간 주 쓰기 평가 척도 5단계 이상과 조응된다고 볼 수 있다.

한편으로, 이러한 평가기준 분류는 앞서 2장에서 언급한 일젠 외(Ilgen et.al)의 연구에서 제시한 피드백 모형 중 '피드백 응답 의지'의 수준과도 일정 부분 관련되어 있는 것이다. 즉 대상 도서의 사회 문화적 의의나 한계를 분석하는 것이 필요하다는 피드백 메시지에 적극적으로 응답하려는 의지가 있는 경우, 대상 도서 이외 자료를 찾고 내용상 연결되는 쟁점을 만드는 복합적 수정 과정을 수행할 가능성이 높으며, 이러한 학습자는 수정본 근거 중 5점을 부여받게 되는 것이다. 한편 대상 도서 이외 자료를 따로 찾지 않고 이미 읽은 책 안에서 인용하는 경우 상대적으로 피드백 메시지에 응답하여 글의 질을 높이려는 학습자 자신의 의지가 낮은 편이며, 이 경우 1점을 부여받게 됨을 알 수 있다.

이러한 연구 설계 이후 실제 피드백을 수행하고, 수정본을 검토하여 두 집단 간 근거의 질에 유의미한 차이가 있는지를 통계적 방법을 통해 살펴보았다. SPSS 프로그램을 사용하였으며, 표본 수 부족을 고려하여 비모수 검정 중 Mann-Whiteny 검정을 수행하였다.

4. 결과 요약과 해석:
'명시적-정교화 피드백'과 학습자의 자기통제성 약화 가능성

수정본에 나타난 사회 문화적 의의 한계 분석 부분의 근거를 참신성과 질을 근거로 평가한 결과는 다음과 같다. 20명 중 1점을 받은 학습자는 11명, 3점을 받은 학습자는 1명, 5점을 받은 학습자는 6명이었다. 이들이 각각 피드백 유형 관련 어느 집단에 속해 있었는지의 여부에 따라 두 집단 간 유의미한 차이가 있는지를 검증하였다. Mann-Whitney 검정 결과 명시적-정교화 피드백을 수행한 집단과 암시적-설명적 피드백을 수행한

집단 사이 수정 결과에 있어 유의확률 0.024로 (p<0.05) 유의미한 차이
가 있었다.

비모수 검정

가설검정 요약

	영가설	검정	유의확률[a,b]	의사결정
1	고쳐쓰기 후 점수의 분포는 외부사례 직접 제시 여부의 범주 전체에서 동일합니다.	독립표본 Mann-Whitney의 U 검정	.024[c]	영가설을 기각합니다.

a. 유의수준은 .050입니다.
b. 근사 유의확률이 표시됩니다.
c. 이 검정의 정확 유의확률이 표시됩니다.

독립표본 Mann-Whitney의 U 검정 고쳐쓰기 후 점수 across 외부사례 직접 제시 여부

독립표본 Mann-Whitney의 U 검정 요약	
전체 N	20
Mann-Whitney의 U	17.500
Wilcoxon의 W	108.500
검정 통계량	17.500
표준오차	10.558
표준화된 검정 통계량	-2.652
근사 유의확률(양측검정)	.008
정확 유의확률(양측검정)	.024

<표 5> 피드백 방식 차이에 따른 근거의 질 결과 차이

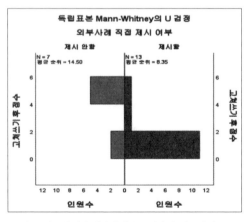

<그림 2> 피드백 방식 차이에 따른 근거의 질 점수 차이 분포도

집단 간 차이의 구체적 내용을 확인해 보자면, 암시적-설명적 피드백을 수행한 집단이 더 근거의 질과 관련된 점수를 높게 부여받은 경향이 있었음을 알 수 있었다. 설명적-정교화 피드백을 수행한 13명의 경우 1점을 받은 학습자는 11명, 3점은 1명, 5점은 1명이 있었다. 암시적-설명적 피드백을 수행한 7명의 경우 1점을 받은 학습자는 2명, 3점은 0명, 5점은 5명이 있었다. 결과적으로, 암시적-설명적 피드백을 수행한 집단이 고쳐 쓰기 후 받은 근거의 참신성 관련 점수가 더 높은 경향이 있었으며, 수정 원고의 질이 더 나아졌다는 것을 알 수 있다.

이와 같은 결과는 명시적-정교화 피드백이 지향하는 피드백 메시지의 지시적 기능의 구체화라는 기대 효과보다는, 암시적-설명적 피드백이 지향하는 학습자 개인의 수정 과정에의 통제력 존중이 실제 고쳐 쓰기의 효과를 더 높게 발휘할 수 있음을 보여주는 것이기도 하다. 앞서 2장에 나온 일젠 등(Ilgen et.al)의 피드백 구성 요소 관련 연구를 참조했을 때, 피드백을 받은 사람의 응답 의지를 좌우하는 것은 자신이 그 피드백을 수용할 수 있다는 효능감, 그리고 그 피드백을 수용하여 변화를 이끌어내는 데 있어 얼마나 선택의 자유가 보장되어 있는지와 관련된 통제력의 정도, 그리고 피드백 메시지의 새로움이었다. 이 중에서 연구에 설계된 피드백 방식의 차이는 각각 두 번째와 세 번째 요인, 즉 학습자 자신의 개인적 통제력 정도와 피드백 메시지의 새로움 정도와 관련된 요소였다.

암시적-설명적 피드백은 '사회 문화적 의의나 한계 분석 부분을 추가해 보자'라는 언급을 통해 어떤 방식으로 자료를 얻을 것인지, 검토한 자료중 무엇을 선택할 것인지, 어떤 영역의 이슈를 찾아볼 것인지 등 수정과 관련된 학습자 개인의 선택지를 광범위하게 확장한 방식이었다. 반면 명시적-정교화 피드백은 교수자가 대상 도서와 관련된 시사적 이슈를 선정하여 사례로 제시했기 때문에 상대직으로 시계기 될 수 있는 영역, 자료를 얻는 방법 등을 일정 범주로 '제한'하는 것으로 학습자들에게 받아들여졌을 가능성이 있는 것이다. 교수자가 특정 사례를 제시할 때 의도는 서평의 사회 문화적 의의를 분석하는 절차적 방법을 학습자에게 전이하려 한 것일지라도, 그 의도와는 다르게 학습자들의 수정 과정에서는 피드백 메시지의 구체성이라는 차원보다는 개인적 통제력의 약화로 변형되어 인식될 수 있을 가능성을 시사하는 것이다.

한편, 학습지의 피드백 반영 의지를 결정하는 다른 요소인 '피드백 메시지의 새로움'이라는 차원에서 보면, 명시적–정교화 피드백은 교수자의 특정 사례 제시를 통해 기존 수업 때 서평의 장르적 특징으로 언급한 내용과는 별개의 정보를 새롭게 학습자에게 제시한 것이라고도 볼 수 있다. 반면 암시적–설명적 피드백은 이미 서평에 관한 수업 시간에 했던 이야기인, '책의 사회 문화적 의의 분석'을 다시 한 번 일대일 방식으로 언급하는 것이라는 점에서 메시지 내용 면에서는 새로운 것이 아니다. 그럼에도 불구하고 연구자들이 언급했던 피드백의 일반적 결과인, 메시지의 새로움이라는 요소는 학습자들의 적극적 응답 의지에 긍정적인 영향을 준다는 내용은 이 연구에서는 다시 해석될 필요가 있다. 즉, 학습자의 개인적 통제 구조 활성화에 방해되지 않는 한에서 메시지의 새로움이 필요하다는 것을 보여주는 것으로 해석할 수 있는 것이다.

이러한 연구 결과는 특히 대학생을 대상으로 한 총괄적 서평 지도 방법 논의에서 언급되지 않은 피드백의 구체적 방법에 대한 경험과 고민을 담고 있다는 점에서 의미가 있을 것이다. 보통 "교수자가 대면 상담으로 학생들의 서평에 대해 소통하면서 수정 방향을 찾도록 조언"하거나, "학생의 글의 의도와 주제의식을 고려하여 사고의 확장에 도움을 줄만한 피드백을 강조"(박현희, 2017;198)하는 정도로 언급된 서평 교수자 피드백은 사실상 서평 장르 이해와 관련하여 어느 정도까지 구체적으로 피드백을 수행해야 학습자의 사고 확장에 도움을 줄 수 있는 최적의 지점을 찾을 수 있을 것인지에 대한 논의는 아직 본격적으로 활성화되지 않았기 때문이다. 또 서평 교육의 이론화 방안 논의에서 언급된 바 있는, 서평 텍스트의 '형식을 배치하기 위한 전략' 이외에도 "'논증을 배치하는 전략'을 구사할 수 있게 가르쳐야 한"다는 것(구자황, 2017:127-128)과 연계하여, 교수자의 피드백이 학습자의 논증 배치 전략 활성화에 미치는 영향 연구의 일환으로서의 의미도 일정 부분 지닐 수 있을 것이다.

물론 학습자 개개인의 특성 등 상황적 가변성에 의하여 이 연구의 결과 역시 모든 대학생 서평 교육에 보편적으로 적용될 수 있는 피드백 방식을 제안하고 있다고 볼 수 없다. 또 글감 구성 관련 피드백으로 한정하다 보니 연구에 사용된 표본수가 부족하다는 점은 이 연구의 분명한 한계이다. 이러한 연구의 한계를 인식하며, 서평 장르 피드백 연구의 활성화를 위한 후속 연구를 기약하는 것으로 이 글을 끝맺고자 한다.

5. 결론

이 글에서는 심리학·교육학 영역에서의 피드백 방식 분류 이론을 토대로 대학 신입생 학습자의 서평 일대일 대면 피드백 과정에서 피드백 방식이 실제 수정과 어떤 관련성을 맺는지를 연구하였다. 특히 서평 학습에 있어 가장 많이 나타나는 문제점인 '책의 사회 문화적 의의 분석과 평가'가 제대로 이루어지지 않은 경우, 해당 부분을 수정하기 위한 방법으로 일대일 대면 피드백 기회를 활용하였다. 한 집단은 서평 대상 도서와 관련된 당시의 시사적 이슈를 신문 기사 등을 통해 접하고 이를 교수자가 학습자에게 직접 제시하는 명시적-정교화 피드백을 시용하였다. 이 방법을 통해 책의 사회 문화적 의의를 분석 평가한다는 것의 구체적 내용을 학습자가 명확히 이해할 수 있도록 하는 효과를 기대하였다. 그리고 다른 집단은 '책의 사회 문화적 의의 분석이 필요합니다'와 같은 언급을 다시 한 번 하는 암시적-설명적 피드백 방식을 사용하였다. 이를 통해 피드백 메시지의 구체적 이해보다는 학습자 개인의 수정 과정에 대한 존중을 통해 더 좋은 글을 구성해 볼 수 있도록 기회를 부여하였다. 그리고 실제 수정 원고에서 피드백 응답 여부 및 실제 사회 문화적 의의와 한계 분석에 구체적 근거를 들고 있는 부분을 평가하여, 두 가지 피드백 방식이 학습자의 실제 수정 과정에 미치는 영향을 분석하였다.

통계적 분석 결과, 서로 피드백 방식을 다르게 한 두 집단 간 유의미한 차이가 발견되었다. 그리고 암시적-설명적 피드백을 수행한 집단이 더욱 적극적으로 대상 도서와 관련된 외부 근거를 찾고 그것을 수정 원고에 추가하려 한 경향성을 확인할 수 있었다. 이와 같은 연구 결과는 두 가지 피드백 방식에서 차이가 나는 학습자 개인의 수정 구조에 대한 통제력 인식과 관련된 것으로 해석할 수 있다. 즉 암시적-설명적 피드백 방식이 의도한 학습자 개개인의 수정 과정에 대한 선택 보장이 피드백 내용에 대한 보다 적극적인 응답 의지로 드러났으며, 결과적으로 수정 원고의 질을 더 낫게 만드는 경향성이 있다는 것이다.

이와 같은 연구 결과는 특정 장르의 글에 제한된 실험이라는 점에서 일반화하기는 어려움이 있다는 점, 표본 수 부족의 문제라는 한계가 분명하게 존재한다. 서평의 장르적 특수성을 이해하도록 지도하면서 동시에 학습자의 사고 과정을 존중해야 하는 딜레마 상황에서 교수자의 적합한 위치와 역할을 지속적으로 고민하면서 후속 연구를 이어가야 할 것으로 생각된다.

참고문헌

- 구자황(2008), 수정과 피드백이 글쓰기에서 동인(動因)이 되는 방식을 위한 탐구, 어문연구 56, 어문연구학회, 323-343.

- 구자황(2017), 서평 교육 이론 정립을 위한 연구, 교양교육연구 11(4), 한국교양교육학회, 107-137.

- 김남경(2017), 대학생 서평의 실제와 첨삭 방안-대구가톨릭대 글쓰기센터 웹 첨삭 시스템을 활용하여, 인문과학연구 31, 대구가톨릭대 인문과학연구소, 29-54.

- 김남미(2012), 대학 학습자 글쓰기의 첨삭지도 방안, 우리말연구 30, 우리말학회, 269-296.

- 박진숙(2009), 첨삭지도라는 공통감각과 대학 글쓰기 교육의 개선 방향, 반교어문연구 26, 반교어문학회, 103-127.

- 박현희(2017), 대학의 학술적 서평 쓰기 교육의 과정 중심 접근, 교양교육연구 11(1), 한국교양교육학회, 173-208.

- 염민호, 김현정(2009), 대학 '글쓰기' 교과에 활용 가능한 피드백의 특성과 방법, 새국어교육 83, 한국국어교육학회, 311-336.

- 이다운(2019), 글쓰기 학습자의 자기효능감 강화 및 실제적 문제 개선을 위한 교수자 피드백 방법 연구, 우리어문연구 64, 우리어문학회, 359-385.

- 이은자(2009), 교사 첨삭 피드백의 원리와 방법, 작문연구 9, 한국작문학회, 123-152.

- 정희모(2008), 글쓰기에서 수정(Revision)의 절차와 방법에 관한 연구-인지적 관점을 중심으로, 현대문학의연구 34, 한국문학연구학회, 333-360.

- 정희모, 이재성(2008), 대학생 글쓰기의 수정 방법에 관한 실험 연구-자기첨삭, 동료첨삭, 교수첨삭의 효과를 중심으로, 국어교육학연구 33, 국어교육학회, 657-685.

- 주민재(2008), 대학 글쓰기 수정 교육에 관한 수업 모형 연구, 작문연구 6, 한국작문학회, 281-318.

- 최규수(2001), 첨삭 지도의 원론적 방식과 효율적인 지도 방법의 제안, 이화어문논집 19, 이화여자대학교 이화어문학회, 65-80.

- 최규수(2009), 첨삭지도에 대한 대학생들의 반응 양상과 교육적 효과의 문제-명지대의 사례 분석을 중심으로, 반교어문연구 26, 반교어문학회, 129-157.

- 최웅환(2013), 대학 글쓰기 교육에서의 첨삭 지도, 교양교육연구 7(1) , 한국교양교육학회, 331-364.

• Fleming, Malcolm L. and Levie, W. Howard, Instructional message design: principles from the behavioral and cognitive sciences, Englewood Cliffs, N.J.: Educational Technology Publications, 1993.

• Flower, Linda & Hayes, John R. & Carey, Linda& Schriver, Karen & Stratman, James, Detection, Diagnosis, and the Strategies of Revision, College Composition and Communication 37(1), 1986, 16-55.

• Hayes, John R. (2000), A New Framework for Understanding Cognition and Affect in Writing, In Indrisano, Roselmina and Squire, James R. Perspectives on writing: research, theory and practice, International Reading Association.

• Ilgen, D.R., & Fisher, C.D., &Tayolr, M.S. (1979), Consequences of individual feedback on behaviour in organization, Journal of Applied Psychology 64(4), American Psychological Association, 349-371.

• Nancy Sommers(1982), Responding to Student Writing, College Composition and Communication 32(4), 148-156.

튜터링 이론
및 사례

8장 튜터링 원칙과 튜터 교육 방안

9장 사후[제출 후 글쓰기] 튜터링의 중요성 제고

10장 대학 글쓰기 비교과 프로그램에서의 튜터링의 교육적 효과

튜터링 원칙과 튜터 교육 방안

김남미

1. 서론

대학 학습자의 글쓰기 능력을 증진하여 학문공동체에 적합한 리터러시를 함양시키고 이를 교과 내에서 교과 밖에까지 전이 가능하도록 지원하는 노력이 다방면에서 이루어지고 있다. 최근 글쓰기센터 등의 기관 주도로 비교과적 글쓰기 교육을 지원하여 맞춤형 교육을 통한 학습자의 능력 개선을 이끄는 노력 중의 하나가 튜터링의 운영이다. 여기서 튜터링이란 교과과목의 평가를 전제로 하지 않고 학습자의 이전 글쓰기에 대해 함께 논의하는 1:1 또는 소규모 상담 프로그램을 의미한다.[1]

글쓰기가 학습자 사고의 질적 개선을 도와 대학 교육 목표를 돕는 유용한 도구라는 점은 이미 널리 공유된 가치다. 튜터링에서 학습자가 자신의 글을 진지하게 바라보고 그 발전 방향에 대해 훈련된 튜터와 함께 의사소통하는 일은 학습자의 사고의 지평을 여는 중요한 교육의 장이 되는 것은 분명하다.

이미 수행한 자기 사고를 읽고, 그것을 다시 사고하면서 자신의 사고를 지속적으로 수정하는 과정을 보다 객관적인 교육적 상황에서 경험할 수 있기 때문이다. 그러나 튜터링의 기회가 주어진다고 하여 그 안의 교육적 경험이 성공적으로 수행되는 것은 아니다. 튜터링은 비지시적인 질문과 이를 기반으로한 질적 수준의 상승을 이룰 수 있는 담화로 진행되는데, 이를 이끌 수 있는튜터의 역량이 중요하기 때문이다.[2]

---

[1] 보다 넓은 개념의 튜터링은 주로 비교과과정의 일환으로 운영되는 프로그램으로 "튜터와 튜티 간의 상호협력 및 공유를 기반으로 튜터가 튜티를 지도하는 학습활동"을 뜻한다(최미나, 2015).

[2] Mullin(2001:189) 등에서 WAC 교과의 성공적 수행을 위해 튜터링 역량의 중요성을 강조한 바 있다. 박정희(2019:24) 역시 대면 상담 등에 대한 튜터링 방법에 대한 튜터 교육의 중요성을 강조하였다. 이효숙(2021:86-87)에서도 튜터 역량의 중요성을 강조한 바 있다.

이 논문의 목적은 대학 학습자들을 위한 튜터링의 질적 수준을 담보하기 위한 튜터 교육의 원칙이 무엇인지를 밝히고, 그 원칙을 수행하기 위한 방안이 무엇인지를 제안하는 데 있다. 먼저 기존 논의의 검토를 통해 튜터 교육의 필요성을 밝히고, 튜터 교육의 기반 원칙으로서 공유되어야 할 교육 가치를 밝힐 것이다. 마지막으로 실제 튜터 교육이 어떤 과정을 통해 수행될 수 있는가에 대해 논의할 것이다. 튜터링의 효과성을 증대시키기 위한 튜터 교육이 무엇이고 어떻게 수행되는가에 대해 구체화하려는 것이다. 이런 논의는 교육과정 내에서 수행되는 짧은 대면 상담의 방식으로 활용 가능할 뿐만 아니라 비교과과정으로서 학습자 글쓰기능력 함양을 지원하는 원칙 및 방안으로 기여할 것으로 보인다.

2. 기존논의 및 문제제기

튜터링에 대한 기존논의는 주로 비교과과정으로서의 비교과 학습 공동 프로그램을 중심으로 이루어졌다. 이 프로그램에서 튜터링은 학업에 도움을 받고자 하는 학습자(튜티)와 그 학습자에게 도움을 주는 학습자(튜터) 간의 학습공동커뮤니티 안의 상호의사소통이라는 의미로 사용된다. 대학의 튜터링 프로그램은 교육학적 관점에서 학습자 주도 교육을 지원함으로써 수준 높은 고등교육 성과를 이끄는 자원으로 평가되어 왔다. 이 튜터링이 '전문가-학습자' 간의 교육이 아니라, 선배-후배 등의 비슷한 발달 단계에 놓인 활동이 주를 이루기 때문에 활동 자체를 동료 튜터링(peer tutoring)으로 명명하는 경우도 많다.[3]

---

3 Falchikov(2003)은 대학의 동료 튜터링이 비슷한 발달 단계와 지식수준의 동료 간에 역할을 구분하여 수행한다는 점에 의의를 두었다. 대학에서의 동료 튜터링은 유사 학과의 동기간 또는 선후배 간의 학습지도 활동으로 정의하는 경우가 일반적이다.

대학글쓰기와 관련된 '튜터링'은 주로 글쓰기 클리닉이나 글쓰기센터 등의 기관이 지원하는 소규모의 교육 활동을 지칭하는 것이 일반적이다. 튜터링이라는 개별 지도 자체가 지시하는 범주가 매우 포괄적이어서 오히려 정의하기 어려운 측면이 있다.[4] 그래서 어떤 분야에서 어떤 목적을 위하여 수행되는 개별 지도인가에 주목하여 용어를 정의할 필요도 있다. 이 논문에서 말하는 '튜터링'은 대학 학습자들의 글쓰기 능력 향상을 목적으로 이루어지는 교수-학생 간, 튜터-튜티 간에 이루어지는 1:1 혹은 1:多의 글쓰기 대면 교육 활동을 의미한다.[5]

국내의 튜터링 관련 논의는 거의 글쓰기 센터의 운영 방안의 일부로 논의되어 왔다(김치현, 2013, 엄성원, 2014; 임선애, 2017: 진선정, 2019; 이효숙, 2021 등). 이 중 소규모 글쓰기 지도로서의 튜터링 개념에 주목한 논의는 크게 교양글쓰기 및 비교과 튜터링에 대한 논의(정한데로,2012;한새해,2015;이효숙,2021등), 외국인을 위한 한국어 교육 관련 논의(김선효, 2013, 2015; 김남미, 2013, 2014, 2018;이유경, 2020등), 전공글쓰기 관련 논의(박정희, 2013, 2019;김남미, 2018;서상범, 2019 등)로 구분할 수 있다. 최근에는 온라인 글쓰기 튜터링 시스템에 관련된 논의(이희영,김화선,2019;김세준,2021등)도 진행되고 있다.[6]

국내외를 막론하고 기존 논의에서는 튜터링의 교육적 효과를 기대하고 그 효과성을 확대하여야 한다는 점에 합의하는 것으로 보인다. 튜터링을 통한 개별 지도가 튜티의 글쓰기 능력 개선에 기여하고, 튜터의 글쓰기 능력 개발에 도움이 된다는 점을 인정하고 그 교육적 유용성을 확대하려는

---

4 Topping(1996:322)은 튜터링은 고대 그리스로 거슬러 올라가는 매우 오래된 관행이고, 미국의 동료 튜터링 모델의 대부분이 고대 수사학자들의 교육적 관행들에 기반을 두고 있어 오히려 용어를 명확히 정의하기 어렵다고 말한 바 있다.

5 Hartford & BardoviHarlig(1992), Sperling(1994) 등에서는 이러한 튜터링을 글쓰기 개별지도(Writing tutorials)라는 용어로 지칭한 바 있다. 글쓰기에 대한 개별적 소규모 대면 지도라는 측면에 주목한다면 곽수범(2021)의 '대면 피드백'이라는 용어 역시 '튜터링'이라는 범주에 포함시킬 수 있다.

6 최근 공학 분야에서 지능형 튜터링 시스템(intelligent tutoring system)에 대한 연구도 활발하다.

가치를 공유하고 있다는 의미이다. 그러나 성공적 튜터링을 위해 누가 무엇을 어떻게 하여야 하는지에 대한 연구는 미진해 보인다. 특히 국내에서는 튜터 전문성 강화를 위한 교육 목적이나 방안 자체에 대한 연구가 드물다.[7] 국내 글쓰기센터 등의 지원 기관의 역사가 짧은 탓도 있지만, 튜터 교육에 관여하는 목적, 방향에 대한 관점 차이에서 생기는 쟁점이 연구의 어려움을 배가시키기도 한다.

튜터 교육의 목적이나 방향을 설정하는 데 관여하는 주요 쟁점은 튜터의 역할이나 위상과 관련된 문제다. 튜터링 안에서 튜터와 튜티 간의 관계가 어떻게 설정되는가의 문제다. 튜터-튜티 간의 관계가 수평적이어야 한다고 주장하는 사람들은 둘 간의 평등적 관계가 튜티의 저자로서의 능력을 더 발달시킬 수 있다고 본다. 이들 관점에서는 전문 튜터는 튜티에게 일방적 권위(authority)를 가지게 되며 이러한 힘이 튜티가 가질 수 있는 개방적 생산성에 부정적인 영향을 가져올 수 있다고 본다.[8] Whitman(1988), Topping(1996), 김선효(2013, 2015), 이효숙(2021) 등의 논의들에서 소규모 개별 교육활동에 대해 '동료 튜터링(peer-tutoring)'이라는 용어를 사용하는 것도 튜터-튜티 간의 평등적 관계를 중요하게 생각하고, 튜티의 자율성을 강조하는 교육학적 관점이 반영된 것이다.

하지만 '튜터-튜티' 간의 평등적 관계가 반드시 학습자인 튜티의 자율적 문제 해결을 담보하는가는 여전히 쟁점으로 남는다.[9] 또 튜터링이라는

---

7 이효숙(2021:94-95)에서는 튜터의 전문성 확보와 튜터링의 균질성을 확보하기 위해 튜터 교육이시 필요함을 강조하고, 학부생을 대상으로 한 튜터 양성교육 프로그램을 제시한 바 있다. 그런데 10주간의 양성교육 커리큐럼은 제시되었으나 그 실행과 효과에 대해서는 깊이 논의하지 못하였다.

8 Hubbuch(1988:26)에서는 튜터가 갖는 권위성이 튜티의 글쓰기 자체의 옳고 그름에 대한 인식을 강화하거나, 튜티가 수동적 입장을 취하게 하는 등의 부정적 영향을 끼칠 수 있음을 우려한 바 있다. 그런데 이러한 문제는 단지 튜터의 전문성 여부와 관련된 문제는 아니다. 오히려 튜터링 세션에서 튜터가 주의하여야 할 사안으로 다루어야 할 태도로 취급하여 튜터 교육의 내용으로 다루어야 할 문제가 된다.

9 Whitman(1988:14)에서 대학원생과 같은 '유사 동료(near-peer)'와 '순수 동료(co-peer)'인 학부생을 구분하려 한 것은 '튜터-튜티'간의 관계가 각 주체의 수준, 역할 등에 따라 다층적으로 해석될 수 있음을 암시하는 것이다.

교육활동 안에서 튜터의 역할 역시 역동적으로 변화한다. 즉, 앞서 논의한 평등적 관계에 주목한다 할지라도 그 양상이 다양하게 변형되어 나타날 수 있다는 의미다. 다수의 연구 논문들에서는 튜터의 전문성이 튜터링의 효과를 증진시킬 수 있는 중요한 요소임을 증명해 왔다. 특히 WAC(writing across the curriculum) 등의 교과 연계 글쓰기 영역에서는 수준 높은 튜터링을 이끄는 튜터 전문성이 더욱 중요하다는 점이 연구결과로 도출되었다.

사실 튜터-튜티 간의 관계에 관한 위의 쟁점은 튜터 교육에서 확보해야 할 전문성이 어떤 것이어야 하는가로 환언된다. 여기서 튜터 교육의 목적이나 방향을 설립하기 위해서는 실제 튜터링 안에서 설립될 수 있는 튜터-튜티 간의 역동적이고 다양한 관계가 무엇인지를 살필 필요성이 제기된다. 각 상황에 대응하는 교육적 가치가 무엇인지, 그것을 어떻게 실현할 것인지를 다시 살피고 그 과정에서 튜터가 갖추어야 할 전문성의 정체가 드러나게 될 것이라는 의미다.[10] 이는 튜터 교육이 튜터링 현장을 중심으로 논의되어야 한다는 점을 강조하는 동시에, 글쓰기를 둘러싼 일반화된 교육학적 명제들과의 관련성 아래에서 자리매김할 수 있어야 한다는 점을 의미한다. 후자는 글쓰기 교육의 목적 공유, 교육 가치 실현을 위한 교수학적 전환 등의 교수법과도 긴밀히 관련될 것이다. 이 논문에서는 튜터 교육의 기본 원칙을 먼저 짚고 이를 튜터 교육에 실제적으로 어떻게 반영되는가에 대하여 논의를 이어가는 것 역시 이를 반영한 것이다.

---

10 Dinitz & Harrington(2014:73)에서는 튜터 전문지식의 가치에 대한 논쟁은 이론 중심적으로 논의된 것을 비판하고 전문성이 필요한 특정 튜터링 세션에 집중, 관찰하면서 전문지식이 어떤 역할을 하는가를 규명하려 하였다.

3. 튜터 교육의 기본 원칙

대학글쓰기 튜터링의 목적이 무엇인가를 짚는 일은 튜터 교육의 기본 원칙을 설정하는 데 도움을 준다. 튜터링의 목적은 학습자 중심의 협력학습 기반으로 상호작용의 기회를 제공함으로써 학습자가 스스로 자기 글을 개선할 수 있는 능력을 이끄는 데 있다. 중요한 것은 이 목적 안에 들어있는 '상호작용'이 단순히 튜터-튜티 간의 상호작용으로만 한정되는 것이 아니라는 점이다. 이 안에는 튜터-텍스트[11]-튜티 간의 상호작용, 튜터링-대학글쓰기 간의 상호작용이 반영되며, 튜터링-교과목 간의 상호작용도 개입한다. 실현되는 것은 하나의 소규모 개별 수업이지만 이 수업에 관여하는 다양한 상호작용을 이해하여야 튜터링의 정체를 보다 명확히 할 수 있다는 의미이고, 그래야 튜터 교육 목적이나 내용, 방법을 더 구체화할 수 있다는 의미다.

1) 글쓰기와 사고의 관계

효과적 튜터링을 이끄는 튜터 교육을 위해 특히 주목하여야 할 점은 대학글쓰기와 사고의 관계에 대해 명확하게 이해하는 것이다. 튜터링이 학습자가 스스로 자기 글을 개선할 수 있는 능력을 이끄는 개별 지도라 할 때 '학습자 주도로 개선하여야 할 글'을 사고와의 관계에서 주목하는 것이다. 튜터링을 통한 글의 개선이라는 말에 들어 있는 글쓰기와 사고의 관

---

11 이 논문에서 텍스트는 튜터링에서 논의 대상이 되는 글을 의미한다. 이를 글이라는 용어를 사용하지 않고 텍스트라 칭하는 이유는 튜터링 대상이 되는 글이 단락 등의 구성요소를 갖춘 일반적 의미의 줄글에 한정된 것이 아니기 때문이다. 글쓰기를 사고 도구로서 교육학적 입장에서는 사고를 가시화하는 동시에 수정 대상이 되어 사고 개선을 이끄는 데 활용되는 수학기호, 실험메모, 수업 필기, 발상이나 재조직 과정을 돕는 마인드맵, 발표를 위한 피피티 등을 튜터링 대상 텍스트로 삼을 수 있다. 이들이 앎을 확대하기 위한 도구로서의 텍스트 기능을 수행하기 때문이다.

계는 적어도 세 가지의 교육학적 함의가 들어있다. 첫째, 글쓰기가 사고를 돕는 도구라는 관점, 둘째, 글쓰기의 수정을 통해 사고를 질적으로 개선할 수 있다는 관점, 셋째, 자신의 사고를 인식하고 확장하는 과정에 대한 사고를 다른 글의 수용이나 생산에 적용할 수 있다는 관점이다.

글쓴이는 현재 실현된 텍스트로부터 실형된 자기 사고와 가능한 사고의 관계를 인식할 수 있다. 실현된 텍스트를 수정하는 과정은 이 실현태-잠재태 간의 관계를 조망하면서 보다 더 가치 있는 것을 이끌어내는 사고의 질적 개선과정이 된다. 글쓰기 능력을 함양한다는 것은 이 과정으로부터 인식한 사고를 상위인지전략으로 전환하고 후속활동으로서의 다른 텍스트를 수용하거나 생산하는 데 적용할 수 있다는 것을 의미한다. 이와 같은 '인지에 대한 인식과 조절'로 개념화할 수 있는 상위 인지 조정 전략 (self-regulation strategies)이 학습자 글쓰기의 질적 개선에 기여할 수 있다는 점은 학자들 사이에서 널리 공유되고 있는 가치다.[12]

이미 결과된 텍스트 자체의 완성도에 주목하는 것이 아니라, 생산이나 수용 과정에 관여한 사고를 인식하고 개선하는 활동의 중요성이나[13] 이를 상위인지 전략화하여 활용할 수 있도록 만드는 것이 질적 수준이 높은 글쓰기를 위한 과정이 되는 것이다. 튜터링에서 이러한 학습의 도구로서의 글쓰기에 대한 관점을 수립하는 것이 중요한 이유는 두 가지이다. 먼저, 튜터링이라는 대면 상황에서의 담화가 무엇을 중심으로 이루어져야 하는가를 알게 한다.

---

12 상위인지 조정전략이 글쓰기 능력 개발에 긍정적으로 기여한다는 입장에 선 대표적 연구로는 Harris & Graham(1992), Aziz(1996), Harris, Santangelo & Graham(2008), Lichtinger(2004), Brunstein & Glaser(2011) 등을 들 수 있다. 이들 논의에서는 스스로를 계획, 평가, 점검, 통제하고, 후속활동을 위한 목표를 설정하는 상위 인지 전략이 글쓰기 능력의 개선에 적극적으로 기여할 수 있다고 말한다. 상위 인지 전략의 요점은 자기조절전략에 따라 스스로가 선택하고 그 선택이 효과적인 전략이 될 수 있도록 이끌 수 있다는 점이다.

13 김남미(2018:316)에서는 학습자들의 전공 문식성을 내재화하기 위해서는 무의식적 접근을 의식적, 반성적 차원으로 드러나게 하는 것이 필요함을 강조하고 수행 글쓰기 목표를 언어화하는 과정이 의식적, 반성적 사고에 도움을 줄 수 있다고 하였다.

(1) 튜터링 마무리 단계의 언급; 곽수범(2021:245)[14]

- ·한두 문장으로 대면 피드백에서 ① 달성한 성과를 요약하세요. (중략), ② 학습자가 대면 피드백 과정에서의 진전을 이해하는 것은 대단히 중요합니다.

- ·③ 어떻게 고쳐 쓰기를 할 것인지 학습자에게 물어보세요. 학습자가 계획이 없다면, 잠시 시간을 들여 계획을 짤 수 있게 도와주세요.

- ·④ 이번 대면 피드백을 통해 얻어갈 수 있는 한 가지 글쓰기전략이나 교훈이 있도록 해주세요. (중략), ⑤ 비슷한 글을 쓸 때 다시 적용할 수 있는 방법이라는 점을 다시 일러주세요.

(1)에 나타난 튜터링의 절차나 방법에는 앞서 논의한 글쓰기와 사고 간의 관계가 그대로 반영되어 있다. (1)-①은 하나의 맥락 안에 놓여있는 튜터링 과정을 추상화하여 스스로를 인식하는 과정에 해당하며, 그 인식이 사고의 개선에 해당하여야 한다는 의미로 해석될 수 있는 것이 (1)-②이다. (1)-③은 수정 전략의 수립에 대한 논의이며, (1)-④는 튜터링 과정의 인식을 전략화하는 상위인지 과정의 하나이다. (1)-⑤는 앞서 세운 전략의 다른 생산 활동으로의 적용 가능성을 언급하는 것이다.

글쓰기와 사고의 관계 중심으로 논의하는 것은 하나의 맥락에 의존적으로 진행되는 활동으로부터 탈맥락화 과정을 거친다는 데 있다. 즉, (1)은 개별적이고 다양한 상황에 놓인 튜터링 과정에서 일관되게 적용할 수 있는 추상적이고 일반적인 지침들이 된다는 의미이다. 이런 상위인지 전략을 통한 탈맥락화된 요건들은 글쓰기센터 등의 운영 지침이 되는 동시에 튜터링 상황에 놓인 수많은 변수에도 불구하고 튜티가 튜터링을 유지하는 데 지켜야 하는 최소 지침이 되어준다.

---

14 곽수범(2021)에서는 미국 글쓰기 센터 교강사 훈련 프로그램과 교육 자료에 나타난 글쓰기 피드백 내용의 공통 요건에 주목하여 대학글쓰기 교육에서의 구체적 피드백 체계 설계와 형성 과정에 기여하려 하였다. (1)은 튜터링 마무리 단계 교육에 활용된 튜터 훈련 자료 중 글쓰기와 사고의 관계를 읽을 수 있는 부분을 추출하여 재정리한 것이다. 원문자와 밑줄은 필자가 첨가한 것이다.

글쓰기와 사고에 대한 이런 관점은 튜터의 지시적 행동이나 비지시적 행동[15]의 준거를 마련하는 데 도움을 준다. 튜터링이 가지는 잠재적 가능성을 가로막는 요인들은 주로 튜티가 갖는 글에 대한 신념에 기인하는 경우가 많다. 튜터링 안에서 튜터가 튜티보다 말하는 비중이 더 많고, 요소에 대한 정오를 판단하고, 수정을 지시하는 등의 사태가 건설적인 협력형 참여 수업의 효과를 이끌어내지 못한다는 점은 널리 알려진 일이다. 어떤 방식으로 이루어지는 것이든 글쓰기 면담과정에서는 '충분히 듣고, 충분히 공감하라'는 것이 핵심 가치이며, 튜터가 더 많이 처방적으로 말하는 것은 거듭 강조되는 금지된 교수법이다.[16]

그러나 튜터는 자신의 교육적 행동이 긍정적 효과로 가시화되는 것을 기대하는 반면, 튜티는 누군가 자신의 글에 대해 처방적 조언을 요구하는 일에 익숙해져 있다. 이런 차이를 교육상황에 적용하는 것은 이 두 가지 방향의 요구를 어떻게 조절하는가에 있다. 결국 튜티의 개방성에 초점을 맞추어 담화를 진행하는 것과 튜터의 교육적 욕구나 신념을 반영한 핵심적 조언을 수행하는 것 사이의 균형이 필요하다는 말이다.[17] 이 균형을 유지하는 데 가늠자의 역할을 할 수 있는 것이 글쓰기와 사고 간의 관계이다. (1)이 보여주는 탈맥락화된 교육적 신념에 대해서는 당위적 조언이 가능하지만 맥락화된 글쓰기 활동과정의 사고 과정은 개인적이고 개방적인 접근이 필요하다는 말이다.

---

15 비지시적 튜터링을 중요하게 생각하는 교육 가치는Brooks(1991)의 논문 제목에서 그대로 노출된다. '최소 튜터링; 학습자들에게 모든 것을 맡기라(Minimalist Tutoring: Making the Student Do all the Work)'는 제목에는 비지시적 질문으로 학습자가 자기 주도적으로 자신의 글에 대한 담론을 이끌고, 자기 글의 개선에 책임을 질 수 있도록 해야 한다는 가치가 그대로 반영되어 있다. Kafle(2013)에서 튜터의 텍스트 해석에 평소 신념, 과거 경험이 미치는 영향을 최소화함으로써 튜터링이 편향되는 것을 막는 것이 중요하든 점을 언급한 것 역시 지시적 튜터링의 위험성을 경계하는 것이라 할 수 있다.

16 튜터가 튜티보다 우위에 놓이는 권위적 튜터링의 부정적 효과에 대한 논의는 Clark & Healy(1996), Thonus(2002, 2004), Williams(2005) 등을 참조할 수 있다.

17 Wingate(2019:2)에서는 Wertsch(1998), Reiser(2004), Warring(2005) 등을 들면서 튜터의 조언과 튜티의 참여 사이의 균형을 위한 교수법에 대한 모색이 필요하다는 점을 강조하고 있다.

글쓰기가 사고 인식과 개선에 관련된 상위인지적 전략에 관련된 도구라는 교육적 관점은 전공글쓰기 튜터의 전공에 관련된 쟁점을 해소하는 데도 도움을 준다. 전공글쓰기는 교과목 의존적인 특수 주제를 다룬 것이어서 여타 전공의 튜터가 담당하기 어렵다는 생각은 WAC등의 교과연계 글쓰기에 대한 튜터링을 누가 어떻게 담당할 수 있는가의 문제로 이어졌다.[18] 튜터링에서 교과목에 특정되어 있는 주제, 내용지식의 정오 판단이 중요하게 다루어진다면, 여타 전공지식을 가진 튜터가 해당 글쓰기에 대해 담론을 펼치기는 어려울 수 있다. 하지만, 글쓰기와 사고, 상위인지전략화에 집중하는 것이 학습자의 글쓰기 진전에 도움이 된다면, 여타 전공의 튜터가 해당 글쓰기에 대해 개별 튜터링을 진행하는 것이 가능해진다.[19]

2) 튜터 역할

튜터 교육에서 중요하게 다루어져야 할 지점은 튜터링에서 튜터의 역할을 규정하는 것이다. 대학글쓰기 튜터링에서 튜터 역할 고려는 대학 교육 전체틀과 튜터 전문성의 관계가 무엇인지를 이해하는 데 도움을 줄 수 있다. 또 튜터 교육 설계에 어떤 점에 주의해야 하는가를 제시할 뿐만 아니

---

18 튜터의 전공과 튜터링 대상글 간의 관계에서 생기는 문제는 사실 교양교육 담당 글쓰기 전문가가 전공글쓰기를 가르칠 수 있는가의 문제와도 긴밀히 관련된다. 김남미, 정재현(2013:478)에서 언급한 대로 교양교육에서 다루는 글쓰기 전략들이 전공영역에서 다루는 내용에 적용할 수 있는가의 문제가 발생하는 것이다. 이 논문에서는 적어도 대학글쓰기와 관련된 장르에서는 교양글쓰기에서 중요한 글쓰기 전략을 전공글쓰기 영역에도 적용가능하다는 입방에 서있다. 글쓰기 교육에서 다루는 중요 지점이 주제의 내용지식에 대한 것이 아니라, 글쓰기와 사고, 상위인지전략에 관련된 것이기에 오히려 더 그 가능성이 커진다는 점에 주목하고 있는 것이다.

19 정한데로(2012:328), 김선효(2013:201)에서는 전공 글쓰기 튜터링에서 튜터의 전공 능력의 중요성을 강조한 바 있다. 후자의 논의에서는 학습자의 전공이 일치해야 학습자 글의 형식과 내용을 모두 다룰 수 있다고 말한다. 흥미로운 것은 통계적 해석에서는 튜터링 결과에 전공 일치 여부가 크게 영향을 주지 않는다는 결과가 도출되었다는 점이다(이효숙, 2021:109). 이는 튜터 교육을 통해 전공 영역을 넘어서는 튜터링을 수행하는 것이 가능하다는 점을 시사하는 것이다.

라, 튜터 스스로의 역할 인식이 어떤 의미를 갖는가에 대한 해법도 제시할 수 있다.

글쓰기센터 내에서 튜터가 어떤 역할을 수행해야 하는지에 대한 논의는 정한데로(2012:326)에서 정리된 바 있다.

(2) WAC 프로그램 글쓰기 튜터의 역할

　　가. 교강사와 학생 사이의 '중간자'　　　　　　　　　　　①

　　나. 글쓰기 전문가로서의 강의 '보조자'　　　　　　　　　②

　　다. 지속적으로 글쓰기 능력 향상을 돕는 '조력자'　　　　③

(2)-가는 프로그램 운영 과정에서 학습자들의 요구와 교과 이해 정도를 담당교강사에게 전달하는 역할을 말하고. (2)-나는 전문가로서 전공을 위한 강의 보조자의 역할을 의미하고, (2)-다는 학생이 능동적으로 글쓰기에 참여할 수 있도록 이끄는 역할을 의미하는 것이다. 각 역할과 '튜터 교육'이나 '튜터링'의 관련성을 명시적으로 이해하려면 정한데로(2012)의 글쓰기센터 프로그램의 전체 틀을 이해할 필요가 있다.

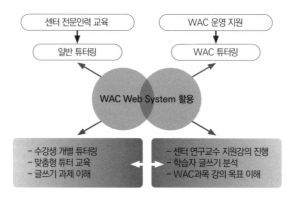

<그림 1> 글쓰기센터 프로그램 전체 틀

(2)는 〈그림1〉의 우측 'WAC 운영'에 관련된 튜터의 역할에 대해 논의한 것이다. WAC 운영에서 튜터가 교과를 돕는 중간자(TA의역할), 학습자 글쓰기를 분석하고, 지원강의의 목적을 이해하는 보조자(센터 인력의 역할), 튜터링을 설계하고 이를 운영하는 조력자(개인교사의역할)에 주목한 것이라 할 수 있다.

중요한 것은 WAC 튜터로서의 역할이 일반 튜터의 역할과 상호 작용하고 있다는 점이다. WAC 인력으로서의 활동이 일반 튜터링의 자원이 되고, 일반 튜터링의 상단에 놓인 '센터 전문 인력 교육'은 물론이고 튜터링 활동으로부터 배운 결과가 다시 WAC 활동의 자원으로 활용될 수 있다는 의미다. 이 글쓰기센터 전체틀 안에서 튜터는 실제 교과목 운영과 글쓰기 과제 간의 관계, 튜터링 현장과 전문성 간의 관계 안에서 글쓰기와 사고의 관계를 실현하는 주체가 된다. (2)를 〈그림1〉의 틀 안에서 다시 해석하면 (2)-①은 대학 현장 안에서 글쓰기가 어떻게 운용되는지, 거기에 필요한 것은 무엇인지를 배우며 전문 인력이 되는 과정이며, (2)-②는 학문 후속세대나 예비 글쓰기 교사로서 튜터링 세션에 필요한 글의 분석 및 중요 요소들을 이해하는 과정이며, (2)-③은 (2)-①, ②를 바탕으로 확보한 글쓰기 전문성을 실제 개인 지도 교사로서 글쓰기 튜터링에 적용하는 과정이 된다. 물론, (2)-③의 튜터링 수행 결과는 다시 (2)-①, ②의 교육 자원이 되어 (2)-③의 효과를 증진시킬 수 있는 자원으로 활용된다.

튜터 교육이 전문성 강화의 과정이자, 강화된 전문성과 실제 현장의 개별지도 교육 간에 선순환적 상호작용을 고려하여야 한다는 점은 튜터 교육을 설계하는 담당자의 지침이 되어야 한다. 동시에 튜터 스스로도 자신이 수행하는 활동이 어떤 의미를 갖는지, 어떻게 변형되어야 하는지를 스스로 인식할 수 있도록 교육되어야 한다.

3) 튜터링 세션의 특성

대학의 학술적 글쓰기는 체계적으로 배워야만 하는 활동이고[20] 다층적 학문공동체가 요구하는 글쓰기 역량이 몇몇 글쓰기 과목을 통해 충분히 함양되기 어려운 것은 분명하다. 글쓰기 교육이 다양한 방식으로 지속적으로 수행되어야 한다는 것에 주목할 때 튜터링은 유용한 학습 현장이 된다.[21] 튜터 교육에서는 튜터링 자체의 교육적 특별함이 공유되고 그 특별함의 가치를 실현해야 하는 교육 현장임을 강조하여야 한다.[22]

튜터링이라는 교육 환경이 어떻게 실현되기를 바라며, 그 실현이 또 다시 어떤 기여를 이끄는가에 대한 가치를 공유하고 확장하는 활동은 튜티, 튜터에게는 물론이고 글쓰기센터 운영에 관여하는 다양한 주체들에게 사명감과 자부심을 부여한다. 이 사명감과 자부심으로 튜터링을 설계하고 그것을 운영하면서 기여도를 확장하는 것의 중요성을 튜터 교육을 통해 공유하여야 하는 것이다.

---

20 Muhsin & Aziz(2020)에서는 글쓰기가 교육적 환경 안에서 누군가로부터 교육 받아야 하는 것임을 받아들이고, 교사가 추구하는 비판적이고 이성적인 사고를 발전시키면서 학습자의 자유로운 표현과 의견 차이를 수용할 수 있는 분위기 안에서의 글쓰기 교육이 수행되어야 함을 강조하였다.

21 Graesser & Person(1994:106)에서는 튜터링과 같은 1:1 개별 지도가 능동적 학습을 이끌어 낼 수 있는 요인을 몇 가지로 정리해 보인 바 있다. 이를 글쓰기 교육의 측면으로 변환하여 제시하면 아래와 같다.
① 튜터링 세션은 튜티가 자신의 요구를 인식하고 이를 질문화할 수 있는 기회를 지속적으로 제공할 수 있음.
② 튜터링 세션은 튜티가 질문하기를 망설이게 하는 다양한 사회적 장벽이 제거된 상황이므로 튜티 중심의 의사소통이 가능함. 튜티가 튜터 질문으로부터 자신의 요구에 접근하도록 대화 주제를 바꾸는 것에 적절함.
③ 튜터들은 더 깊은 수준의 이해와 추론에 집중할 수 있어 보다 더 수준 높은 질문을 이끌어 낼 수 있음.

22 Ewert(2009), Haneda(2004), May(2007), Ewert(2009), Thonus(1999, 2002), Wingate(2019) 등에서는 학술적 글쓰기에 대한 튜터링이 학습자들에게 주는 효과에 대해 논의하고 있다. 튜터링은 학습자들에게 자기 아이디어에 대한 협상의 기회가 되는 동시에 의미를 공동으로 구축하는 계기를 제공하기도 한다. 글쓰기에 대해 협력적이고 열린 소통의 기회에 참여하는 것은 권위적이고 규범적인 접근보다 효과적이라는 데에 의견 일치를 보이고 있다.

튜터링의 교육적 특별함은 사고의 개방성, 학습자 능동성, 수행 활동의 자유에 있다. 공식적 평가 틀로부터 벗어난 자유로운 환경 안에서 튜터와 튜티는 자신과 글, 이전 글과 다음 글 간의 관계를 읽으면서 스스로와 대면한다.

기존의 규범적 질서로부터 벗어나 미완성된 사고로부터 보다 더 자유로운 질서를 모색하면서[23] 사고의 개방성, 관계의 지속성, 의사소통의 자율성을 누릴 수 있는 것이 개별 지도 상황이 되는 것이다. 문제는 자유로움 안에서 가치를 실현하는 것이 그리 만만치 않다는 데 있다.

학습자가 보다 자유롭게 자신의 글에서 중요한 암시를 발견할 수 있는 중요 질문을 개발하고 그 질문에 대한 학습자의 반응을 예측하고, 후속 활동을 수행할 수 있도록 하는 것은 글쓰기에 대한 지식만이 아니라 교수학적 변환 능력, 훈련된 상담 능력을 요구한다. 개별 지도는 개별 지도이기 때문에 의사소통의 개방성, 자율성이 보장되기도 하지만, 개별성 때문에 튜터나 튜티의 개인적 특성이 노출되기도 쉬운 상황이다. 그러한 개인적 특성에도 불구하고 글에 대한 담론이 보다 긍정적으로 기여할 수 있도록 하는 방안이 필요하기도 하다. 튜터링이 갖는 특별함을 교육학적 효과로 전환하기 위해 튜터링의 목적을 설계하고, 대상 글에서 유의미한 것을 발견하고, 그것을 학습자와 함께 논의하는 과정에서 어떤 상황들이 펼쳐질 수 있는가에 대한 예측과 각 상황에 대한 대안을 마련하여야 한다는 의미다.

---

23 Horvath(1984:245)에서는 글을 '미완성'으로 생각함으로써 결과된 글의 오류에 집중하기보다 개선될 수 있는 보다 중요한 요소에 집중할 수 있다는 점을 강조한 바 있다.

4. 튜터링 효과 증진을 위한 튜터 교육

　지금까지 튜터 교육의 원칙으로 글쓰기와 사고 관계, 튜터의 역할, 튜터링 세션의 특성을 주목하였다. 이 원칙은 실제 튜터 교육과정에서 튜터든, 교육 담당자이든 지속적으로 확인하여야 할 사안들이다. 튜터 교육 안에서 이들이 거듭 강조된다는 것의 의미는 무엇인지, 실제 튜터 교육이 어떻게 진행되는가를 구체화해 보자.

　글쓰기센터 등의 글쓰기 교육 지원 기관 내에서 이루어지는 튜터 교육은 크게 세 가지 영역으로 구분할 수 있다. 첫째, 센터의 전체 인력을 대상으로 이루어지는 세미나 형식의 전체 튜터 교육, 들째, 신입 튜터를 대상으로 이루어지는 강의, 모의 튜터링, 튜터링 전사 등으로 이루어지는 신입 튜터 교육, 셋째, 튜터링 운영 이전이나 이후에 수행되는 튜터 교육이다. 이를 그림으로 보이면 〈그림2〉와 같다.

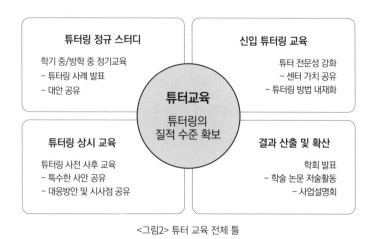

<그림2> 튜터 교육 전체 틀

좌측 상단의 '튜터링 정규 스터디'가 센터 구성원 전체를 대상으로 하는
세미나 형식의 튜터 교육으로 튜터링 사례를 공유하고 교수학적 방법론
등을 고려하는 과정을 반영한 것이다. 좌측 상단은 신입 튜터를 대상으로
한 교육으로 3장에서 논의하였던 튜터 교육 원칙이나 방향을 다양한 방식
으로 공유하는 과정이다. 좌측 하단의 튜터링 상시 교육은 튜터링 사전이
나 사후에 진행되는 튜터 교육으로 주로 특수한 사안을 공유하고 대응 방
안을 함께 모색하는 과정에 해당한다. 마지막으로 우측 하단에 제시된 '결
과 산출 및 확산'은 센터 내의 성과를 논문화하는 과정을 통해 기여도를
확산하는 과정이다.

튜터가 대학원생인 경우 튜터 교육 및 튜터링 성과를 학술 논문화하고
발표 후 게재하는 과정이 이에 포함된다.

〈표1〉은 튜터 교육 과정 중 신입 튜터에 대한 것을 상세화한 것이다.

	교육명	교육 내용
1단계	센터 가치 공유	- 대학글쓰기의 목적과 센터 목적 이해 - 글쓰기와 사고 관계 - 튜터의 역할 이해 - 튜터링 세션의 가치 이해
2단계	글쓰기 전문성 강화	- 장르별 글쓰기 피드백 - 교과별 글쓰기 피드백 - 분석 결과 공유 및 개선 방안 공유
3단계	튜터링 설계 및 구성 방법의 이해	- 튜터링 대상 글 분석 결과 공유 - 대상글에 대한 튜터링 설계 - 튜터링 운영 방식 공유 - 실제 튜터링 참관
4단계	튜터링 운영 방식의 내재화	- 센터 전문가-신입 튜터 모의 튜터링 - 신입 튜터-기존 튜터 모의 튜터링 - 신입 튜터-신입 튜터 모의 튜터링
5단계	튜터링 진행 결과 공유	- 신입 튜터 튜터링 계획 - 신입 튜터 튜터링 결과 전사 - 센터 전문가와 결과에 대한 토론

<표1> 신입튜터 교육 일정 및 교육 내용

1단계는 센터의 가치를 공유하고 튜터링과 튜터-튜티 간의 관계, 교육적 의미, 유의할 점 등에 대해 이론적 토대를 쌓는 과정이다. 3장에서 논의된 튜터 교육의 원칙을 이론적으로 공유하는 과정이라 할 수 있다. 이론적 논의를 수행하기 위해 센터의 튜터링에 대한 원칙이나 방법론을 소개한 이론서[24] 토대로 세미나 형식의 세션을 운영하는 방식과 주요 기존 논의를 발제하여 발표하는 방식을 활용하거나 해외 글쓰기센터 사이트의 활동을 리뷰하기도 한다. 센터 상황에 따라 달라질 수 있으나 이 과정은 대개 3주 이상의 과정을 거치는 것이 일반적이다.

2단계는 실제 학습자 글 분석 활동으로 장르별, 전공별 글을 대상으로 지면 피드백을 수행하고 그 위계와 중요성을 논의하는 과정이다. 〈표1〉에서는 1단계 2단계로 구분하고 있으나 1, 2단계를 하나의 튜터 교육 세션에서 전반부에 1단계, 후반부에 2단계를 함께 진행하는 것이 효율적이다. 1단계에 수용한 이론적 틀을 글쓰기 분석에 활용할 수 있기 때문이다. 실제 학생 글을 지면 피드백하고 센터 전문가와 그 결과를 토의하는 과정은 학문공동체에서 산출되는 다양한 장르의 글쓰기에 대하여 이해하는 동시에 대학 내의 전공 교과목에 대한 이해를 넓히는 계기가 된다.

3단계는 실제 학습자 글을 대상으로 모의 튜터링을 설계하는 과정에 해당한다. 학습자 글의 분석 결과, 대상 학습자 글을 위한 튜터링 설계, 실제 튜터링 운영에서 발생할 수 있는 상황 예측 및 대안 등을 모색하는 과정이 된다. 대상 글의 장르에 따라 몇 회에 걸쳐 시행되며 이는 4단계의 모의 튜터링을 위한 토대가 된다. 튜터링에 참여하는 학습자가 동의하는 경우 실제 튜터링에 참관하여 튜터링 참관보고서를 제출하고 그 의미를 되새기는 활동을 수행할 수 있다. 참관이 어려운 경우는 실제 튜터링 결과를 전사하

---

24 S대학의 글쓰기센터의 경우 이를 위하여 Bean(2014), Falchikov(2003) 등의 자료로 이론적 무장을 시도하는 방식을 채택한 바 있다.

고 그 의의와 방식을 추출하여 보고서에 반영하고 이를 센터 전문가와 상담하는 과정을 거치기도 한다.

4단계는 분석 글 및 튜터링 설계를 토대로 모의 튜터링을 수행하는 절차에 해당한다. 실전에 앞서 튜터 교육을 통해 얻은 지식과 태도를 튜터링 상황에 적용하는 훈련이자 다양한 돌발 상황에 대처할 수 있는 과정이 되기도 한다. 〈표1〉에 보이듯 모의 튜터링은 센터 전문가-신입 튜터, 신입 튜터-기존 튜터, 신입 튜터-신입 튜터 등으로 역할을 바꾸어 진행되며, 그 결과를 전사하여 전체 튜터 교육 자원으로 삼을 수 있다. 마지막 5단계는 초기의 실전 튜터링의 전문성을 강화하기 위한 과정이다. 튜터는 자신의 최초 튜터링 설계를 센터 전문가와 논의하고 계획을 실제 튜터링에서 수행한 후 그 결과에 대해 자기 피드백을 하고 개선 방향을 모색하는 과정에 해당한다.

이러한 튜터 교육 과정은 튜터링 안에서 또 튜터링 바깥에서 튜터 스스로의 활동에 대하여 인식하고 그 활동의 의미를 질적으로 개선해나가는 과정이 되며, 이를 메타적으로 인식하여 다른 과정에 적용함으로써 전문성을 확보하는 과정이 된다.

5. 결론

이 논문의 목적은 대학글쓰기에 대한 튜터링의 효과성을 증대하기 위한 튜터의 전문성 확대 방안의 일환으로 튜터 교육의 원칙과 방법을 제안하는 데 있었다. 튜터 교육을 위해 튜터와 튜터 교육 담당자가 공유하여야 할 가치로서 제안한 원칙은 세 가지였다.

첫째, 튜터 교육은 글쓰기가 사고의 도구이며, 글에 반영된 글쓴이(학습자)의 사고를 학습자 스스로 이해하고 수정을 통해 자기 사고의 질적 개선을 이끄는 일이 고차원적 사고를 위한 과정이라는 점을 확인하는 과정이 되어야 한다는 것이다. 튜터링에서는 학습자가 자신의 사고를 상위인지 전략화하고 이후 다른 글쓰기나, 다른 과목의 글을 수용하고 생산하는 데 적용할 수 있어야 한다는 의미였다.

둘째, 튜터 교육은 튜터의 전문성을 강화하는 과정이자, 튜터가 개별 지도 교육의 담당자로서 교육을 설계하고 운영하는 과정을 배우는 과정이 되어야 한다. 튜터 교육은 튜터가 글쓰기 전문가로 이끄는 과정인 동시에 튜터링을 통해 학습자와 글에 대해 의사소통을 하는 조력자가 되기도 하고, 학습자의 의견을 공감하는 지지자가 되기도 한다. 튜터링 맥락이나 상황에 따라 튜터가 자신의 역할을 알고 이를 튜터링 안에서 실현해 나갈 수 있도록 이끄는 과정이 튜터 교육을 통해 수행되어야 한다.

셋째, 튜터 교육은 개방적이고 자유로운 현장 안에서 수준 높은 의사소통이 자율적으로 수행되도록 이끌 수 있는 훈련의 장이 되어야 한다. 튜터링은 과목의 평가로부터 자유로우며, 개별 지도 상황이기에 의사소통이 보다 원활하고 자유로울 수 있는 개방적인 교육 현장이다. 이 특별한 교육현장이 참여학습자에게 또 튜터에게 교육적으로 유의미한 현장이 될 수 있도록 튜터링을 설계하고 실현하는 과정에서 최선의 교수학적 전환을 시도할 수 있도록 하여야 한다. 이를 적극적으로 도우며, 훈련할 수 있는 과정이 튜터 교육에서 수행되어야 한다.

튜터 교육을 통한 전문성의 강화는 튜터링의 질적 수준을 담보할 수 있는 기반이 된다. 실제 현장에서의 튜터 교육은 주로 세 가지 방식으로 진행될 수 있다. 첫째, 센터의 모든 구성원을 대상으로 세미나 형식으로 진행되는 튜터 교육이다. 둘째, 신임자를 대상으로 튜터링에 관련된 지식이나 교육 방법을 내재화하는 방식으로 이루어지는 신입 튜터 교육이다. 셋째 실제 튜터링의 사전이나 사후에 이루어지는 교육으로 튜터링의 계획이나 성과 공유를 위해 진행되는 교육이다.

튜터 교육에서 이루어진 보다 구체화된 글쓰기의 분석과정이나 세션의 전사를 통한 교육적 유의미성에 대하여 논의하는 것은 이후의 과제로 남긴다. 이 논문에서는 튜터링이 글쓰기와 사고의 관계를 기반으로 한 상위 인지적 전략을 이끌어 전이 가능한 활동이 되는 것임에 주목하였다. 이 거시적 접근 하위에는 전공-교양 간, 학령 간 차이가 포함된 것은 물론이다. 전공-교양 간, 학령 간 차이에서 발생하는 상세한 접근 방식에 대한 논의 역시 이후의 과제로 남긴다.

📎 참고문헌

- 곽수범(2021), 대학 글쓰기 피드백 체계 탐색-미국 대학 글쓰기센터 튜터 훈련 자료분석, 리터러시연구 12(3), 한국리러터시학회, 231-254.

- 김남미(2018), 자기 글 읽기를 통한 작문 능력 신장 방안, 문화와융합 40(6), 문화와융합학회, 311-340.

- 김남미(2019), 학술적 글쓰기 능력 신장을 위한 상위인지 전략, 리터러시연구 10(3), 한국리터러시학회, 245-281.

- 김남미, 정재현(2013), 專攻 글쓰기 能力 啓發을 위한 WAC 협력 과정 哲學 授業事例를 中心으로. 어문연구 41(1), 한국어문교육연구회, 477-504.

- 김선효(2013), 대학 글쓰기에서의 한국어 동료튜터링 (peertutoring) 의 과정과 방법: 외국인 및 재외국민 학습자를 중심으로. 교양교육연구, 7(5), 사고와표현학회, 197-227.

- 김선효(2015), 한국어 학습자를 위한 한국어 동료튜터링(peer tutoring)의 성과와 방향성: 서울대학교 '글쓰기의 기초'강좌를 중심으로, 한국어 의미학 47, 한국어의미학회, 27-53.

- 김세준(2021), 언택트 시대의 글쓰기 클리닉 운영의 과제-성균관대학교 글쓰기 클리닉을 대상으로, 리터러시연구 12(6), 한국리터러시연구학회, 279-307.

- 김치헌(2013), 효과적인 글쓰기 클리닉 운영 방안 연구: 성균관대학교 사례를 중심으로, 사고와표현 6(2), 사고와표현학회, 57-83.

- 박정희(2013), 서울대학교 글쓰기교실 (AWL) 글쓰기지도 프로그램과 지도 방법: 과정 중심적 글쓰기지도 '리포즈 튜터링'의 경우를 중심으로, 사고와표현 6(2), 사고와표현학회, 85-115.

- 박정희(2019), 대학 글쓰기 교육과 WAC 운영 체계: 서울대학교 'SNU-WAC' 프로그램 운영을 중심으로, 사고와표현 12(1), 사고와표현학회, 7-38.

- 서상범(2019), 전공기초 교과목에서의 학습연계글쓰기 적용 사례 연구, 동북아 문화연구 61, 동북아문화연구학회, 397-414.

- 엄성원(2014), 서강대학교 글쓰기 센터의 운영 성과와 발전 과제, 리터러시연구 9, 한국리터러시연구학회, 143-164.

- 이유경(2020), 외국인 학생을 위한 글쓰기 클리닉 운영 성과와 과제, 교양교육연구, 14(2), 교양교육연구학회, 191-203.

- 이효숙(2021), 대학의 글쓰기 비교과 프로그램에서 튜터링의 교육적 효과, 리터러시연구 12(5), 한국리터러시연구학회, 83-116.

- 이희영, 김화선(2019), 학생 동반 성장을 위한 온라인 글쓰기 튜터링-배재대학교 글쓰기교실 사례를 중심으로, 학습자중심교과교육연구 19(4), 학습자중심교과교육학회, 731-745.

- 임선애(2017), 대학 글쓰기센터 운영의 현황과 과제, 리터러시연구 21, 한국리터러시연구학회, 133-156.

- 정한데로(2012), 글쓰기 튜터의 역할과 자세-WAC(교과기반글쓰기) 프로그램을 중심으로, 시학과언어학 22, 시학과언어학회, 323-349.

- 진선정(2019), 한남대학교 '글쓰기 상담교실'의 운영 현황과 과제, 리터러시연구, 10(4), 한국리터러시연구학회, 391-425.

- 최미나(2015), 대학의 동료튜터링에서 튜터와 튜티 특성에 따른 동료튜터링 운영실태와 요구에 대한 인식 분석, 학습과학연구, 9(3), 한양대학교 교육공학연구소, 190-207.

- 한새해(2015), 사후 [제출 후 글쓰기] 튜터링의 중요성 제고: 서강대 글쓰기센터를 중심으로, 리터러시연구 (12), 한국리터러시연구학회, 111-136.

- Aziz, L. J.(1996), A model of paired cognitive and metacognitive strategies: Its effect on second language grammar and writing performance (Doctoral dissertation, University of San Francisco).

- Bean, J. C.(2014), Engaging Ideas: The Professor's Guide to Integrating writing, Critical Thinking, and Active Learning in the Classroom . FAMILY MEDICINE 46(2), 143.

- Brooks, J.(1991), Minimalist tutoring: Making the student do all the work, Writing Lab Newsletter 15(6), 1-4.

- Brunstein, J. C. & Glaser, C.(2011), Testing a path-analytic mediation model of how self-regulated writing strategies improve fourth graders' composition skills: A randomized controlled trial. Journal of educational psychology 103(4), 922.

- Clark, I.L. & Healy, D.(1996). Are writing centers ethical?. WPA-LOGAN-, 20(1/2) 32-48.

- Clark, I.L. & Healy, D.(1996), "Are Writing Center Ethical?", WPA: Writing Program Administration, 20(1/2), 32-38; Brooks, J., Minimalist Tutoring: Making the Student Do all the Work, Writing Lab Newsletter 15(6), 1991, 1-4.

- Dinitz, S. & Harrington, S. (2014), The role of disciplinary expertise in shaping writing tutorials. The Writing Center Journal 33(2) 73-98.

- Ewert, D.(2009), L2 writing conferences: Investigating teacher talk, Journal of Second Language, Writing 18, 251-269.

- Falchikov, N.(2003), Learning Together: Peer Tutoring in Higher Education, Routledge.

- Graesser, A. C. & Person, N. K.(1994), Question asking during tutoring, American educational research journal , 31(1), 104-137.

- Haneda, M.(2004), The joint construction of meaning in writing conferences, Applied Linguistics 25(2), 178-219.

- Harris, K. R. & Graham, S.(1992), Helping young writers master the craft: Strategy instruction and self regulation in the writing process , Brookline Books.

- Harris, K. R., Santangelo, T. & Graham, S.(2008). Self-regulated strategy development in writing: Going beyond NLEs to a more balanced approach. Instructional Science 36(5), 395-408.

- Hartford, B. S. & Bardovi-Harlig, K.(1992), Closing the conversation: Evidence from the academic advising session, Discourse Processes 15, 93-116

- Horvath, B. K.(1984), The components of written response: A practical synthesis of current views, Rhetoric Review 2(2), 136-156.

- Hubbuch, S. M.(1988), A Tutor Needs to Knnow the Subject Matter to Help a Student with a Peer:_Agree_Disagree_Not Sure, Writing Center Journal 8(2), 23-30.

- Kafle, N.(2013), Lived experiences of middle level leaders in the Nepali institutional schools, Journal of Education and Research 3(2), https://www.learntechlib.org/p/208724/.

- Lichtinger, E.(2004), Self-regulation in writing: The role of perceived environmental goal structure in the regulation of cognition, motivation and behavior, Unpublished doctoral dissertation, Ben-Gurion University of the Negev, Beer Sheva, Israel.

- May, S.(2007), Doing creative writing. Routledge.

- Mullin, J. A.(2001), Writing centers and WAC, WAC for the new millennium: Strategies for continuing writing-across-the-curriculum programs, Urbana, IL, 179-199.

- Reiser, B.(2004) Scaffolding complex learning: The mechanisms of structuring and problematizing. Journal of the Learning Sciences 13(3), 273-304.

- Santangelo, T., Harris, K. R. & Graham, S.(2008), Using self-regulated strategy development to support students who have "trubol giting thangs into werds". Remedial and special education 29(2), 78-89.

• Sperling, M.(1994), Discourse analysis of teacher-student writing conferences: Finding the message in the medium. In: P. Smagorinsky(Ed.), Speaking about writing: Reflections on research methodology(205-234). Thousand Oaks, CA: Sage.

• Thonus, T.(1999), Dominance in academic writing tutorials: gender, language proficiency, and the offering of suggestions. Discourse & Society 10, 12, 225-248.

• Thonus, T.(2002) Tutor and student assessments of academic writing tutorials: What is "success"? Assessing Writing 8, 110- 134.

• Thonus, T.(2004) What are the differences? Tutor interactions with first- and second-language writers, Journal of Second Language Writing 13, 227-242.

• Topping, K. J.(1996), The effectiveness of peer tutoring in further and higher education: A typology and review of the literature. Higher education , 32(3), 321-345.

• Waring, H.Z.(2005), Peer tutoring in a graduate writing centre: Identity, expertise and advice resisting, Applied Linguistics, 26, 2, 141-168.

• Whitman, Neal A.(1988), Peer Teaching: To teach is the learn twice, ASHE-ERIC Higher Education Reports, The George Washington University.

• Williams, J.(2005) Writing center interaction: Institutional discourse and the role of peer tutors. In K. Bardovi-Harlig and B. Hartford(Eds.) Interlanguage pragmatics: Exploring institutional talk, 37-65. Mahwah, New Jersey: Lawrence Erlbaum.

• Wingate, U.(2019), Can you talk me through your argument? Features of dialogic interaction in academic writing tutorials, Journal of English for Academic Purposes 38, 25-35.

9장

사후[제출후글쓰기] 튜터링의 중요성 제고

-서강대 글쓰기센터를 중심으로

한새해

1. 서론

대학교육에서 글쓰기 교육의 중요도가 커지고 있음은 주지의 사실이다. 글쓰기는 그 과정을 피드백함으로써 사고를 증진시키는 데에 중요한 역할을 수행한다. 그렇기에 현재 대학들은 각종 장치를 마련하여, 과정 중심의 글쓰기 교육이 활성화되기 위한 방법을 모색하고 있다. 실제 강의와 연계하되, 글쓰기 교육과 연구 전반을 총괄하는 독립적 위상의 전담기구인 글쓰기센터[1] 등을 설치하는 것이 대표적이다.

최근 이와 연계된 논의[2]가 비교적 활발하게 이루어지고 있는 것은 고무적이나, 아직 세분화된 진단 또는 체계가 미흡한 것도 사실이다. 요컨대, 글쓰기센터에서는 수정과 피드백의 상시적 체계를 갖추고, 글쓰기 교육에 훈련된 튜터(tutor)와 글쓰기 전반의 도움이 필요한 학습자(tutee) 간의 튜터링을 진행한다. 그러나 그 튜터링 자체에 대한 연구가 (과제) 제출 전(前) 글쓰기 곧 '사전 튜터링'(the non-submitted writing assignment)에 주목하여 연구되고 있으며, 보다 정확하게 말하면 사전/사후 튜터링의 구분 없이 막연히 튜터링의 필요성을 논의하고 있는 실정이다.[3] 그러므로 본 논의는 (과제) 제출 '전(前)[사전 튜터링]'과 '후(後) [사후 튜터링]'의 글쓰기 튜터링을 구별하는 의미로서의 '사후 튜터링'(the submitted writing assignment)에 집중하여 논의해 보고자 한다.

---

1 구자황(2008: 340)은 수정과 피드백을 활성화하고 글쓰기 교육의 동인으로 물질화하는 방안의 하나로 글쓰기센터를 제시하고 있다. 또 안상희(2014: 175)에 따르면, 현재 국내 대학에서 활발하게 운영되고 있는 글쓰기센터로는 '고려대학교, 동국대학교 경주캠퍼스, 서강대학교, 서울시립대학교, 카이스트, 한성대학교 이외에도 서울대학교, 경희대학교, 숙명여자대학교'를 지목하고 있다.

2 글쓰기센터의 역할이나 중요성과 관련한 선행 연구로는 김신정(2007), 김치헌(2013), 안상희(2014), 엄성원(2014)을 들 수 있으며, 정한데로(2012)는 글쓰기센터에서 학생들의 글쓰기를 논의하는 튜터의 역할과 자세를 다루고 있다.

3 각주 1) 2)번의 기존 논의 검토의 결과이다. 때문에 본고에서 사용하고자 하는 '사전/사후'의 튜터링 용어조차도 제대로 정립되고 있지 않는 실정이다. 적확한 용어나 표현에 대해서는 추후 언제든 수용할 여지가 있음을 미리 밝히고자 하며, 이와 관련한 논의 또한 활발히 진행되기를 기대한다.

따라서 이 연구는 사후 튜터링의 현황 분석과 그 필요성을 토대로 해당 글쓰기들의 특징을 분석하여 사후 튜터링의 중요성을 제고시키는 것을 목적으로 한다. 이후 사후 튜터링이 나아가야 할 적절한 방향성을 제시해 보고자 한다. 또 여기서 의미하는 사후 튜터링이란, 대학 글쓰기에서 요구되는 학습을 위한 글쓰기, 곧 교양 및 전공 교과 과정 등과 연계된 글쓰기가 '교강사에게 제출되었거나'[평가는 완료되지 않은 경우] 또는 이미 '평가되어진'[평가 완료] 이후의 글쓰기와 관련한 모든 튜터링을 의미한다.

본 연구는 글쓰기센터에서 사후 튜터링이 언제·어떤 방식으로 진행되며, 왜 중요하고 필요한지에 대해 고민하고 실제 글쓰기 현장에서 운영·활용할 수 있음에 연구의 의의를 찾고자 한다.

한편 본고에서 사후 튜터링의 참고로 삼는 튜터링 자료는 서강대학교 글쓰기센터의 2013년 1~2학기의 튜터링 자료 중, 연구자에게 튜티 곧 튜터링을 요청한 학생들 중 사후 튜터링임을 스스로 밝힌 학생들의 자료들을 사용하였음을 밝혀 둔다.

2. 글쓰기센터의 역할과 사후 튜터링의 현황

오늘날 글쓰기센터는 맞춤법, 문장수준에서의 교정 기관이라는 이전의 개념을 넘어, 학생들에게 글쓰기 상담 및 첨삭, 특강, 워크숍 등 다양한 서비스를 제공하는 대학 기관이며 다양한 학문 수준의 학생들이 이러한 글쓰기교육 프로그램에 참여하기 위해 자유롭게 이용하는 공간이다(안상희, 2014:177).

특히 서강대학교 글쓰기센터는 학부교육 선진화 사업의 일환으로 2011년 설립되어 현재까지 다양한 글쓰기 프로그램을 수립하고 운영하였다. 그 가운데 학생들의 수준에 맞추어 상담을 진행하는 '튜터링 과정'과 '글쓰기기반 과정(WAC: Writing Across the Curriculum)'[4]의 온라인 시스템 구축을 가장 큰 성과라고 평할 수 있다(엄성원, 2014: 145).

서강대 글쓰기센터의 주요 목표는 비판적 사고와 전문적 글쓰기 능력을 배양시키는 것으로, 크게 학생지원·교수지원·튜터지원·연구지원[5] 분야의 업무를 담당한다. 본고에서 주목하고 있는 분야는 해당 글쓰기센터의 '학생지원'부분이며 학생들을 위한 글쓰기 튜터링이다. 일반적으로 튜터링은 (튜터에게) 자신의 글에 대해 종합적인 논의를 요청하는 학습자의 자발적인 참여로 이루어진다. 서강대 글쓰기센터의 튜터는 국·영문 튜터 각 8명으로 구성되어 있으며, 튜터링의 대상이 되는 글은 독후감·발표문·소논문·보고서·자기소개서 등으로 학생들의 요구에 따라 다양할 수 있다.

팀프로젝트와 연관된 글쓰기의 경우는 팀원 모두가 튜터링에 참여할 수도 있다. 또한 학습자는 글의 개요 작성 단계에서부터 서두–본문–결미 쓰기의 단계나 퇴고의 부분 등에 한정하여 단계별 글쓰기의 튜터링을 튜터에게 요청할 수 있다. 이러한 단계별 글쓰기 튜터링은 주로 사전 튜터링에서 이루어지며, 사후 튜터링은 이미 과제 제출이 완료된 상태에서 진행되기 때문에 글쓰기 전반을 종합적으로 검토하는 측면에서 이루어진다.

---

4 WAC 지정과목으로 지정되어 있는 교과 강의를 수강하는 학생은, 글쓰기센터에서 이 과목의 쓰기 과제와 관련된 글쓰기 상담을 받을 수 있다. WAC 지정과목 담당 교수는 학생들에게 과제를 부여할 때 평가와 관련된 가이드라인을 센터에 전달하고, 글쓰기센터에서 이를 참조하여 학생의 과제에 도움을 주는 방식으로 운영된다(안상희,2014:193).

5 ①학생지원: 글쓰기 튜터링/ WAC프로그램/ 글쓰기 이력 관리/ 전문가 초청 특강/ 방학기간 주차별 특강 ②교수지원: WAC프로그램/학생 글쓰기 이력 관리/ WAC 담당교수 워크숍/ 전문가 초청 특강 ③튜터지원: 정기 튜터 교육/ 글쓰기 이론 학습, 튜터링 실제 훈련/ 튜터링 전문가 초청 특강 ④연구지원: 글쓰기 활용방안 프로그램 개발/ 온라인 시스템 구축/ 글쓰기 프로그램 개선 연구

그런데 해당 대학 글쓰기센터의 연구자에게 요청된 사후 튜터링은, 전체 튜터링의 약 10%미만이다.[6] 실제 사전 튜터링이 사후 튜터링에 비해 월등히 많은 비율을 차지하고 있다. 이러한 비율의 차이는, 기존의 선행 연구들이 사전 튜터링에 주목하거나 혹은 군이 (사전/사후 튜터링) 구별의 필요성을 인지하지 못한 까닭일 수도 있다. 그러나 사후 튜터링을 해당 글쓰기센터의 총합으로 평균 잡아 추정하였을 때, 사후 튜터링이 차지하는 10%의 비율은 약 200~250건 이하가 된다. 이는 다소 적은 비율로 여겨졌던 사후 튜터링의 검토가 필요한 이유이기도 하다.

이렇게 사후 튜터링을 요청한 학생들의 유형은 크게 두 가지로 나뉜다. 첫째, 이미 제출된 글쓰기에 대해서 평가 또는 점수가 확정된 경우. 둘째, 제출되었지만 평가가 확정되지 않은 경우이다. 이때 사후 튜터링을 기대하는 학생들의 반응은 다음과 같다.

(가) (해당 글을) 내고 나면 남는 게 없는 것 같아서요. 점수가 안 나올 것 같나요? 제출했는데, 글 쓰는 것이 어려워 잘 써지지 않아요.

(나) 방학 동안 (글을) 쓰지 않다보니…. 방학 이후에 처음 쓰는 것이어서요. 이렇게 쓰는 것이 맞나 싶어서…. 튜터님이라면 (해당 글을) 어떻게 평가를 하셨겠어요?

(다) 교수님의 평가는 이미 나왔는데, 그건 내용적인 것이고... 교수님 여건적인 부분에서 다 지적을 못 해 주셔서, 형식이나 구조나 지엽적인 글쓰기 부분을 케어해 주시기 부담스럽잖아요. 그 부분(형식, 구조 등)을 조금씩만 언급하셔서 글쓰기센터에 문의했어요. 다음에 글을 쓸 때도 잘 해보고 싶어서요.

<표 1> 사후 튜터링을 요청하는 학생들의 양상[7]

---

6 서강대학교 글쓰기센터의 2013년 (국·영문) 전체 튜터링 건수를 총합하면 약 2500여건이 된다. 그러나 본 연구에서 참고자 하는 데이터는 필자가 실제 튜터로서 담당하였던 총 147건의 튜터링 자료 중, 사후 튜터링임을 스스로 밝힌 10~15건의 튜티들의 자료를 기반삼아 논의하기로 한다. 한편 글쓰기센터의 활성화와 발전을 위해 아직은 도모해야 할 많은 과제들이 있다. 따라서 본 논의에서 주목하고 있는 초기 단계의 '사후 튜터링'과 관련한 논의가 향후 단계적으로 발전하기 위해서는, 튜터 개개인의 개별 운영 사례 연구와 동시에 튜터들 간의 공동 후속 연구가 종합적으로 모색되어야만 한다.

7 녹취된 실제 튜터링을 전사(轉寫)한 것이다.

위의 자료로 볼 때, (가), (나)와 (다)의 학생들의 반응은 크게 양분되는 현상을 보인다. 먼저, 이미 교강사에게 제출된 글쓰기에 대해서 평가 또는 점수가 확정된 경우는 (다)와 같은 반응이었다. 둘째, 이미 제출되었지만 평가점수가 확정되어지지 않은 경우는 (가), (나)와 같은 반응이었다. 이때 전자의 경우에는, 교강사로부터 좋은 평가가 부여된 경우(A학점 이상)에 튜터링이 신청되었으며, 후자의 경우에는 학생이 자신의 점수를 튜터에게 확인 받고자하는 측면에서 주로 요청되었다. 이때 사후 튜터링 학습자 태도의 분할 양상은 다음의 표로 정리될 수 있다.

태도 분할 양상		평가 전[(가), (나)]	평가 후[완료]	
			상[(다)]	중·하
	①심리적 차원	위축, 과장, 긴장, 불안, 초조	기대, 칭찬, 인정, 교감	사례 없음
		관심, 응시, 호기심, 교감		
	②인지적 차원	오류의 가능성, 무지, 불확실성	확실성, 판단, 인식	사례 없음
	태도[①+②]	방어적	적극적	사례 없음

<표 2> 글쓰기 평가 전·후에 따른 (튜터링 학습자) 태도의 차이[8]

해당 글쓰기 평가 전의 학생들은[(가), (나)는] 심리적으로 위축, 긴장하는 등의 모습과 그 자신의 글쓰기에 대한 관심과 호기심을 동시에 나타내고 있다. 학습자가 인지적 차원에서, 흑백 논리, 과잉 일반화, 선택적 추상화, 의미 확대·축소 등의 오류의 가능성을 염두해 두고 있기에 나타난 현상으로 보인다. 이는 검증되지 않은 글쓰기에 대한 불안함에서 오는 자기 확신의 부족 때문이다. 따라서 (가), (나)의 학생들의 경우는, 글쓰기의 의도를 묻는 튜터의 질문에 민감하고 '방어적'으로 반응하며, '적극적으로 자신의 의도를 설명하고 설득'하려는 경향이 나타난다. 튜터를 마치 글쓰

---

8 Aaron T. Back(2007)의 인지 이론 개념을 참고하여 학습자들의 태도를 심리적 차원과 인지적 차원으로 분할하였으며, 연구자의 튜터 경험을 토대로 분석한 종합적 결과이다.

기의 직접적인 평가자로 인식하는 학생들의 태도는, 그들이 사후 튜터링에서 바라는 기대 심리를 반증하는 것이다. 이것은 평가가 완료되지 않은 [평가되지 않은]글쓰기이기 때문에 나타나는 현상으로, 이때 학생들이 튜터로부터 기대하는 피드백은 자신의 글쓰기에 대한 튜터의 '확정적인 평가'[예상 학점·점수] 그 자체이다. 그러나 정한데로(2012: 326-330)에 의하면, 본래 튜터는 평가자일 수 없으며 오히려 바람직한 튜터의 역할은 학생 스스로의 사고력 확장이 이루어질 수 있도록 글쓰기 과정을 도와, 궁극적으로 학습자가 자발적으로 답을 찾아나갈 수 있게 하는 조력자라고 할 수 있다.

반면 (다)와 같은 경우는, 이미 교강사로부터 좋은 평가가 확정되었기에 한결 여유로운 태도로 튜터의 질문에 반응한다. 또 튜터로부터 일종의 '칭찬받기'를 기대한다. 칭찬을 받으면 자신이 부족했다고 여겨지는 부분에 대해 질문하고 궁금증 해결을 위해 튜터와의 피드백에 '적극적으로 참여'하는 특징을 지닌다. 또 학습자는 튜터의 수정하기의 제안을 쉽게 받아들인다.

제시된 현황들을 통해서, 학습자들이 크게 두 가지의 차원에서 사후 튜터링의 필요성을 인식하고 있었음을 알 수 있다. 그것은 평가 전·후로 나뉘는 글쓰기의 '자기 확신 부족'혹은 '확신'에서 발로된다고 할 수 있다.

한편 〈표 2〉에서 나타나듯이, 사후 튜터링을 찾는 (평가 완료 후) 중·하의 사례는 찾아보기 어렵다. 이러한 현상은 다소 저평가된 점수로 인해, 중·하의 평가를 받은 학습자들이 자신의 글쓰기가 더 이상 개선의 여지가 없는 글로 단정 짓는 결과로 보인다. 대학 수업의 여건상 학습자는 교강사로부터 일대일의 적극적 피드백을 기대하기 어려울 수 있으며, 그에 따라 동기부여가 취약한 학습자는 해당 글쓰기 과정을 재고해보려 하지 않기 때문이다. 그러나 대학에서의 학습은 글쓰기를 매개로 사고한다. 학습자는 글쓰기를 통해 학습하고, 학습을 통해 글쓰기를 한다. 글쓰기를 통해, 학습자는 자신의 생각을 구성하고 이를 객관화하여 정리·확장해 나가는 일련의 과정을 수행한다. 그러므로 고차원적인 사고로 나아가기 위해서, 글쓰기 과정은 일회성으로 끝날 것이 아니라 지속적으로 이루어져야 할 필요가 있다. 그 대안으로 글쓰기센터를 활용하는 방안을 고려해 볼 수 있다. 사후 튜터링의 중요성이 제고되어야 하는 이유이다.

3. 사후 튜터링 글쓰기의 사례와 특징

3.1. 형식적 측면

사후 튜터링을 요청한 학생들의 글쓰기 분량을 주목할 만하다. 평가가 이미 완료되었든 그렇지 않든 간에, 제출된 학생들의 글은 주로 (A4 기준) 보통 10장 이상을 상회하고 있으며, 많게는 20장 정도의 분량으로 서술되고 있다.[9] 물론 학내 전공 혹은 교양 과목 교강사의 기준에 따라 (분량상의) 제한적 글쓰기가 적용되고 있음을 감안하더라도, 자발적 사후 튜터링을 요청한 학생들의 글쓰기 경향은 주목할 필요가 있다. 이것은 양과 질의 문제를 떠나, 글쓰기 자체를 대하는 학생들의 태도와 자세를 보여주는 척도가 될 수 있기 때문이다. 일반적으로 글을 기술할 때의 학생들은 분량을 채우기에도 급급한 경우가 많거나, 무엇을 어떻게 써야 하는가 자체에 대해 고민하는 경우가 많다. 따라서 생각을 점진적으로 조직화하는데 어려움을 겪고, 그에 따라 글을 구성하는 측면에서 정보의 나열에 한정되거나 내용이 부실한 경우가 있다. 그러나 사후 튜터링을 대하는 학생들의 특징

---

9 필자에게 요청된 사후 튜터링과 관련한 자료는 모두 다른 주제, 과목의 글쓰기들이다. 한편 사전 튜터링은, WAC 프로그램 과목으로 요청된 경우 일부 같은 주제나 조건의 글쓰기들도 있다.

은, 기본적으로 무엇을 어떻게 생각하고 조직할 것인가 방법에 대한 생각들의 기술적 제시가 대체로 풍부하다고 할 수 있다. 내용적 검토는 다음의 3.2장에서 구체적 사례를 통해 살펴도록 한다.

정리하면, 사후 튜터링에 참여한 학생들은 자신의 생각을 충분하게 구현해 내고자 양적으로 많은 글쓰기를 서술하였으며, 이를 검증받고자 하는 차원에서 튜터링을 요청한 것으로 보여진다. 특히 평가 전 학습자들의 경우(<표 2>의 (가),(나)), 해당 글쓰기에 대한 평가가 확정되지 않았기 때문에 일차적으로는 양적으로 많은 기술을 시도하였다는 점에서 자신감을 갖게 되고, 동시에 이러한 시도가 올바르게 전개되었는가에 대한 의구심을 함께 갖고 있는 것으로 판단된다.

뿐만 아니라, 사후 튜터링을 요청한 학생들은 주로 참고 자료나 서적들, 시각 자료나 도표 등의 활용이 많은 것이 특징적이다. (<자료 1, 2> 참조)

<자료 1>   <자료 2>

앞서 필자는 글쓰기 분량에 있어서 사후 튜터링을 요청한 학생들이 상대적으로 많은 지면을 할애하고 있다고 설명한 바 있다. 그렇다면 혹자들은 사후 튜터링에서 글쓰기 분량이 많은 이유가 단순 자료 나열이기 때문이 아니겠냐고 반박할 수도 있다. 그러나 이것은 참고 자료를 어떤 식으로 어떻게 배열했느냐, 즉 자신의 논지와 부합하는 근거로써 어떻게 적절하게 배치하려고 노력하였는가의 여부와 관계되기 때문에 특징적인 것이다.

이러한 작업의 시도는, 학습자가 해당 글쓰기를 구현하기 위해 자신이 찾은 일련의 배경 지식을 조직화하고자 한 흔적이다. 곧 자신이 전개하려고 하는 논지의 근거로 충분하게 작동되게 하기 위해 논리적 적합성과 체계성, 심층성으로의 확대 등을 총체적으로 고심했다는 점에서 그러하다. 학습자 스스로가 해당 자료들을 드러내는 것이 온당하다고 판단한 확증의 집약체가 바로 〈자료 1, 2〉와 관련한 것이다. 이러한 점은 단순 정보 나열식의 분량채우기 글쓰기들과는 구별되는 시섬이다.

3.2. 내용적 측면

주지하다시피 글쓰기는 창조적인 작업이기 때문에 글쓰기 전략에 정답이 있다고 말하기 어렵다. 오히려 글쓰기는 전방위적인 접근을 필요로 하는 지난한 작업과 연속적 수정의 과정에서 발전한다고 보는 것이 옳을 것이다. 실상 이러한 글쓰기 과정은 우리와 밀접하게 연결된다. 대학에서 학습하는 과정은 글쓰기를 매개로 하고 있으며 그러한 과정에서 이루어지는 사고의 확장은, 다시 글쓰기를 통해 재정립되고 비로소 방향성을 찾게 되기 때문이다. 그렇다면 사고의 확장은 어떻게 이루어질 수 있을까? 그것은 어떤 주제에 대해 심도 있게 다각적으로 생각하면서 읽고 쓰는 과정에서 이루어지는 것, 곧 정형화되어 있는 지식 정보를 습득하여 '자신의 사유로 정리하고 가공하는 것'이라고 할 수 있을 것이다. 이처럼 대학 글쓰기 현장에서는 교양 및 전공 계열 지식 등과 관련하여 사고의 확장을 요구하는 경향성을 띠고 있다. 요컨대, 이러한 주체적이고 능동적인 사유가 반영된 글쓰기를 분석해 본다면 아래와 같이 정리할 수 있다.[10]

---

10 물론, 효과적인 글쓰기를 위해 고려되어야 할 대상은 이 뿐만은 아닐 것이다. 그러나 본고에 서는 대학 글쓰기에서 요구되는 비판적 사고 훈련과 관련하여 기본적으로 점검해야 하는 몇 가지에 대해 한정하여 제시하였음을 밝히는 바이다(정인문, 2010: 92 참조).

1. 이 글의 주요 목적은 무엇인가?

2. 핵심 문제는 무엇인가?

3. 이 글을 이해하기 위한 중요 개념이나 주요 아이디어는 무엇인가?

4. 이 글의 중요한 전제는 무엇인가?

5. 이 글에서 매우 중요한 정보는 무엇인가?

6. 핵심 결론은 무엇인가?

7. 이 글의 주요 관점은 무엇인가?

8. 이 추론의 중요 함축은 무엇인가?

9. 이 글의 맥락은 무엇인가?

이들을 종합할 수 있는 큰 범주는 자신이 논의하고자 바, 곧 논의의 필요성과 당위성을 제대로 전달하고 있는가와 결부한다. 이러한 관점에서 볼 때, 글쓰기를 구성할 때 사용되는 이른바 3단 구성, 서론-본론-결론의 구조를 주목할 필요가 있다. 서-본-결이 담당 혹은 기능하는 역할들을 살펴볼 때, 1~9의 주요한 내용은 서론에서 대체로 찾아볼 수 있을 것이다. 이를 확인하기 위해, 사후 튜터링을 신청하였던 학생들의 글을 살펴보도록 하자.

한비자와 마키아벨리의 바람직한 정치체제 비교
'- 공공성'을 중심으로

1. 글머리에

비교정치사상을 접하면서 가장 '문제'가 된다고 생각하는 점은 과연 어떠한 '틀'로 써 비교를 할 것인가이다. 비교정치사상의 의의와 동서양 정치사상의 상호교차성에 대해서는 충분히 동의하지만 제대로 된 비교를 할 수 있는 '틀'에 대한 설정은 간단히 정리하기 어려운 문제라고 생각한다. 예를 들어 한비자와 마키아벨리를 '현실주의'라는 틀로 묶고 비교하는 것은 많은 부분에서 공통점을 찾을 수 있고 양 자의 차이점도 분석할 수 있지만, 그들의 사상에 있어서 '현실주의'라는 틀로써는 설명될 수 없는 부분 역시 존재할 수 있음을 발견할 수 있었다. 하지만 한비자와 마키아벨리를 동서양 각각의 정치사상의 틀로서만 설명한다면 애초에 비교가 불가능하며, 상호교차성을 발견할 수 없고, 그 차이만 부각한 채 쉽게 이분법적 사고로 환원될 수 있는 가능성도 존재한다.

물론 그렇다고 해서 필자는 '완벽한' 틀로써 한비자와 마키아벨리의 사상을 비교할 수 있다고 생각하지도, '완벽한' 틀이 존재한다고 생각하지도 않는다. 다만 여러 가지 '틀'을 시험적으로 운용해보고, 또한 설정한 그 '틀'의 불완전성을 인정하면서, 좀 더 정확히 한비자와 마키아벨리의 원래의 목소리에 다가갈 수 있다고 생각한다.

필자는 이 논문에서 '한비자와 마키아벨리의 바람직한 정치체제'를 "공공성"이라는 틀로 설명해 보고자 한다. '바람직하다'는 말은 사전적 의미를 그대로 가져오자면 바랄만한 가치가 있다는 것인 데, 그렇다면 '바람직한' 정치체제는 바랄만한 가치가 있는 정치체제를 의미하며, 쉽게 그 체제의 정 당성과 연결시켜 생각해 볼 수 있다. 또한 필자는 이러한 정당성의 요소로써 공공성이 한비자와 마 키아벨리의 정치체제를 포괄할 수 있는 개념이라고 생각한다. 왜냐하면 어떠한 정치체제가 정당성 을 가지는 이유는 그 정치체제가 얼마나 공공성을 확보하느냐와도 관련이 있기 때문이다. 즉, 한비 자와 마키아벨리의 정치체제는 공공성을 추구한다는 점에서 공통점을 가지며, 한비자와 마키아벨 리는 공공성을 추구하는 체제를 바람직한 체제, 정당성을 가지는 체제라고 보았다고 생각한다. 하 지만 이러한 '공공성'의 '공공'이라는 개념에 대해서 한비자와 마키아벨리는 공통점과 차이점을 동 시에 지닌다. 즉 필자는 우리가 일반적으로 쉽게 공공, 公共과 public으로 번역하여 사용하는 개념 이 부분적으로 일치하는 부분도 있고, 일치하지 않는 부분도 있기 때문에 한비자와 마키아벨리의 원전에서 사용되는 용례도 공통점과 차이점을 가지는 것을 발견했다. 또한 이러한 점은 그들이 각 각 추구하는 정치체제의 양상에도 많은 영향을 끼친다. 따라서 필자는 먼저 '공공'이라는 개념을 분 석해봄으로써 한비자와 마키아벨리의 바람직한 정치체제를 설명하고자 한다. (밑줄은 필자)

<자료 3>[11]

〈자료3〉은 두 번째 밑줄에 제시된 바와 같이, 연구 목적을 분명하게 드러내고 있다. 한비자와 마키아벨리 두 정치 사상가들의 바람직한 정치체계를 '공공성'이라는 틀로 설명하고 하는 것이다. 그러나 이러한 논의 곧 비교정치가 필요한 근원적인 이유는 무엇인가에 대한 근거가 생략되어 있다. 이 분석이 어떠한 점에서 의의가 있고 중요한 것이며, 특히 마키아벨리, 한비자의 비교가 필요한 이유가 무엇인지를 추가적으로 검토해야 한다. 또한 〈자료 3〉에서의 세 번째 밑줄로 볼 때 이 글은, '공공성'에 근거하여 두 사상가를 집중하는 근거를 들고 주요 키워드와 핵심 내용을 제시하였다는 점을 주목할 만하다. 그러나 공공성의 논리적 전제가 다소 빈약하다고 할 수 있다. 〈자료3〉에서 학습자가 서술하였듯이, "어떠한 정치체제가 정당성을 가지는 이유는 그 정치체제가 얼마나 공공성을 확보하느냐와도 관련이 있기 때문"이라는 대전제라면, 굳이 한비자와 마키아벨리가 선택될 이유가 없다. 왜냐하면 대부분의 정치가들이 공공성 확보에 기저를 두고 그들의 사상을 논의하는 것은 자명한 사실이기 때문이다. 곧 공

---

11 2013년 2학기 수업에 제출된 중국문화전공 3학년 학생의 글쓰기 자료로 '평가가 완료'된 후,연구자에게 튜터링 요청된 글이다.

공성의 확보를 토대로 정치가들이 자신의 논리에 설득력을 갖는다는 설명은 당위론적이다.

하지만 마지막 밑줄에서 공공의 개념에 대해 '公', '共'으로 분할하여 분석함으로써, 그 구체적인 의미의 망이 동서양 사상가들에게 서로 다르게 나타날 수 있음을 지적한다. 또 그러한 점이 두 사상가를 이해하는 큰 차이가 될 수 있음을 (원전 번역의 문제와 아울러) 제시하면서, 논의의 방향을 정립하고 있다.

포스트 모더니즘으로 바라본 <응답하라 1994>
- 상호텍스트성을 중심으로

1. 들어가는 글

요즘 한창 유행인 드라마가 있다. 마치 타임머신을 타고 그 당시로 돌아간 듯 1994년의 상황과 모습을 재미있게 풀어내 많은 시청자들에게 공감을 얻고 있는 <응답하라 1994>가 그 주인공이다. 이 드라마는 1994년의 대한민국 서울 신촌을 배경으로, 갓 서울로 올라온 새내기 대학생들의 생생한 이야기와 '서태지와 아이들', 'X세대', '삼풍백화점 붕괴' 등과 같은 주요 사건들을 담고 있다. <응답하라 1994>는 그 당시를 겪었던 30-40대 시청자들의 공감뿐만 아니라, 그 시대를 겪지 않은 젊은 세대들의 관심까지 얻으며 전작인 <응답하라 1997>의 인기를 뛰어넘으며 매회 자체 시청률을 갱신하고 있다. 이 같은 인기요인으로는 개성 넘치는 등장인물이 만들어 나가는 이야기도 주요했지만, 시청자들의 향수를 불러 일으켰다는 점을 빼놓을 수 없다. 그리고 이 과정에서 <응답하라 1994>는 포스트 모더니즘적 기법을 많이 활용했다. 여태까지 지상파 드라마의 상당수는 통상적이고 관습적인 구조를 반복하고 있다. 신데렐라 스토리, 출생의 비밀, 키다리 아저씨와 같은 통속적인 설정에 배신과 갈등을 극단적으로 설정하여 자극적인 이야기를 만드는 것이 다반사다. 이러한 드라마 환경에서 <u><응답하라 1994>는 기존의 드라마에서는 쉽게 볼 수 없었던 포스트모더니즘 기법을 적극 차용하여 많은 시청자들의 공감을 얻었으며 변화하는 시대의 새로운 드라마 컨텐츠를 제시하고 있다. 이 글은 <응답하라 1994>에서 나오는 포스트 모더니즘적 기법을 분석해보고, 이것이 현재 드라마 환경에서 가지는 의의를 살펴보려 한다.</u> (밑줄은 필자)

<자료 4>[12]

〈자료4〉 역시 글의 도입부에 해당되는 부분인데, 논의하려는 대상과 방법을 기술하고 논의의 목적과 의의가 드러나고 있는 것이 특징이다. 그러나 그 논의를 구체화하는 방식에서 근거들이 불충분하게 나타나고 있다. 예컨대, 본 논의가 포스트모더니즘 기법에 주목하는 이유는 무엇인가? 또 영상매체에서 논의되는 이러한 기법은 무엇이며 왜 중요한가?에

---

12 '평가 전' 상태에서 요청된 사후 튜터링 자료로, 2013년 2학기 수업의 신문방송학전공 4학년 학생의 글이다.

대한 설명이 뒷받침되어야 한다. 연구의 목적과 필요성 등에 대한 인과 관계가 조직적으로 이루어질 필요가 있다. 뿐만 아니라, 소제목으로 제시된 핵심어 상호텍스트성이 이 글의 서론에서 언급되고 있지 않다. 따라서 이 논의가 상호텍스트성으로 나아가기 위해서는, 그 논증 방법의 다각도적인 측면의 검토가 필요하며 그 방법론을 구체화할 필요가 있다. 무엇을 어떻게 볼 것인가?를 제시해야만 한다. 그에 따라 왜 봐야만 하는가?와 관련한 논의의 의의를 입증해야 할 것이다. 〈자료4〉는, 〈자료3〉에 비해 서론의 구성하는 방식이 정교하지 못하다.[13] 그러나 튜터링 과정을 통해서, 논의의 목적과 해당 글을 기술하기 위한 주요 관점에 대해서는 인지하고 있다고 판단되었다.

결국 위의 자료들로 볼 때, 사후 튜터링의 내용적 경향은 다소 논리적 비약이나 논의 필요성에 대한 정당한 근거는 보완될 필요가 있지만, 주된 연구 목적이나 주요 관점에 대한 제시 등은 비교적 명확하게 나타나고 있음을 알 수 있다. 곧 학생 스스로 무엇을 어떻게 말할 것인가에 대한 나름의 기준과 사고가 드러나고 있음을 살펴볼 수 있었다.

4. 사후 튜터링의 방향성 모색

사후 튜터링은 '제출된 글쓰기'의 튜터링이라는 점에서 '글쓰기'에 대한 학생들의 열의와 기대심리를 포착하게 한다. '이미 제출된' 글쓰기에 대해 피드백을 요청하였다는 것은, 그만큼 학습자가 자신의 글에 애착을 갖고 있다는 것을 반증하는 것이며, 적극적 글쓰기에 가능성을 열어두고 있음

---

13 〈표 2〉 "글쓰기 평가 전·후에 따른 (튜터링 학습자) 태도의 차이"에서 다룬 바 있듯, 〈자료3〉은 교강사로부터 좋은 평가가 부여된 경우(A학점 이상)이며, 〈자료 4〉는 평가 전 글쓰기로, 해당 학생이 자신의 점수를 튜터에게 확인받고자 요청된 것이다.

을 의미한다. 여기에서 학생들의 글쓰기 능력을 향상시키기 위한 사후 튜터링의 역할은 무엇보다도 중요하다. 왜냐하면 아이러니하게도 '제출된 글쓰기'에 대한 튜터의 피드백을 수용하는 학생들은, 그것이 이미 '제출'되었기 때문에 지식을 스스로 구상하고 관련 사고를 확장 시키는 것에 대한 기대보다는, 튜터의 '평가와 판단' 그 자체를 요구하거나 '칭찬받기'[14]를 기대하는 맹점 또한 작용하기 때문이다. 사후 튜터링 이후, 학생들의 수정하기(revision) 또한 사전 튜터링[제출 전 튜터링]보다 능동적이거나 적극적으로 참여를 기대하기 어려운 것 또한 사실이다.

그러나 글쓰기가 수정하고 다시 쓰는 과정에서 발전되는 것임을 유념한다면, 글쓰기의 제출 여부는 학습자에게 결코 중요한 문제가 아니다. 그러므로 튜터는 순환적이자 비선형적인 글쓰기 과정에 학습자가 자발적으로 튜터링에 참여할 수 있도록 동기를 부여해야 한다. 사후 튜터링이 중요한 까닭이 여기에 있다. 사후 튜터링은 자기 점검과 사유 확장의 계기가 된다는 점에서 의미와 가치가 있기 때문이다. 다시 말하면, 학습자의 지속적인 글쓰기 향상을 위해서는 훈련된 튜터와의 지속적인 피드백이 진행되어야만 하고, 여기에서 참여자의 수정 동기의 구현이 필수적이다.

뿐만 아니라 학생들의 능동적 참여나 심층적 사고에 기반한 글쓰기의 확장성은, 오히려 평가자나 제출(기한)이라는 강박이 끝난 이후에, 더 자유롭게 이루어질 수 있거나 다각도로 심화될 수 있다. 이러한 맥락에서 사후 튜터링에서 튜터의 역할 역시 중요하다. 그러므로 튜터는 튜터링을 요청한 학생의 심리와 의도 등을 정확히 파악할 수 있어야 하며, 그에 상응하는 가이드라인을 제시할 필요가 있다. 튜터는 사후 튜터링을 요청한 학생

---

14 박상민·최선경(2011: 370)에 따르면, 학습자들은 피드백 스타일에 있어 날카로운 비판이나 지적보다는 격려하고 다독여주기를 바라는 것으로 드러난다. 학습자들은 첨삭 등의 피드백이 글쓰기에 많은 도움을 받음에도 불구하고, 해당 글쓰기에 대한 지적이 자신의 부족한 글쓰기 실력에 대한 비난이나 질책으로 느껴지기도 하며, 그 때문에 때로는 좌절하게 된다고 토로한다. 따라서 튜터는 학습자가 심리적으로 위축되거나 피드백 자체에 부정적 태도를 가질 수 있다는 점을 항상 유념해야 한다.

들이 해당 글쓰기를 지속적으로 연장·확장할 수 있게끔 도우면서, 자발적 글쓰기의 주체자로 거듭나기 위해 필요한 효과적 대응 방안을 모색해야 한다.

이를 위해서는 튜터링이 어떤 과정으로 이루어지고 있는지 그 단계 과정을 점검해 볼 필요가 있다. 앞서 2~3장에서 진단된 사후 튜터링 학습자들의 태도나 글쓰기 경향을 바탕으로 사후 튜터링의 방향성을 모색해 보고자 한다.

일반적으로 튜터링 과정 단계는 주로 다음의 순서대로 진행된다.[15]

> 1) 인사하기
> 2) 글쓰기의 목적 및 상황 맥락 확인하기
> 3) 글의 목적 파악하기
> 4) 전체
> 적인 글의 구조 파악하기
> 5) 제목과 소제목과의 관계 파악하기
> 6) 자기 견해 명확히 제시하기
> 7) 참고자료 인용과 활용 의도 파악하기
> 8) 마무리

먼저 튜터는 1)의 인사하기 단계 통해서 학생들과의 신뢰를 구축해야 한다. 사실상 1)은 전체 튜터링 과정을 좌우하는 중요한 단계라고 할 수 있다. 학생들은 1:1로 대면하는 튜터와의 첫 만남이 자신들의 글쓰기로 매개되었다는 점에서 다소간의 부담감을 갖기 마련이다. 따라서 튜터는 친근한 분위기를 형성하여 자신의 생각을 자유롭게 이야기할 수 있는 관계를 조성 시킬 필요가 있다. 이러한 과정에서 튜터는 자연스럽게 학생의 성

---

15 제시된 튜터링 과정은, 약 30분이라는 짧은 시간 내에 효율적으로 이루어질 수 있게 하는 사전/사후 튜터링의 일반적인 진행 방법이며, 이 안에서 글쓰기의 장단점을 이끌어내는 방법은 다양하게 모색될 수 있다. 2~3장의 검토결과, 사후 튜터링의 경우는 특히 2)와 8)의 단계에 집중해야 할 필요가 있다. 아울러 사후 튜터링의 단계별 튜터 활동의 효과나 특징 등을 구체적으로 검토하는 후속 작업이 이행된다면, 글쓰기 센터에서는 그 과정 단계를 매뉴얼할 수도 있을 것이다.

향을 파악할 수 있게 된다.

2)의 단계에서는 학생들이 글쓰기를 작성하게 된 의도와 목적을 파악해야 한다. 이때 튜터는 질문을 통해 학생들의 대답을 이끌어내게 되고, 학생들은 과제의 요구를 재확인한다. 튜터는 글쓰기와 관련하여 학생 스스로가 잘되었다거나 주력했던 지점이 어떠한 부분이 있는지 묻고 그 의도를 파악한다. 글쓰기 과제의 목적 또는 의도를 파악한 튜터는, 연계된 관점에서 학생의 글에 대해 관심 표명하고 유대를 형성해야 한다. 예컨대 칭찬하기를 통하여 글쓰기의 강점을 드러내 주는 것이다. 더구나 칭찬하기는, 평가가 완료된 학생들의 유형이 듣고자 하는 심리적 기대감과 부합하는 것으로써, 이들에게는 더 나은 글쓰기로 나아갈 수 있는 기폭제가 될수 있다. 평가가 이루어지지 않은 경우에도 칭찬은, 학습자가 글쓰기의 자신감을 갖고 적극적인 튜터링 참여를 가능케 하는 매우 중요한 역할을 한다. 이 안에서 자연스럽게 튜터는, 글쓰기의 정답이란 있을 수 없기에 학습자의 장점을 기반으로 더 나은 지점으로 나아갈 수 있으며, (과제 제출의 유무와 상관없이) 사후 튜터링이 생각의 폭을 확장하는 계기가 될 수 있음을 인지시킬 수 있다.

3)에서는 글의 목적 곧 학생의 목적, 목표를 살펴본다. 그리고 튜터는 2)의 목적과 3)의 목적이 일치하는지 확인하고 그것을 조율한다. 3.2장에서 살펴본 바와 같이, 사후 튜터링을 신청한 학생들은 서론을 조직하고 구성하는 전략 곧 서론의 역할과 기능을 비교적 잘 기술하는 특징이 있으므로, 이들의 근거가 온당한가 혹은 왜 논의의 필요성이나 의의가 자신의 논의 목적과 부합되고 있는지 등을 검토할 필요가 있다.

4)~7)의 단계에서 튜터는 설명하고자 하는 핵심 내용 층위 관계의 적절성, 제목과 소제목 안의 관계, 각 소재들과 핵심어의 연결성, 주장에 대한 논증 작업과 근거의 정당성 등을 파악해 나간다. 특히 7)의 단계는 사

후 튜터링 학생들에게 두드러지게 나타나고 있으므로, 튜터는 참고 자료의 활용이 어떠한 측면에서 왜 필요하며 적절한가를 묻고 그 의도가 잘 반영되었는가를 학생 스스로 판단할 수 있도록 유도한다. 이를테면, 학습자가 이야기하고자 하는 주제는 무엇이고, 그 주요 내용 안에서 어떻게 참고 자료를 활용하려 하였는지 질문으로써 점검할 필요가 있다. 튜터는 그러한 학습자의 전략에 대하여, 기존의 의도와 실제 기술된 맥락이 부합되고 있는지, 달라졌다면 왜 그렇게 되었는지 찾을 수 있는 생각과 판단의 시간을 충분히 제공해야한다. 이후 학습자는 참고 자료 선택의 적합성, 논증 의도를 설명해 낼 수 있어야 하며, 그 대화 안에서 논리적 결함을 스스로 확인할 수 있는 것이다.

8)의 단계에서 튜터는 3~7)에 걸친 대화 작업에서 (튜터로부터) 의도가 명확하게 전달되지 않은 점이 있었는지 학생에게 묻고 그것을 재확인해야 한다. 이러한 방향 수정이 더 발전된 글쓰기로의 과정이 될 것임을 시사하고, 격려하며 수정하기를 권유한다. 이때 특정 부분의 글쓰기 과제를 부여하여 확실한 동기 부여를 제공하는 것도 한 가지 대안이 될 수 있다. 결국 지속 가능한 튜터링을 이끌어 내는 것은 튜터링의 진행 과정에서 형성된 튜터와 튜티의 상호 커뮤니케이션을 바탕으로 한다. 마지막으로, 튜터는 다시쓰기로의 날짜 곧 향후 튜터링을 확정하고 그 관심과 기대를 표명, 독려하는 것으로 튜터링을 마친다.

앞서 튜터링 과정을 단계별로 살펴보고 그에 적합한 사후 튜터링의 방향을 도출하였다. 이를 종합해 볼 때, 사후 튜터링의 참여한 (평가 전·평가 후) 두 부류의 학생 중, '평가 후'학생들을 위한 대안에 집중할 필요가 있어 보인다. '평가 전'의 학생이 요청하는 튜터링이 튜터의 평가 그 자체에 관심이 쏠려 있는 것에 비해, '평가 후'의 학생은 그들의 글쓰기 저변 향상에 보다 적극적 태도를 보이기 때문이다. '평가 후'의 학생들은 해당 글쓰기에서 A학점 이상을 맞았다 할지라도, 자신이 글쓰기에 완벽하다고 생각하지는 않는다. 다시 말하면 이러한 유형의 학생들은 실제 성적은 우수하지만, 정작 자신도 무엇이 어떠한 면에서 잘되었는지 구체적으로 모르고 있는 경우가 많다. 그러므로 사후 튜터링을 통해, 아직 불완전한 글쓰기에서 학습자 스스로가 잘 구성한 것과 아닌 것의 정도를 알고자 하는 것이며, 그렇기에 평가 전 학생들의 의도와 사전 튜터링의 그것과는 전혀 다른 본질적인 글쓰기의 욕구를 해결하려는 것이다. 따라서 튜터는 학습자에게 글쓰기의 장점을 인지하도록 하되, 더 발전된 글쓰기를 위해 보완해야 할 점을 명료하게 피드백해 주는 것이 관건이라 할 수 있다.

'평가 후'학생들의 동기부여를 위해, 글쓰기센터 차원에서 일종의 가이드화된 과제를 제시하는 것이 효과적인 방법이 될 수 있다. 곧 글쓰기센터에서는, 해당 학생들의 문제점을 보완할 수 있는 개별과제를 부여하여 향후 향상된 글쓰기로 나아갈 수 있도록 돕는 작업이 이행되어야 할 것이다. 이것은 튜터들 간의 협력과 정보 교환 등을 통해, '평가 후' 학생들의 글쓰기 경향을 총괄적으로 분석하여 그 경향성을 샘플링하고, 글쓰기센터는 이안에서 부족한 기술을 시도할 수 있도록 항목화된 몇 가지 과제물을 확정한다. 앞서 살폈듯 이러한 유형의 학생들은 문제의 논점과 구성력 정도는 갖추고, 논증의 다양한 방법론이나 근거의 정합성 등의 정치함을 확보할 필요가 있었으므로, 그에 부합하는 체계화된 과제들이 선별되어야 한다. 이후 튜터는 평가 후 학생들의 확실한 동기부여를 위해, 항목화된 과제물 안에서 해당 학생이 부족한 부분을 수행하도록 독려할 필요가 있다.

한편 위와 같은 방법은 '평가 전'학생들을 위해서도 시도될 수 있으며, 특히 이들 학생들의 경우는 해당 글쓰기의 레벨이나 수준에 따라 달라지는 (유형화된) 해당의 과제를 부여해야 한다. '평가 전'학생들은, 2장의 〈표2〉 "글쓰기 평가 전·후에 따른 (튜터링 학습자) 태도의 차이"의 분석 결과에서 나타난 것처럼, '평가 후'학생들의 유형에 비해 다양하기 때문에 이를 고려한 연구가 필요하다. 또 이것은 사전 튜터링의 피드백 방법을 아우른 새로운 과제로의 도입을 의미한다. 다시 말하면 사후 튜터링의 과정은 사전 튜터링과의 연계가 필수적이다. 글쓰기는 제출된 것으로 끝나는 것이 아니라, 수정하고 다시 쓰는 과정에서 지속적으로 발전되는 것임이 핵심이기 때문이다. 따라서 튜터는 글쓰기 과정에 학습자가 자발적으로 참여할 수 있도록 동기를 부여해야 하며, 글쓰기센터는 해당 사후 튜터링이 또다른 사전 튜터링이 될 수 있도록 도와야 하는 것이다. 예컨대 학습자의 동기부여를 위해 튜터는, 학생에게 해당 글쓰기의 주제와 부합할 수 있는 대학생 논문 공모전의 참여를 권유할 수 있다. 또는 글쓰기센터에서 학부생 학술대회를 주최하여, 학습자들이 자신의 글쓰기에 대해 다양한 연구자들과 쌍방향으로 소통할 수 있는 자리를 마련하는 것이다. 이때 튜터는 학습자들에게 단계별 과제를 부여하여 그 글쓰기의 수정 과정을 돕는다.

결국 사후 튜터링은 사전 튜터링의 지속적인 연장이며, 학습자에게 글쓰기의 제출 여부는 근본적인 글쓰기의 목적과 필요성에 부합되지 않는 것임을 인지시키는 튜터링이 되어야만 한다. 그러나 이들은 사전 튜터링을 요청한 학생들에 비해, 현실적으로 모두 수정하기의 동기부여가 취약할 수밖에 없기 때문에, 여기에 평가 '전' '후'학생들을 위한 차별화된 과제가 부여되어야 하는 것이다. 또 사후 튜터링에 대한 인식 제고와 그 대안들의 고찰은, 2장의 〈표 2〉에서 나타난, 사례가 없던 '중·하'에 대한 분석결과를 보완하는 방향으로 작동될 것이다.

5. 결론

사후 튜터링은 학습자 스스로의 글쓰기 점검과 사유 확장의 계기가 된다는 점에서 그 의미를 찾을 수 있다. 특히 사후 튜터링이 이미 '제출된' 글쓰기에 대한 학습자의 피드백 요청이라는 점에서, 그들의 적극적 글쓰기의 저변을 확인하는 한편 튜터의 판단 가치를 요구하는 이중성 때문에 그 심리와 의도를 잘 포착해야 한다.

사후 튜터링을 요청한 학생들은 크게 평가 전의 글쓰기와 평가 완료 후의 글쓰기 유형으로 나뉠 수 있다. 이들의 공통점은 모두 수정하기의 동기 부여가 취약하다. 또 형식적 측면에서는 분량이 사전 튜터링 글쓰기보다 많은 것과 참고 자료 또는 시각 자료가 두드러지게 나타나는 것이 특징적인데, 이는 글쓰기를 대하는 학습자의 성실성 등의 태도적 측면과도 밀접하게 연관된다. 내용적 측면에서는, 논의 목적이나 주요 관점에 대한 제시 등이 비교적 적합하게 제시되고 있었는데, 학습자 스스로 무엇을 어떻게 말할 것인가에 대한 나름의 기준과 사고가 드러나고 있음을 살펴볼 수 있었다.

그러므로 튜터는 사후 튜터링을 요청한 학생들의 글쓰기 경향에 기초하여, 효과적인 대응 방안을 모색해야 한다. 곧 글쓰기 제출의 유무가 학생 개개인의 글쓰기 향상으로부터 결코 주요한 문제가 될 수 없음을 인지시키고, 학습자가 주력하고 있는 부분을 드러내어 칭찬하고 도우면서, 해당 글쓰기를 지속적으로 연장·확장시키기 위해 필요한 작업이 바로 사후 튜터링이 되어야만 하는 것이다.

따라서 사후 튜터링의 과정은 사전 튜터링과의 연계가 필수적이다. 글쓰기는 제출된 것으로 끝나는 것이 아니라, 수정하고 다시 쓰는 과정에서 지속적으로 발전되는 것임이 핵심이기 때문이다. 따라서 튜터는 글쓰기 과정에 학습자가 자발적으로 참여할 수 있도록 동기를 부여해야 하며, 글쓰기센터는 해당 사후 튜터링이 또다른 사전 튜터링이 될 수 있도록 도와야 하는 것이다.

사후 튜터링의 중요성을 제고하고, 학습자가 글쓰기의 제출 유무와 상관없이 자발적 글쓰기의 주체자로 거듭 나기 위해 필요한 방안을 모색하고자 했던 본 논의가 실제 글쓰기 현장에서 활용되기 위해서는, (사후 튜터링 이후의) 지속 가능한 튜터링의 추가적 사례들로 보완되어야 할 것이다. 뿐만 아니라, 본 연구로부터 도출된 사후 튜터링의 중요성과 학습자 독려를 위한 튜터 역할의 중요성을 토대로, 향후 그 다양한 사례의 총합에 대응할 수 있는 정치한 튜터링 방법론들이 고민되어야 한다.

참고문헌

- 구자황(2008), 수정과 피드백이 글쓰기에서 동인이 되는 방식을 위한 탐구, 어문연구 56, 어문연구학회, 323-343.

- 김남미(2013), 전공 글쓰기 능력 계발을 위한 WAC 협력 과정, 어문연구157, 477-504.

- 김신정(2007), 대학 글쓰기 교육에서 글쓰기 센터 (Writing Center)의 역할, 작문연구4, 한국작문학회, 117-143.

- 김치헌(2013), 효과적인 글쓰기 클리닉 운영 방안 연구, 사고와 표현 6, 한국사고와 표현학회, 57-83.

- 박상민·최선경(2011),첨삭지도에 대한 학습자의 요구분석과 효율적인 첨삭지도 방법, 작문연구13집, 333-383.

- 안상희(2014), 국내 대학의 글쓰기센터 운영 현황 연구, 작문연구 21, 한국작문학회, 73-199.

- 엄성원(2014a), 대학 독후감 첨삭 교육과 글쓰기 센터의 연계 방안 연구, 교양교육연구 8, 한국교양교육학회, 463-489.

- 엄성원(2014b), 서강대학교 글쓰기 센터의 운영 성과와 발전 과제, 대학작문 9, 대학작문학회, 143-164.

- 정인문(2010), 글쓰기의 이론과 실제,박문사.

- 정한데로(2012), 글쓰기 튜터의 역할과 자세 - WAC(교과기반 글쓰기) 프로그램을 중심으로, 시학과 언어학 22, 시학과 언어학회, 323-349.

- 정희모(2005), 대학 글쓰기 교육의 현황과 방향,작문연구1, 한국작문학회, 111-136.

- 정희모, 이재성(2006), 대학생 글쓰기의 수정 방법에 관한 실험 연구, 국어교육연구 33, 국어교육학회, 657-685.

- 정희모(2008), 글쓰기에서 수정(Revision)의 절차와 방법에 관한 연구, 현대문학연구34, 한국문학연구학회, 333-360.

- 주민재(2008), 대학 글쓰기 수정 교육에 관한 수업 모형 연구, 작문연구 6, 한국작문학회, 281-318.

- Marjorie E. Weishaar(1993), 권석만 역, (인지치료의 창시자) 아론 벡,학지사.

10장

대학의 글쓰기 비교과 프로그램에서 튜터링의 교육적 효과

이효숙

1. 서론

학령인구 감소로 대입 입학 정원이 고교 졸업생 수를 초과할 전망이다.

2021년에 발표한 「2021년 교육기본통계」(교육부, 2021)에 따르면 대학 신입생의 충원율은 84.5%로, 전년 대비 3.1% 하락한 수치로 밝혀졌다. 재적 학생수도 전년과 비교해 74,000여 명이 줄어들어 학령인구 감소로 인한 대학의 지각 변동은 현실화되고 있다. 대학들은 고등교육 경쟁력을 높이고 대학 교육의 질적인 수준을 높이고자 다양한 노력을 시도하고 있다.

그럼에도 불구하고 발생하는 대학 신입생의 학업능력 편차는 모든 대학이 해결해야 할 문제 중 하나다. 입학 전형 방법의 다양화로 인해 신입생들은 기초학력은 물론이고, 학습 경험, 학업 동기, 학업능력에 있어서 많은 차이를 보인다. 다양한 학습 배경을 지닌 학생들이 한 강의실에서 수학하는 일은 학생과 교수자 모두에게 쉽지 않은 일이다. 그렇다고 전체 신입생을 대상으로 수준별 학습을 진행하는 것 또한 과목마다, 교육 여건에 따라 일관되게 적용하기 어려운 것 또한 사실이다. 학생들을 수준별로 나누어 수업을 진행하는 일은 학생의 수업 선택에 자율성을 빼앗는 것일 뿐만 아니라, 학습자들 간의 긍정적인 상호 작용을 저해한다는 측면에서도 여러 가지 문제가 제기되고 있다.

더욱이 COVID19의 장기화로 대학이 전면적으로 비대면 온라인 수업을 실시하고 있는 상황에서, 학업능력의 편차는 적지 않은 문제를 예고하고 있다. 대면 수업에서는 교수자의 직접적인 피드백이 없다 하더라도 간접적으로나마 다른 학우들의 학습 태도, 학업 성과 등을 확인하며 학업능력에 대한 편차를 극복하기 위한 노력을 스스로 기울일 수 있었다. 그러나 비대면 온라인수업이 시행된 이후, 학생들은 학점이 부여되기 전까지는 자신의 학업능력과 수준을 확인할 방법이 없기 때문에 학업 성취에 불안감을 호소하고 있다.

대학들은 학생들의 학업능력의 차이를 극복하고 학업능력의 차이에서 발생하는 문제점을 보완하기 위해 교과 이외에 비교과 프로그램을 개발하여 운영하고 있다. 튜터링 또한 이러한 노력의 일환으로 최근 여러 대학에서 다양한 형태로 운영되고 있다. 튜터링 학습이란 우수한 실력을 갖춘 튜터(tutor)가 학습에 도움이 필요한 튜티(tutee)의 학습을 돕는 학습활동을 가리킨다. 국내 대학에서 운영되고 있는 튜터링은 운영 방식에서 다소간의 차이가 있으나 대체로 동료 튜터링(peertutoring) 형태를 취하고 있다.

동료 튜터링은 1970년대 미국 대학생들의 글쓰기 능력을 향상시키기 위해 만들어진 것으로, 전공 연계 글쓰기(Writing Across the Curriculum)가 발전하면서 더욱 활발하게 확장되었다(원만희, 2010; 배식한, 2012). 특히 1980년대 이후 미국 및 영국의 대학을 중심으로 동료 튜터링이 긍정적인 호응을 얻으면서 모국어 대상의 대학 글쓰기뿐 아니라 여러 학문 영역으로 확대 및 발전하고 있다(김선효, 2013).

동료 튜터링은 튜터와 튜티 모두에게 학습효과를 증진시킨다고 알려져 있다. 튜터는 튜터링 학습을 통해 이미 학습했던 내용을 다시 되짚어 봄으로써 자신이 습득했던 지식을 확인할 수 있다. 튜티는 튜터링을 통해 수업에서 받기 어려웠던 개별 지도와 즉각적인 피드백을 얻음으로써 자신감 있고 적극적인 학습 태도를 습득할 수 있다는 장점이 있다. 그 외에도 학생의 학업능력과 학습 태도 증진, 자기효능감 및 내재적 학습 동기 향상, 학습과 학교에 대한 만족도 향상 등 학습 및 학교 적응에 효과가 있음이 선행연구를 통해 밝혀진 바 있다(김민정, 2020). 그러나 튜터의 개입 정도에 따라 학습 효과가 일정하지 않다는 점, 튜터 변인에 따른 학습 참여 효과에 균질성이 발생한다는 점 등이 문제로 대두되기도 하였다.

본고에서는 글쓰기 영역에서 튜터의 전문성을 확보하고 튜터별 변인을 최소화하여 균질한 튜터링이 이루어질 수 있는 방안을 K대학의 사례를 통해 제시하고자 한다. 지방 소재의 4년제 일반사립대학인 K대학의 글쓰기 분야에서 최근 4년간 비교과 프로그램으로 운영한 "A+ 리포트 튜터링"을 사례로 하여, 그 교육적 효과를 튜터와 튜티 측면에서 고찰하고자 한다.

2. 동료 튜터링의 교육적 효과

튜터링 학습이란 튜터(tutor)에 의해 이루어지는 다양한 학습지도 활동을 통칭한다. 통상적으로 가르치는 역할을 하는 사람이 '튜터(tutor)', 배우는 위치에 있는 사람이 '튜티(tutee)'가 된다. 튜터가 학습자를 지원하여 학습자가 효과적으로 자기주도적 학습을 할 수 있도록 도와주는 학습방법을 가리킨다.

튜터링은 그 의미나 형태가 매우 다양하다. 교수자가 튜터의 역할을 할 수도 있고, 교수자와 별도로 학습활동만 지원하는 학습 도우미를 뜻할 수도 있다(김지연, 2003). 튜터링의 의미도 각 나라마다 조금씩 다르게 해석되고 있다. 영국, 호주, 이탈리아 등에서는 주로 대학생의 세미나 지도 등에 배정된 대학원생이나 강사에 의해서 운영되는 학습활동을 의미한다. 미국의 경우 특정 교과목의 교습을 원하는 개인 혹은 그룹의 요청에 의해 대학원생, 선배, 동료 등 다양한 주체가 그 교과목을 교습하는 상호자율 학습 보조 활동으로 받아들여지고 있다.

다양한 튜터링 운영 방법 중 우리나라 대학에서 가장 활발히 이루어지는 방식은 동료 튜터링이다. 동료 튜터링에서 동료(peer)에 대한 규정은 엄격하지 않다. 친구나 선후배를 가리키기도 하고 대학원생 이상의 전문 인력을 포함하기도 한다. 현재 일반적으로 통용되는 동료 튜터링의 '동료'

범주는 교수자와 학생의 중간자로서 유사 동료와 순수 동료를 포괄하는 광의적 개념으로 쓰이고 있다(김선효, 2013).

동료 튜터링은 튜터와 튜티 사이에 학습과정과 경험에 대한 공감대가 형성되기 쉽기 때문에, 교수나 대학원생 등을 튜터로 한 학습상황에서보다 편안한 분위기에서 자율적으로 학습할 수 있도록 해 준다는 장점이 있다(김민정, 2020). 동료 튜터링은 자기효능감의 증진과 학습동기의 향상에 긍정적인 효과가 있으며(김진실, 이무영, 2007;유경아, 2017), 개인의 자아개념이나 대인관계 능력 등의 사회적 역량에 긍정적 영향을 미친다는 점이 선행연구에서 밝혀진 바 있다(서금택, 2008;정인숙, 2018). 뿐만 아니라, 동료 튜터링을 비롯한 학습공동체 프로그램이 동료나 선후배간의 유대감을 향상시키고, 공동체 의식을 증진하며, 대학에 대한 소속감을 강화시킨다는 결과도 일부의 연구에서 보고되고 있다(염민호외, 2012).

튜터의 역량에 따라 동료 튜터링의 성과가 달라진다는 연구 결과는 많은 실험 논문을 통해 증명되고 있다. 튜터의 기술이나 지식, 교수학습 전략과 관계되어 있는데, 튜터가 보유한 전문 지식 및 기술, 능동적 학습, 자기주도학습, 협력학습을 촉진하는 튜터의 능력, 튜터의 전문성, 학습목표 제시, 정보제공 및 질문 능력, 협력 및 집단 역량, 피드백 및 평가 능력 등이 튜터링의 성과와 관련된 요소로 언급되고 있다. 최근에는 튜터의 리더십이나 대인관계성향에 따른 변인도 학계에 보고된 바 있다(김민경, 2020).

동료 튜터링의 학습 성과는 비단 튜티에게만 의미 있는 것은 아니다. 오히려 튜터링을 제공하는 튜터에게 더 유의미한 학습 성과가 발생한다는 연구결과도 보고되고 있다. 설득력 있고 적절한 콘텐츠로 글을 조직하였는가, 자신의 의견을 피력하기 위해 적절한 근거들을 동원해 글을 발전시키는가, 일관된 내용을 글 속에 관철하고 있는가, 글의 어휘와 문법적인 사항들은 바르게 표현하였는가 등의 항목의 학습 성과에 대해 튜터와 튜티의 성장 정도를 측정한 결과, 모든 항목에서 튜터의 성장 정도가 높았다는 결과가 보고되었다(Lundstrom, K. & W. Baker, 2009). 이러한 연구 결과가 발생하는 원인은 다른 사람의 글을 리뷰하는 활동을 통해 자신의 글을 비판적으로 평가하는 법을 배우기 때문이라고 해석하였다(Rollinson, 2005).

동료 튜터링은 튜터의 개입 정도에 따라 지시적 튜터링(directive tutoring)과 비지시적 튜터링(nondirective tutoring)으로 나뉜다. 지시적 튜터링은 튜터가 학습자의 문제를 직접 해결해 주거나 방안을 제시하는 경우를 가리킨다. 비지시적 튜터링은 튜터가 직접 문제에 개입하기보다는 학습자 스스로가 문제를 해결할 수 있도록 유연한 태도로 개입하는 경우를 가리킨다(김선효, 2013). 특히 글쓰기에 있어서 튜터의 개입 정도는 글의 저작권과도 연결되는 문제이므로 그 개입 정도를 어떻게 정할 것인가는 중요한 논의점이기도 하다.

동료 튜터링이 튜터와 튜티 모두에게 교육적 성과를 가져다 주기 위해서는 튜터의 전문성을 높이는 것이 중요함을 알 수 있다. 튜터는 해당 학문 분야에 대한 기술이나 지식 등을 갖추어 전문성을 확보하였을 때, 튜티의 튜터링 학습 성과를 극대화할 수 있다. 동시에 이러한 전문성이 어느 특정한 튜터에게 한정되어 있거나, 튜터들마다 튜터링의 내용이 상이해서도 안 될 것이다. 튜터들의 전문성을 높이고 튜터들 간의 균질성을 확보하기 위해 튜터를 상대로 하는 지속적인 교육이 필요하다. 즉 양성교육을 통해 일정한 수준의 전문성을 확보하고, 보수교육을 주기적으로 제공함으로써 튜터링의 균질성을 유지할 수 있어야 한다. 또, 튜터의 개입 정도를 어느 부분까지 한정할 것인가에 대해서도 분명한 가이드라인이 제공되어야 할 것으로 보인다.

3. 튜터링 프로그램의 설계와 운영

3.1. 튜터링 프로그램의 목적

K대학에서는 2017년부터 현재까지 글쓰기 관련 비교과 프로그램으로 글쓰기 튜터링 프로그램(이하 "A+ 리포트 튜터링")을 운영하였다. "A+ 리포트 튜터링"은 훈련된 튜터가 리포트 작성에 미숙한 신입생(튜티)에게 리포트 작성의 노하우를 알려주는 것을 내용으로 한다. 튜티는 리포트의 전체적인 구성과 짜임새를 점검받고, 자료 수집과 정리 방법부터 참고문헌 작성까지 실제적인 리포트 작성법을 배울 수 있다는 장점을 지닌다. 도움을 제공하는 튜터는 자신이 알고 있는 지식을 확장하고 자신의 문서 작성 방법을 객관화함과 동시에 리포트 작성에 자신감을 기를 수 있을 것으로 기대하였다.

우선, 전문성을 갖춘 튜터링을 진행하기 위해 글쓰기 관련 교과 성적 우수자(A0이상) 중 학과 추천을 받은 2~3학년 학생들로 튜터양성교육 대상자를 선발하였다. 기존에 활동하는 튜터가 있는 전공보다는 전공별 튜터가 없는 전공의 추천자를 우선 배정하도록 하여 향후 학내 각각의 전공에 1명 이상의 튜터가 활동할 수 있도록 대상자를 선정하였다.

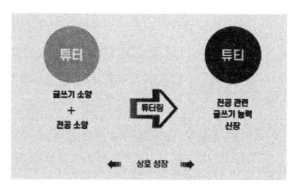

<그림 1> A+ 리포트 튜터링의 구조도

추천받은 튜터들은 교양대학에서 마련한 10주간(20시간)의 글쓰기와 교수법을 내용으로 한 별도의 교육(글쓰기 튜터 양성교육)을 받았다. 20시간의 방과후 교육 중 16시간을 수료하고, 두 번의 모의 튜터링을 모두 완료한 학생들은 다음 학기부터 정식으로 '글쓰기 튜터'의 자격이 주어진다. 이들은 교양대학에서 습득한 글쓰기 전문 교육과 해당 학과의 전공 소양을 발휘해 훈련된 튜터로 활동할 수 있다.

튜터와 튜티는 비슷한 나이의 또래 집단이라는 점을 토대로 공감대 형성이 수월하다는 장점과 함께 전공 학습에 대한 경험을 공유할 수 있어 더욱 친근한 관계를 유지할 수 있을 것으로 기대하였다. 뿐만 아니라 튜터들은 각자가 속한 해당 전공 소양을 발휘하여 교양 교과목에 한정하지 않고 전공에서 습득한 지식을 토대로 튜터링을 제공할 수 있다는 장점 또한 지니고 있었다.

튜티는 훈련된 튜터로부터 본인이 작성한 리포트에 대해 실질적인 조언을 받음으로써, 리포트 작성의 노하우를 습득할 수 있다. 뿐만 아니라 동일 학과 또는 비슷한 영역의 튜터와 1:1의 친밀한 관계를 형성함으로써, 해당 전공 영역에 대한 조언과 학교생활에서 발생하는 다양한 궁금증을 해소할 수 있다.

동료 튜터링 형태의 본 프로그램의 가장 큰 의의는 튜터와 튜티의 상호 성장을 꾀한다는 점이다. 학생의 자발적인 참여를 통해 튜터와 튜티가 상호 성장하는 계기를 마련하고 있다는 점은 교육적 효과가 있을 것으로 기대하였다. 튜터는 양성교육과 이후 자신이 아는 바를 튜티에게 전달함으로써 지식에 대한 확신과 이를 설득력 있게 전달하는 방법을 스스로 깨우칠 수 있다. 튜티는 신입생 초기 리포트를 비롯한 학업에 대한 불안감을 해소할 수 있는 직접적인 계기를 마련함으로써 학교생활에 안정적으로 적응하며 학업을 이어나갈 수 있다.

이외에도 튜터링은 튜터, 튜티뿐만 아니라 담당 교수와 학교 차원에도 긍정적인 효과를 가져올 수 있다. 튜터가 단순한 리포트의 형식이나 기본적인 내용 등을 사전에 검토해 줌으로써 담당 교수는 기초적이며 반복적인 피드백을 생략하고 보다 심도 있는 단계로 나아갈 수 있다. 이로써 담당 교원에게 쏠린 업무 과중을 상당 부분 줄일 수 있다.

2) 프로그램 운영

"A+리포트 튜터링"은 두 트렉으로 설계하였다. 하나는 실제 튜터링이며, 또다른 하나는 튜터교육이다. 튜터링의 연속성과 튜터의 전문성을 확보하기 위해서는 튜터교육은 튜터링과 함께 신경 써야 할 부분이었다. 튜터교육은 다시 양성교육과 보수교육으로 나뉜다. 1학기에는 양성교육을, 2학기에는 보수교육을 진행하였다. 2020학년도는 갑작스러운 COVID 19로 1학기 때 양성교육을 진행하지 못하였으며, 2학기 때 양성교육과 보수교육을 온라인으로 진행하였다.

(1) 튜터링

튜터링은 학기가 시작된 후 3주차부터 시작한다. 중간고사 기간을 제외하고 총 10주간 신청을 받는다. 신청을 받기 이전에 튜터링에 참여할 튜터는 자신이 활동할 수 있는 시간을 튜터링 담당 교수에게 알린다. 담당 교수는 단과대학별 튜터링 가능 시간표를 정리하여 신청서와 함께 프로그램 신청 공고를 학내 커뮤니티에 알린다.

<그림 2> 단과대학별 튜터링 시간표 예시

튜티는 첨삭 받고자 하는 리포트와 신청서를 이메일로 제출한다. 신청서에는 본인이 작성해야 하는 리포트의 취지 등을 간략히 적고, 리포트 작성에 대한 자기효능감을 체크하도록 하였다. 또, 단과대학별 사전 고지된 튜터링 운영 시간표를 참고하여 본인이 원하는 시간에 튜터링을 신청하도록 하였다. 한 학기에 최대 2회까지 신청 가능하며, 1회 당 튜터링 소요시간은 대략30분~1시간 이내로 한정하였다.

신청서와 리포트가 접수되면 담당자는 튜터링에 적합한 튜터에게 신청서와 리포트를 전달하고 튜터와 튜티에게 튜터링 일자와 시간을 안내한다. 신청서와 리포트를 받은 튜터는 리포트를 미리 검토하여 튜터링 내용이나, 질문 내용을 미리 준비한다(사전 튜터링). 이들은 교양대학의 비교과지원실 튜터링실에서 1:1 튜터링을 진행한다(실전 튜터링). 튜터링이 끝나면 튜터는 "회차별 보고서"를, 튜티는 "튜터링 평가지"를 제출한다.

<그림 3> 튜터링 진행도

튜터가 작성하는 회차별 보고서는 튜터링에 대한 일반적인 정보, 해당 리포트에 대한 정보, 튜러링 내용으로 구성하였다. 회차별 보고서는 튜터링 내용을 결과 보고하는 성격과 함께 튜터링 방향을 제시하는 역할을 한다. 튜터링 내용을 10개의 '체크 항목'으로 제시하여 해당 학생의 리포트에서 취약한 부분이 어떤 것인지를 튜터들이 직관적으로 파악할 수 있도록 하였다.

	체크 항목	매우 그렇다	그렇다	보통	아니다	전혀 아니다	설명
1	주제는 잘 드러나는가?	⑤	④	③	②	①	
2	글의 구성은 전반적으로 잘 짜였졌는가?	⑤	④	③	②	①	
3	목차는 적절한가?	⑤	④	③	②	①	
4	논지 전개는 타당한가?	⑤	④	③	②	①	
5	단락 구성은 적절한가?	⑤	④	③	②	①	
6	문장 표현은 정확한가?	⑤	④	③	②	①	
7	단어 사용은 적절한가?	⑤	④	③	②	①	
8	리포트의형식적인요건은갖추어졌는가?	⑤	④	③	②	①	
9	인용은 적절한가?	⑤	④	③	②	①	
10	중요한 참고문헌을 제시하였는가?	⑤	④	③	②	①	

<표 1> (튜터)'회차별 보고서'내 평가 항목

튜터링 내용은 크게 ① 구성 ② 표현 ③ 형식을 순차적으로 확인하도록 구성하였다. 글의 전반적인 구성에서부터 지엽적인 부분을 확인하도록 순서를 정하였다. 구성면에서는 주제가 잘 구현되는가, 글 전체의 구성은 적절한지, 구성을 반영하여 목차가 적절하게 짜였는지를 살펴보도록 하였다. 표현면에서는 단어 - 문장 - 단락에 이르는 서술 상의 문제와 논지 전개를 확인할 수 있도록 하였다. 형식면에서는 리포트의 일반적인 형식을 갖추었는지, 인용과 참고문헌 등을 형식에 맞춰 적을 수 있는가를 체크하도록 하였다. 아울러 활동 성찰 일지를 적도록 하여 튜티가 작성한 리포트

에 대해 종합적인 의견과 자신의 튜터링에 대한 성찰을 시도하였다.

튜터링 방식은 중립적 튜터링 방식을 취하도록 하였다. 즉, 문법 등의 지식전달은 지시적 튜터링 방식을 택하고, 전체적인 구성이나 주제 등은 비지시적 튜터링 방식을 따르도록 하였다. 문법적 지식의 경우도 빈번하게 발생하는 것을 유형화하여 대표 사례만 짚어주도록 하였는데, 튜터가 지나치게 권위적인 위치를 차지하지 않도록 하기 위함이었다.

튜티가 작성하는 튜터링 평가지는 튜터링에 대한 일반적인 정보, 활동 성찰 일지, 리포트 작성 효능감, 튜터링에 대한 평가로 구성하였다. 활동 성찰일지를 통해 튜터링 이후 자신의 리포트를 객관화하여 정리할 수 있는 기회를 제공하고자 하였다. 자신의 리포트에서 잘했던 점과 고쳐야 할 점을 자유로운 메모 형식으로 작성하도록 하였다. 또, 신청서 작성 단계에서 실시했던 리포트 작성 효능감에 대해 다시 한번 질문함으로써 이 프로그램을 통해 얻어야 할 것이 무엇인지를 환기할 수 있도록 하였다.

	내용	매우 그렇다	그렇다	보통	아니다	전혀 아니다
1	나는 리포트 작성을 위한 자료 조사를 계획적으로 수 행할 수 있다.	⑤	④	③	②	①
2	나는 목적에 맞게 리포트의 주제를 설정할 수 있다.	⑤	④	③	②	①
3	내 생각을 담아 문장을 정확하게 구사할 수 있다.	⑤	④	③	②	①
4	리포트의 주장에 대한 적절한 근거를 제시할 수 있다.	⑤	④	③	②	①
5	인용하는 방법과 출처를 밝히는 방법을 잘 알고 있다.	⑤	④	③	②	①

<표 2> (튜티)'튜터링 평가지'내 리포트 작성 효능감 문항

튜티가 작성하는 튜터링 평가지에 있는 튜터링에 대한 평가는 프로그램에 대한 만족도 조사용으로 제작하였다. 이 문항은 튜터양성교육 시간에 튜터들에게 사전에 공지한다. 튜터링의 성격이 너그럽고 부드러운 개입을 위한 것이며, 절대적인 지위에서 잘못을 지적하는 활동이 아니라는 점을 강조하기 위해서다.

	내용	매우 그렇다	그렇다	보통	아니다	전혀 아니다
1	설명은 쉽게 이해되었는가?	⑤	④	③	②	①
2	문제점 지적은 타당하였는가?	⑤	④	③	②	①
3	문제점에 대한 개선안은 수긍할 만한가?	⑤	④	③	②	①
4	튜티를 배려하는 태도였는가?	⑤	④	③	②	①
5	내 리포트에 대해 이해하고 있는가?	⑤	④	③	②	①

<표 3> (튜티)'튜터링 평가지'내 튜터링 만족도 평가 문항

이상에서 살펴본 바와 같이, 튜터는 회차별 보고서를 통해 튜터링할 내용을 정리하고 우선 순위에 따라 조언할 항목을 정리할 수 있도록 하였다. 튜티는 튜터링 평가지를 작성함으로써 자신의 리포트에서 수정해야 할 것을 정리하는 한편, 튜터링에 대한 만족도를 평가하도록 하였다.

(2) 튜터 교육

튜터 교육은 튜터의 전문성 확보와 튜터링의 균질성을 확보하기 위해 반드시 필요한 과정이다. 튜터 교육은 튜터 양성교육과 튜터 보수교육으로 나뉘며, 해당 교육은 교양대학 소속 글쓰기 전임교원이 방과 후 시간에 맡았다. 튜터 양성교육은 학과에서 추천받은 예비 튜터를 대상으로 하며, 한 학기 동안 10주(20시간) 교육프로그램으로 구성하였다. 튜터 보수교육은 이미 튜터 양성 교육을 수료한 학생들을 대상으로 하며, 한 학기 동안 3회(6시간)로 구성하였다. 튜터 양성교육 20시간 중 16시간 이상 교육에 참여한 자는 '튜터'로서 자격이 부여되며 본인이 졸업할 때까지 튜터로 활동할 수 있다.

튜터 양성교육의 교육 내용은 글쓰기와 관련한 기본 문법, 학술적인 글쓰기 특강, 교수법 및 실습(모의 튜터링)으로 구성하였다. 수업 형태는 강의 내용에 따라 강의, 발표 및 토의, 조별 활동을 병행하였다.

주차	내용	자료 및 내용
1	오리엔테이션	지원동기 발표 및 프로그램 개요
2	올바른 표현(단어)	강의 자료 PPT * 연습문제
3	올바른 표현(문장)	강의 자료 PPT * 연습문제
4	나의 자랑스러운 리포트 정복기	리포트 작성 사례 발표
5	튜터링 기법(교수법)	교수법 관련 논문 읽기 및 발표
6	리포트 구성 및 형식	강의 자료 PPT
7	인용, 주석, 참고문헌 정리법	강의 자료 PPT
8	모의 튜터링 1	튜터 대상 튜터링 실습 * 모의 튜터링 결과지 / 모의 듀터링 평가지
9	모의 튜터링 2	동료 교육생 대상 튜터링 * 모의 튜터링 결과지 / 모의 튜터링 평가지
10	수료식 및 활동 정리	모의 튜터링에 대한 피드백과 정리

<표 4> 튜터 양성교육 커리큘럼

튜터양성교육에서는 우선 맞춤법과 문장 표현을 학습하는 시간을 갖는다(2주차, 3주차). 튜티의 리포트를 검토하면서 발생하는 문법적인 오류들을 이론적으로 설명할 수 있도록 대표적인 사례들을 유형화하여 학습한다. 이를 통해 튜티로 하여금 튜터링에 신뢰를 갖도록 유도한다.

다음으로는 학술적 글쓰기에 대한 집중 강의를 제공한다(6주차, 7주차). 리포트의 구성과 형식, 인용과 주석, 참고문헌 정리법 등을 학문 유형별로 학습하게 함으로써 다양한 전공에서 의뢰한 리포트의 형식적인 측면을 검토할 수 있도록 한다.

교수법 과정에서는 튜터로서 해당 리포트에 대한 조언을 어떻게 전달할 것인가에 대해 학습한다(5주차, 6주차). 이 부분에서는 튜터링의 효과, 튜터링에서 유의할 점 등을 다룬 선행연구 결과를 공유함으로써, 튜터들이 튜터링에 대한 확신을 가질 수 있도록 하였다. 이 과정에서 자신이 과거에 리포트를 작성했던 과정을 성찰하고, 튜터로서 무엇을 조언할 것인가, 어디까지 개입할 것인가 등에 대해 토의하는 시간을 가졌다.

10주 중 2주(8주차, 9주차)는 실습으로 설계하여 모의 튜터링을 실시하도록 하였다. 1차 모의 튜터링은 현재 튜터링 활동을 하고 있는 선배 튜터를 대상으로 수행하며, 2차 모의 튜터링은 같은 기수 교육생을 대상으로 수행하도록 하였다. 1차 모의 튜터링을 통해 현재 활동 중인 선배 튜터로부터 튜터링에 대한 실질적인 조언을 들을 수 있도록 하였다. 또, 선배 튜터와 후배 튜터가 만날 수 있는 시간을 마련함으로써 2학기에 있을 보수교육 시간에 자연스럽게 합류할 수 있도록 하였다. 2차 모의 튜터링에는 1차 모의 튜터링의 경험을 바탕으로 조금 더 편안한 분위기에서 튜터링을 할 수 있도록 유도하였다. 단, 모의 튜터링 짝을 지정할 때, 보다 다양한 상황을 접할 수 있도록 두 명이 튜터-튜티의 역할을 맞교환하지는 않도록 배정하였다. 즉 A가 가상 튜터이고 B가 가상 튜티라면, 다음 쌍은 B가 튜터가 되고 C를 튜티로 맞을 수 있도록 순환식으로 실습 대상을 정하였다.

양성교육이 튜터의 전문성 확보를 위한 방법이었다면, 보수교육은 튜터링의 균질성을 위해 마련한 교육이다. 보수교육은 튜터들의 튜터링을 모니터링 하며, 각자의 경험을 공유하기 위해 마련하였다. 보수교육은 글쓰기 전임 교원이 배석하여 진행한다. 한 학기에 총 3회 보수교육이 진행되는데, 튜터는 1회 이상 출석하여야 하고, 1회 이상 해당 학기에 본인이 했던 튜터링 사례 발표를 해야 한다. 튜터는 정기적으로 보수교육에 참여하여 본인 혹은 동료 튜터의 튜터링에 대한 정보를 교환하고, 그 과정에서 생겼던 문제점들을 상호 피드백하며 전문성을 높인다. 보수교육을 통해 프로그램에서 발생하는 문제를 개선하는 데 활용한다.

4. 튜터링 프로그램의 성과 및 한계

4.1. 양적 성과

(1) 프로그램 만족도

첫 번째로 살펴볼 것은 "A+ 리포트 튜터링" 프로그램에 대한 튜터들의 만족도다. 본 프로그램에 참여한 튜터들의 만족도 조사는 5점 척도 5개 문항으로 구성되었다. 튜터를 양성하고 프로그램이 안정화된 2018년 이후부터 학별 평균 점수는 다음과 같다.

설문 문항

1. 설명은 쉽게 이해되었는가?
2. 문제점 지적은 타당하였는가?
3. 문제점에 대한 개선안은 수긍할 만한가?
4. 튜티를 배려하는 태도였는가?
5. 내 리포트에 대해 이해하고 있는가?

구분	학기별 평균												문항별 평균
	18/1(N=57)		18/2(N=87)		19/1(N=40)		19/2(N=51)		20/1(N=94)		20/2(N=22)		
문항	평균	표준편차	평균	표준편차	평균	표준편차	평균	표준편차	평균	표준편차	평균	표준편차	
1	4.81	.398	4.83	.380	4.95	.221	4.92	.269	4.80	.540	4.77	.528	4.85
2	4.77	.423	4.86	.347	4.90	.303	4.94	.235	4.82	.528	4.77	.528	4.84
3	4.88	.331	4.86	.359	4.90	.303	4.92	.269	4.86	.499	4.82	.588	4.87
4	4.95	.225	4.90	.342	4.87	.404	4.96	.194	4.86	.521	4.86	.351	4.90
5	4.88	.331	4.82	.418	4.90	.379	4.96	.194	4.78	.571	4.77	.429	4.85
평균	4.85	0.34	4.86	0.37	4.91	0.32	4.93	0.23	4.84	0.53	4.80	0.48	4.87

<표 5> 학기별 튜터링 만족도

튜터링에 참여한 튜터들은 5문항 모두에서 높은 만족도를 보였다. 6학기 평균 4.87의 만족도를 기록하였다. 그 중에서도 튜티를 배려하는 태도였는가라는 문항에 대한 답변이 4.90으로 가장 높았다. 대체로 동료 튜터링에서 중립적인 튜터링을 유지하였던 것에서 그 원인을 찾을 수 있다.

전체 학기 중 가장 낮은 만족도를 보인 학기는 직전 학기인 2020년 2학기로, 온라인으로 진행된 것에서 그 원인을 찾을 수 있다. 직접 대면하여 튜티의 의도를 파악하며 개선안을 찾던 방식에서 메모 형식의 첨삭 방식으로 튜터링을 진행하였기 때문에 튜터-튜티 간 충분한 소통을 갖지 못했던 것으로 판단하였다. 특히 두 학기 모두 튜터가 튜티의 리포트를 이해하고 있는가에 대한 답변이 낮았다. 서면 혹은 온라인으로 튜터링을 진행했기 때문에 튜티의 반응을 적극적으로 살필 수 없었고, 라포(rapport) 형성이 약했던 것에게 원인을 찾을 수 있다.

(2) 리포트 작성 효능감

다음으로 살펴볼 것은 튜티는 과연 "A+리포트 튜터링" 프로그램을 통해 자신의 글쓰기 능력이 나아졌다고 판단하였는가에 대한 질문이다. 신청서 작성 당시(사전검사)와 튜터링 직후(사후검사) 두 차례에 걸쳐 리포트 작성 효능감 조사를 실시하였다.

다음 제시하는 결과는 가장 많은 학생이 참여했던 학기인 2020학년도 1학기 조사 결과다. 설문 문항은 5점 척도 5문항으로 구성하였다. 조사 참여자는 사전-사후에 모두 응답한 학생 94명을 대상으로 하였으며, 신뢰도는 Cronbach의 알파 0.939이다.

튜터링 신청 단계에서 실시한 사전 검사 결과는 다음과 같다.

번호	설문문항	평균	표준편차	N	전체평균	전체표준편차
1	나는 리포트 작성을 위한 자료 조사를 계획적으로 수행할 수 있다.	3.78	.764	94	3.57	0.641
2	나는 목적에 맞게 리포트의 주제를 설정할 수 있다.	3.81	.660			
3	내 생각을 담아 문장을 정확하게 구사할 수 있다.	3.57	.783			
4	리포트의 주장에 대한 적절한 근거를 제시할 수 있다.	3.57	.740			
5	인용하는 방법과 출처를 밝히는 방법을 잘 알고 있다.	3.11	.740			

<표 6> 리포트 작성 효능감(사전조사)

사전 검사의 평균은 3.57이다. 개별 문항을 검토해 보면 주제 선정에 자신감을 보였다는 것을 알 수 있다(3.81). 자료 조사 방법(3.78)에 대한 자신감이 그 뒤를 이었고, 문장의 정확성(3.57)과 근거 제시(3.57)에서 같은 점수가 나왔다. 가장 자신 없어 하는 부분은 인용법과 주석법(3.11)이었다.

튜터링 직후에 실시한 사후 검사 결과는 다음과 같다.

번호	설문문항	평균	표준편차	N	전체평균	전체표준편차
1	나는 리포트 작성을 위한 자료 조사를 계획적으로 수행할 수 있다.	4.63	.586	94	4.56	0.544
2	나는 목적에 맞게 리포트의 주제를 설정할 수 있다.	4.66	.559			
3	내 생각을 담아 문장을 정확하게 구사할 수 있다.	4.40	.693			
4	리포트의 주장에 대한 적절한 근거를 제시할 수 있다.	4.51	.635			
5	인용하는 방법과 출처를 밝히는 방법을 잘 알고 있다.	4.59	.725			

<표 7> 리포트 작성 효능감(사후조사)

사후 검사의 평균은 4.56이다. 개별 문항을 검토해 보면 사전 검사에서
와 동일하게 주제 선정을 묻는 문항에 가장 높은 자신감을 보였다(4.66).
사전 검사와 동일하게 자료 조사 빙빕(4.63)에 대한 자신감이 뒤를 이었
다. 그 다음은 사전 검사에서 가장 자신 없어 했던 인용과 주석법(4.59)이
뒤를 이었고, 근거의 적절한 제시(4.51)가 그 다음을 차지했다. 문장의 정
확성에 대한 자신감이 가장 낮은 점수(4.40)를 차지했다는 점 또한 시사
하는 바가 크다.

사전 검사와 사후 검사의 차이는 다음과 같이 요약할 수 있다.

문항 번호	사전 검사(n=94)		사후 검사(n=94)		평균차이	t	p
	평균	표준편차	평균	표준편차			
1	3.78	.764	4.63	.586	.851	12.923***	.000
2	3.81	.660	4.66	.559	.851	15.631***	.000
3	3.57	.783	4.40	.693	.830	13.063***	.000
4	3.57	.740	4.51	.635	.936	15.567***	.000
5	3.11	.740	4.59	.725	1.479	22.590***	.000

*p<.05 **p<.01 ***p<.001

<표 8> 리포트 작성 효능감(사전-사후 비교)

사전 검사와 사후 검사에서 가장 높은 평균 차이를 보인 것은 인용과
주석법에 대한 문항이었다(1.479). 그 다음으로 근거를 활용하는 방법이
뒤를 이었다. 상대적으로 평균 차이가 적었던 문항은 문장의 정확성이었
다. 사전 사후 검사의 변화로 볼 때, 튜터링을 통해 학생들은 인용과 주석
등의 리포트 작성에 필요한 절차적인 지식을 습득했다는 점을 가장 중요
하게 파악한 것으로 판단할 수 있다. 문장 표현과 근거 활용은 물론 주제
선정 및 자료 수집의 전 과정은 학술적 글쓰기 이외에 일반적인 글쓰기 과
정에서도 접하는 문제들이다. 글쓰기 절차에 필요한 이론(지식)은 초/중등

교육을 통해 지속적으로 노출되었던 바였으므로, 이번 튜터링을 통해 튜터로부터 듣는 이론적인 설명은 새롭게 받아들여지기 힘들었던 것으로 보인다. 그에 비해 인용과 주석 등은 대학생이 되어 새롭게 알게 된 지식이며, 이를 실제로 글에 적용할 기회가 상대적으로 적었기 때문에 인용과 출처 처리 방식에 대한 효능감을 높게 보인 것으로 파악할 수 있다.

반면, 문장의 정확성은 튜터링 이전과 이후에 유의미한 평균 차이를 보였으나(0.830) 그 차이가 다섯 가지 항목 중 가장 적게 발생했다. 이 결과가 발생한 원인은 두 가지로 추정할 수 있다. 우선, 튜티 스스로 판단했을 때 일회성인 튜터링 활동으로 문장의 정확성 문제를 완벽하게 해결했다고 보기는 힘들다고 판단했기 때문일 것이다. 두 번째는, 튜터링으로 인해, 자신이 쓴 문장의 오류를 확인했기 때문일 것이다. 사후 검사 결과에서 문장의 정확성이 가장 낮은 순서를 차지했던 것은 두 번째의 영향이 큼을 시사한다고 볼 수 있다. 즉, 튜터링 이전에는 문장 표현의 문제를 자각하지 못하였으나 튜터링을 통해 문장 표현의 문제를 인지하게 되었고 개선 방안도 습득하였다. 그렇기 때문에 전반적으로는 효능감이 나아졌다고 판단하였지만 다른 부분에 비해 상대적으로 자신감이 올라가지 않았던 것으로 파악할 수 있다. 문장의 오류를 수정하는 문제는 지시적 튜터링의 성향이 강하므로, 튜티의 효능감에는 큰 영향을 미치지 않은 것으로 보인다. 이는 지시적 튜터링의 경우, 튜터링 효과가 저하될 수 있다는 김선효(2013)의 연구, 부정적인 표현은 첨삭의 효과를 떨어뜨린다는 김낙현(2012)의 연구 결과를 증명한다.

4.2. 질적 성과

(1) 튜티의 성찰 내용

다음은 튜티가 튜터링 평가지에 남긴 "내 리포트에서 수정할 것"에 있는 내용을 간추린 것이다.

(가)

· 리포트 형식에 맞게 목차를 작성하고 서/본/결의 구성을 재배치해야 한다는 지적을 받았다. 본론 내용 구성 중 서론에 넣었으면 더 좋았을 것 같다는 조언이 있었다.

· 본론에서 나의 주장에 대한 근거가 부족했기 때문에 이 부분을 보완하면 좋을 것 같다.

· 전체적인 내용 구성을 잡은 뒤 쓰면 좋을 듯 하다.

· 서론 – 본론 – 결론의 비율을 맞춰서 리포트를 작성, 글쓰기 전에 개요 작성.

· 목차 수정이 필요하고, 서론에 용어정리가 아닌 본론에 나아갈 방향을 추가할 것. 본론의 목차를 수정하고, 용어 정의도 본론으로 추가할 것. 결론에 본론 내용 정리

· 결론 작성 시 구체적인 내용 제시.

· 목차 부분의 구체성

· 설문조사 분석 결과에 대한 내용 위치 조정.

튜티들은 튜터링을 통해 주로 리포트의 구성에 대해 고민하는 시간을 가졌던 것으로 파악된다. 목차의 구체성과 전체적인 내용 구성에 대해 주의를 해야겠다는 의견이나 목차의 구체성이 필요하다는 의견 등은 리포트 작성 단계에서 구상의 중요성을 확인하는 계기가 되었을 것으로 기대하였다. 전체적인 구성에 있어서 서론, 본론, 결론의 3단 구성과 각각의 단계에서 다뤄야 할 내용이 무엇인지 확인하며 본인의 글에 적용하는 방법을 습득한 것을 알 수 있었다.

(나)

· 내용은 전개가 애매한 부분과 내용 자체가 흐름에 맞지 않는 부분을 지적받고
  상세한 개선 방향을 설명해주셨다.

· 전체적 문장 단락 나누는 부분은 적절했지만, 내용 일관성(견해)에 대하여
  흐름을 잘못 잡고 있던 걸 고쳐주셔서 좋았다.

· 논거의 활용 방법을 배우고 싶다.

· 예시 부분에 필요 없는 내용 부분 수정,

· 형식적인 측면에서는 가독성을 높이기 위한 문장구조, 들여쓰기, 오타 등을
  지적받았고 ……

· 어색한 표현 수정, 맞춤법 수정

· 중복되는 문장이 많다는 것을 깨달았으며, 추상적인 단어 대신 명확한 단어를
  사용하면 문장이 훨씬 매끄러워진다는 것을 알게 되었다.

· 문장이 너무 긴 것

· 단락 구분 및 띄어쓰기가 부족하다.

· 중복되는 어휘사용을 피하도록 해야겠다.

· 제출하기 전에 한 번 더 읽어보도록 해야겠다.

· 마지막으로 띄어쓰기 오타 수정할 것.

· 문장구조에 관한 이해력이 부족하여, 개선해야 할 문장을 세세하게 알려주셨다.
  이중구조의 문장 또한 보는 이가 쉽게 해석할 수 있도록 도움을 주셨다.

· 다른 부분보다 문단의 연결성이 떨어지는 것 같다. 문단 간의 매끄러움이
  내용의 완성도를 높인다는 것을 알게 되었다.

· 쉼표 사용 적당히 하기, 문장 길게 늘여 쓰지 않기

· 글을 쓸 때, 언어 선택을 신중히 하고 접속사 같은 것을 문맥의 흐름에
  적합하게 사용해야겠다.

· 문장이 길어질 경우 내 생각이 제대로 정리되어있는 상태에서 쓴 건지 검토하여
  확인하기.

· 문법적 문제에 대한 부분 수정

튜티들의 자기 평가에서 가장 많이 등장하는 것은 내용을 기술하면서 나타나는 표현에 대한 것이었다. 어휘의 선택, 문장의 형식과 길이, 접속어 등의 사용, 단락 구분과 들여쓰기를 비롯해 논지 전개의 타당성 등을 검토한 것을 알 수 있다. 퇴고의 중요성에 대한 언급을 볼 때, 튜터링이 문장 표현과 단어 선택의 중요성을 다시 생각하는 계기가 되었음을 알 수 있다.

> (다)
> · 각주 다는 방법에 대해서 개선할 점이 있었고
> · 각주 및 참고문헌 양식 통일
> · 참고문헌 표시가 없다.
> · 보고서 형식 또한 알려주셔서 개선할 점을 알았다.
> · 목차 추가, 페이지 표시, 각주 달기
> · 수업 시간에 배웠던 각주와 참고문헌 다는 방법을 다시 한번 짚어주셔서 확실히 알 수 있었다.

(다)의 진술에서 튜터링을 통해 학술적인 글에서 필요로 하는 각주와 참고문헌에 대해 학습할 기회가 되었음을 알 수 있다. 〈글쓰기〉 교과 시간에 다루는 지식을 실제 글에 적용해 보는 과정을 통해 절차적 지식을 습득하는 계기가 되었음을 알 수 있다. 각주와 주석, 참고문헌, 목차 등 리포트의 형식적인 요건을 학습함으로써 학술적인 글의 형식을 체화할 수 있었던 것으로 파악한다.

이상에서 본 바와 같이 튜티들은 튜터링 이후에 본인의 리포트에서 무엇을 개선해야 하는지 스스로 파악하고 정리할 수 있었다. 간단한 맞춤법이나 글쓰기 기초뿐만 아니라 리포트의 형식이나 논리적 맥락을 전개하는 방법에 이르기까지 튜터들의 피드백 내용은 다양했음을 알 수 있다. 나아가 튜터링 그 자체가 튜티 학생들에게 학술적 글쓰기 전반에 대한 긍정적인 자극이 되었음을 확인할 수 있었다.

(2) 튜터의 성찰 내용

다음은 튜터들은 자신들의 튜터링이 자신에게 미친 영향에 대한 종합적인 기술이다.

(A) 튜터링을 통해 각자의 학과 특성상 드러나는 글쓰기 성향을 알 수 있었고, 그것을 통해 동일 주제에 대해 저의 생각과는 다른 생각 혹은 관점을 가지고 있는 것을 보면서 생각을 확장할 수 있었습니다. 글쓰기에서 문단 구성과 동일 표현에 대한 다양한 어휘를 살펴봄으로써 문장력, 표현력을 배울 수 있었습니다. 또한, 가르치는 것이 배우는 것이라는 말처럼 튜터링을 통해 다른 사람 글에서 수정할 부분과 잘한 점을 찾다 보니 글을 분석하는 능력이 길러져 제 자신이 글쓰기에 있어서도 제3의 눈으로 글을 분석할 수 있게 되었습니다. (과학기술대학, 16학번)

(B) 2017년 1학년 입학 후, 처음 써보는 나의 리포트에 대한 걱정과 확신이 없을 때 "A+ 리포트 튜터링"을 알게 되었습니다. 튜터를 하면서 튜터분들에게 많은 도움을 받아 저의 리포트의 방향을 잡을 수 있었습니다. 2학년 때 A+튜터를 모집한다는 것을 알고 저와 똑같은 고민을 가지던 학우분들에게 도움이 되고 싶어 튜터를 신청하였습니다. 튜터가 되기 위해서 매주 화요일마다 모여 양성교육을 들었습니다. 맞춤법뿐만 아니라 리포트 쓰는 방법을 교수님께 배우면서 더욱 더 저의 보고서에 확신을 가지게 되었으며 2학년 2학기부터 튜터로 활동할 수 있었습니다. 튜터로 활동하면서 학우분들의 보고서뿐만 아니라 내 보고서도 객관적으로 바라 볼 수 있는 눈을 가지게 되어 더욱 완성도 높은 보고서를 완성할 수 있었고 이는 성적으로 나타났습니다. 아직 많은 학우분이 A+ 리포트 튜터링 프로그램에 대해 많이 모르는 것 같아 아쉽습니다. 1학년 때 아는 선배도 없어 어디 물어보지도 못했던 고민들을 튜터링을 통해 해결하면서 좀 더 일찍 알았으면 했던 아쉬움이 있었습니다. 이번 튜터링 때에는 간호학과의 경우 과제가 거의 바뀌지 않아 제가 1학년 때 다 했던 과제들이었습니다. 그래서 후배분들에게 형식적인 것뿐만 아니라 교수님께서 원하시는 형식, 내용적인 면까지도 봐주었습니다. 튜터링 후 메일 답장으로 도움이많이 되었다는 말에 튜터링의 보람을 느꼈습니다. (의료생명대학, 17학번)

(C) 평소 글쓰기가 어려웠던 저는 a+ 리포트 튜터링을 신청했습니다. 기본적이면서 정확한 부분을 짚어주는 튜터를 보며 저도 글쓰기에 어려움을 겪는 다른 사람을 돕고 싶다는 생각으로 튜터가 되어 튜터링 해왔습니다. 처음엔 막막했지만 꼼꼼하게 리포트를 읽는 것을 시작으로 관련 자료를 찾아보며 많은 시간을 들여 튜터링을 준비했습니다. 매 학기 튜터 보수교육을 통해 다른 튜터, 교수님과 튜터링 경험을 교류하며 튜터링하는 노하우를 축적할 수 있었고, 시간이 지날수록 적은 시간으로 튜터링을 준비할 수 있을 만큼 글을 빠르게 파악할 수 있게 되었습니다. 이러한 튜터링 과정의 반복을 통해 튜터인 나 자신의 글을 보고 쓰는 실력이 늘고 있었음을 느꼈습니다. 저는 'A+ 튜터링 프로그램을 통해 가장 발전한 것은 튜터이지 않을까?' 하는 생각이 들 정도로 글쓰기에 대한 거부감도 많이 사라지고 리포트를 쓸 때도 검토와 수정을 거쳐 완성도가 높은 글을 쓸 수 있다는 자신감으로 쉽게 글을 시작할 수 있게 되었습니다. (인문사회융합대학, 17학번)

(D) 저 같은 경우는 우선 논리적으로 제 의견을 전달하는 능력이 좋아진 것 같습니다. 튜티의 리포트에서 고칠 점을 말해주려면 그에 맞는 근거를 제시해야 하고 자료를 정리해서 보내야 하니까 좋아졌던 것 같습니다. 그리고 많은 리포트를 첨삭하다 보니까 어떤 부분이 어색하고 어떻게 고쳐야 괜찮은지 알 수 있었습니다. 제 리포트를 쓰면서도 어색한 점이 바로 보여서 글을 간결하고 가독성 좋게 쓰려고 하는 습관이 생긴 것 같습니다. (디자인대학, 17학번)

(E) 2020년은 코로나로 인해 참 많은 것들이 바뀌었습니다. 튜터링도 그중 하나입니다. 1학기 때 했던 비대면 튜터링은 한글의 메모 기능을 이용하여 튜티의 리포트를 첨삭하고 이를 메일로 보내는 것으로 끝났습니다. 메일로 담고 싶은 말을 정리해 보내기 때문에 시간상으로 절약되는 장점이 있지만, 아무래도 대면 튜터링보다 추가적인 정보를 제공하는 데 어려움을 느꼈습니다. 그나마 2학기 때는 같은 비대면이지만 줌(Zoom)으로 튜터링을 했기 때문에 1학기 때보다는 대면 튜터링에 더 가까웠던 것 같습니다. 1학기 튜터링 때 같은 학과 친구들이 많이 신청했습니다. 같은 과제를 하면서 제가 했던 고민과 유사한 점을 후배들 또한 겪고 있어 이 점을 해결해 주면서 뿌듯함을 느꼈습니다. 보수교육을 통해 서로 첨삭했던 내용을 나누면서 아는 내용임에도 불구하고 당연하다고 생각해서, 또는 이미 알고 있다고 생각해서 첨삭하지 않은 내용을 확인했습니다. 보다 가독성 있는 리포트에 대해 스스로 생각해 보는 계기가 되었습니다. 이 과정을 통해 저의 리포트도 한 단계 성장했을 것으로 생각합니다. (인문사회융합대학, 17학번)

이 글은 2020학년도 2학기를 끝으로 "A+ 리포트 튜터링" 활동을 마치고 졸업하는 학생들이 작성한 글이다. 적게는 3학기, 많게는 5학기 동안 튜터로 활동한 학생들이 그동안의 과정을 짧은 글로 정리한 것이다. 이 글에는 신청 동기와 함께 프로그램의 효과 등이 드러나 있다.

학생들이 "A+ 리포트 튜터링"의 튜터로 활동하고자 했던 동기는 서로 다르다. (B) 학생은 본인이 튜티로 도움을 받았던 구체적인 경험 때문에 본인도 튜터로 활동하고 싶다는 생각 때문에 튜터에 지원하였다. 그런가 하면 (C) 학생은 튜터링 그 자체보다는 튜터양성교육을 통해 자신의 문장 실력을 키우고 싶은 마음에 지원했다.

그러나 튜터링에서 튜터로 활동하면서 얻었던 효과에 대해서는 대체로 비슷한 의견을 냈다. 가장 많은 의견은 자기객관화다. 다른 사람의 리포트를 검토하는 과정을 반복적으로 수행하다 보니 자신의 리포트를 객관적으로 살펴보며 자기 수정이 가능해졌다고 말했다. Rollinson(2005)이 지적한 대로 다른 사람의 글을 리뷰하는 활동을 통해 자신의 글을 비판적으로 평가하는 법을 배울 수 있다는 그대로 반영한 결과라 할 수 있다.

또, 다양한 학생들의 글을 읽어봄으로써 서로의 다양성을 인정하게 되었다는 의견도 있었다. 그 외에도 논리적으로 의견을 전달하는 능력, 단락 구성과 문장 표현력 등이 향상되었다고 말했다. 이러한 효과 때문에 해당 프로그램을 통해 가장 발전한 사람은 튜터 스스로였다고 자평하였다. 이는 앞서 언급한 Lundstrom, K. & W. Baker(2009)의 연구 결과와 일맥상통하는 결과라 할 수 있다.

또, 튜터 양성교육과 보수교육의 효과에 대해서도 언급하였다. 양성교육에서 기초 문법과 리포트 작성 방법 등을 학습하면서 튜터로서의 전문성을 기를 수 있었다고 말했다. 또, 보수교육을 통해 튜터링 경험을 공유하며 보다 전문성을 발휘할 수 있게 되었다고 기술했다. 특히 보수교육을 통해 다른 튜터의 튜터링 경험을 경청하며 자신의 튜터링과 비교하였다는 점을 통해 튜터링의 균질화에도 긍정적인 영향을 미친 것을 알 수 있다.

튜터링 프로그램을 설계할 때, 가급적이면 튜터-튜티 배정에 소속 학과를 고려하여 분배하였는데 이에 대한 언급도 드러난다. 튜터들은 튜티들이 느끼고 있는 고민과 막막함을 공감하고, 이를 해소하는 데 직접적인 도움을 줄 수 있다는 점을 정확하게 파악했다. 신입생 당시의 자신의 모습을 떠올리며 동일한 어려움을 겪는 후배이자 튜티에게 도움을 줄 수 있다는 사실에 성취감과 보람을 느낀 것을 알 수 있다. 튜터링이 동료나 선후배 간의 유대감을 향상시킨다는 염민호 외(2012)의 연구 결과를 확인할 수 있었다.

그러나 프로그램을 운영하는 도중에 튜터링을 신청한 일부 학생(튜티)들은 동일한 학과 선배를 튜터로 배정해주지 말 것을 요청하기도 했다. 선후배 간의 관계가 긴밀한 특정 학과의 경우, 오히려 학과 밖에서 이루어지는 비교과 프로그램에서 동일 학과 선배를 만나기를 꺼리는 현상이 발생하기도 하였다. 자신의 부족한 실력을 동일 집단 내에 드러내고 싶어 하지 않는 경향이 뚜렷하였다. 이 경우 리포트의 내용을 검토 후 다른 학과 튜터가 튜터링을 진행하도록 지도하였다. 튜터링을 진행한 튜터나, 튜터링을 받은 튜티도 전공 일치 여부에 크게 영향을 받지 않은 것으로 파악되었다. 따라서 튜터의 전문성 제고를 위해 전공 학과 간 일치를 확보하고자 하였으나 결과적으로 볼 때, 반드시 전공의 일치가 필요한 것은 아니라는 점을 확인하였다. 비지시적 튜터링 방식을 택하여 느슨한 정도로 리포트에 개입하고, 성실한 독자가 된다는 원칙을 상기하면 전공 일치 정도는 결정적인 요인이 아님을 파악할 수 있다.

비대면으로 진행된 튜터링의 한계에 대해서도 지적하고 있다. 대면으로 진행하던 때와는 달리 튜티가 원하는 것이 무엇인지를 직접적으로 파악하기 힘들어 추가적인 도움을 제공하지 못한 것에 대한 아쉬움을 피력하였다. 향후에도 COVID19로 대면 튜터링이 어려운 상황이 된다면, 튜터-튜티 간의 라포 형성을 위한 장치를 보완해야 할 것으로 보인다.

이상에서 살펴본 바와 같이 튜터링은 튜터에게도 직접적인 교육 효과가 있던 것으로 파악된다. 튜터는 튜터링을 통해 가장 많은 성장을 한 대상은 튜티보다 튜터 자신이었음을 지적하였다. 물론 그 원인 중 하나는 튜터가 전문성 확보를 위해 튜터양성교육과 보수교육을 이수했던 것에 있다. 그러나 그것보다 더 강력한 원인은 튜터가 튜터링 활동에 더욱 많이 노출되었기 때문이라고 볼 수 있다. 즉 튜터는 한 학기에 2회 이상 신청할 수 없지만 튜터는 적게는 3회, 많게는 10회까지 튜터링 활동을 하였다. 지속적인 튜터링을 통해 글을 객관화하고 검토하는 과정에서 튜터는 자기 성장을 이룰 수 있었던 것으로 파악할 수 있다.

5. 결론

학령 인수 감소로 인해 대학의 지각 변동이 예고된 가운데, 대학들은 고등교육의 경쟁력을 높이고 보다 질적인 교육을 제공하기 위해 다양한 노력을 시도하고 있다. 그럼에도 불구하고 대학 신입생의 학업능력 편차로 인해 교육의 수준을 일정하게 유지하는 데 어려움이 발생하고 있다. 더욱이 COVID19의 장기화로 전면적으로 비대면 온라인 수업을 실시하는 상황에서 학업 능력의 편차는 적지 않은 문제를 야기할 것으로 예상된다. 학생들의 학업 능력의 차이를 극복하고 교과 진입을 지원하기 위해 대학은 다양한 비교과 프로그램을 개발하여 운영하고 있다.

본고에서는 지방 소재 4년제 사립대학인 K대학에서 운영하고 있는 비교과 프로그램("A+ 리포트 튜터링")의 운영 결과를 공유함으로써 학술적 글쓰기에서의 튜터링 효과를 검증하고자 하였다. A+ 리포트 튜터링은 2017년부터 현재까지 운영되고 있는 글쓰기 관련 비교과 프로그램으로, 동료 튜터링 방식을 채택하고 있다. 이 프로그램은 훈련된 튜터가 리포트 작성에 미숙한 신입생 (튜티)에게 리포트 작성의 노하우를 알려주는 것을 목적으로 한다.

튜티는 리포트의 전체적인 구성과 짜임새를 점검받고, 자료 수집과 정리방법부터 참고문헌 작성까지 실제적인 리포트 작성법을 배울 수 있다는 장점을 가지고 있다. 도움을 제공하는 튜터는 자신이 알고 있는 지식을 확장하고 자신의 문서 작성 방법을 객관화함과 동시에 리포트 작성에 자신감을 기를 수 있을 것으로 기대하였다. 본 프로그램의 가장 큰 의의는 튜터와 튜티의 상호 성장을 꾀한다는 점이다. 학생의 자발적인 참여를 통해 튜터와 튜티가 상호 성장하는 계기를 마련하고 있다는 점은 교육적 효과가 있을 것으로 기대하였다.

A+ 리포트 튜터링 운영 결과, 프로그램에 대한 튜티의 만족도는 5점 척

도에서 평균 4.87로 매우 높은 편이었다. 대체로 동료 튜터링에서 비지시적이고 중립적인 튜터링을 유지하였던 것에서 그 원인을 찾을 수 있다. 온라인으로 시행한 2020학년도는 상대적으로 낮은 만족도를 보였나. 직접 대면하던 방식에서 비대면 방식으로 튜터링을 진행하였기 때문에 튜터－튜티 간 라포형성이 약했던 것에서 원인을 찾을 수 있다. 또 온라인으로 진행하는 튜터링은 튜티의 튜터링 수용 정도를 튜터가 확인할 수 없었기 때문에 일방적인 튜터링에 머물 우려가 크다. 따라서 온라인으로 진행될 경우, 화상으로라도 튜터와 튜티가 대면하여 튜터링할 수 있는 환경을 제공해야 할 것이다.

다음으로 튜티를 대상으로 리포트 작성 효능감을 조사하였다. 그 결과 튜터링 이전에 비해 튜터링 이후 리포트 작성에 대한 효능감이 상승한 것으로 나타났다. 사전 검사와 사후 검사에서 가장 높은 평균 차이를 보인 것은 인용과 주석법에 대한 문항으로, 리포트 작성에 필요한 절차적인 지식을 쉽게 습득하고 그 성과를 스스로 인지했던 것으로 판단하였다. 글쓰기 절차에 필요한 이론(지식)은 초/중등 교육을 통해 지속적으로 노출되었던 반면, 인용과 출처 표시 방법 등은 새롭게 접하는 지식이었으므로 이에 대한 효능감이 가장 높았던 것으로 판단하였다.

반면, 문장의 정확성은 차이가 가장 적었다. 튜터링 이전에는 문장 표현의 문제를 자각하지 못하였으나 튜터링을 통해 문장 표현의 문제를 인지하면서 해당 영역의 자신감이 크게 오르지 않았던 것으로 파악했다. 문장의 오류를 수정하는 문제는 지시적 튜터링의 성향이 강하므로, 튜터의 효능감에는 큰 영향을 미치지 않은 것으로 보인다. 이는 지시적 튜터링은 튜티의 학습에 일정한 한계를 지닌다는 점과 부정적인 표현은 지양해야 한다는 선행연구를 뒷받침한다.

튜티들은 튜터링을 통해 리포트의 구성, 문장 표현과 논리 전개 방식,

인용과 주석 등에 대한 자기 수정 의지를 보였다. 글 전체의 구성, 서론-본론-결론의 내용, 목차의 구체성에서부터 문장 기술에 필요한 어휘 선택, 문장의 형식과 길이, 단락의 구성, 논지 전개 방식 등의 글쓰기 일반에 대해 튜터의 의견을 수용하여 자신의 리포트를 수정하였다. 뿐만 아니라 인용, 주석, 참고문헌 목록 작성 등 리포트의 형식적인 요건을 학습함으로써 학술적인 글의 형식을 체화할 수 있었던 것으로 파악했다.

튜터링은 튜터에게도 큰 영향을 미친 것으로 파악된다. 튜터는 튜터링을 통해 가장 많은 성장을 한 대상은 튜티보다 튜터 자신이었음을 지적하였다. 튜터는 지속적인 튜터링을 통해 글을 객관화하고 검토하는 과정을 반복함으로써 자기 성장을 이룰 수 있었던 것으로 파악했다. 튜티가 학기당 최대 2회까지 튜터링을 받을 수 있었던 것에 반해 튜터는 최대 10회까지 다른 학생의 글을 검토할 기회가 있었던 점을 감안하면 상대적으로 튜터에게 글을 비판적으로 검토할 기회가 많았음을 확인할 수 있다. 이는 다른 사람의 글을 리뷰하는 활동을 통해 자신의 글을 비판적으로 평가하는 방법을 배울 수 있다는 선행 연구 결과와 같은 맥락을 취한다. 또, 문장의 표현이나 글의 구성, 논거의 활용 등에 있어서 튜터가 튜티보다 많은 성장을 이루었다는 양적 연구 결과와도 같은 맥락이다.

반면, 튜터와 튜티의 전공을 일치하도록 해야 하는가에 대해서는 튜터와 튜티의 입장 차를 보였다. 튜터의 성찰일지에서 튜터는 동일 학과 학생을 지도할 수 있다는 점에서 자부심을 느꼈음을 확인할 수 있었다. 그러나, 튜터링 배정 과정에서 일부 튜티들은 동일 학과 선배를 배정받는 것을 꺼리는 현상이 발생하였다. 폐쇄적인 집단 내에서 자신의 부족한 실력을 드러내고 싶지않아 하는 심리에서 기인한 것이다. 전공 일치도를 높여 전문성을 강화할 것인가, 튜터와 튜티 간의 느슨한 관계 형성을 유지할 것인가는 보다 심도깊은 논의가 필요할 것으로 보인다.

📎 참고문헌

- 곽상순(2019), 서강대학교 글쓰기센터의 운영 현황과 과제, 리터러시 연구 10(2), 한국리터러시학회, 71-93.
- 김낙현(2012), 대학 글쓰기 교육의 효과적인 첨삭지도 방법에 대한 고찰, 교양교육연구 6, 한국교양교육학회, 323-348.
- 김선효(2013), 대학 글쓰기에서의 한국어 동료튜터링(peer tutoring)의 과정과 방법, 교양교육연구 7(5), 한국교양교육학회, 197-227.
- 김정현(2018), 리터러시(literacy) 확장을 위한 글쓰기센터 수업연계 교육모델 연구, 리터러시 연구 9(4), 한국리터러시학회, 161-193.
- 남진숙(2013), 글쓰기 첨삭의 효과적인 교수학습법, 사고와표현 6(2), 117-142.
- 배식한(2012), 전공연계글쓰기(WAC)의 국내 적용을 위한 전제 조건: 미국 WAC 프로그램의 역사적 고찰을 통해, 교양교육연구 6(3), 한국교양교육학회, 591-626.
- 안수현, 김현철 (2014), 튜터링 프로그램에서의 지도튜터 운영사례 연구: S대학교 튜터링 프로그램을 중심으로, 교육과학연구 45(3), 1-24.
- 오경수, 최정, 허지숙(2020), 튜터링프로그램에서 튜터와 튜티의 특성에 따른 만족도와 효과의 관계분석, 학습자중심교과교육연구 20(11), 학습자중심교과교육학회, 613-639.
- 원만희(2010), 전공연계 글쓰기(WAC)를 위한 교육 기획, 수사학 13, 191-216.
- 윤혜경, 김용하(2020), 포스트휴먼 시대의 교양교과에 적용한 포용적 튜터링 프로그램에 관한 연구, 사고와표현 13(2), 295-317.
- 이부순(2019), 대학 교양 글쓰기 교육의 효과적 제고 방안 - 글쓰기센터와의 협업을 중심으로, 리터러시 연구 10(4), 한국리터러시학회, 357-390.
- 이윤빈, 정희모(2014), 대학생 글쓰기에서 동료 피드백의 양상 및 타당도 연구, 작문연구 0(20), 299-334.
- 이정기, 오아연(2015), 대학 튜터링 프로그램 참여역할(튜터, 튜티)에 따른 튜터링 프로그램 이용과 효과, 학습과학연구 9(2), 49-74.
- 이혜은, 박지인, 김은진, 김준영, 정태욱(2020). 대학 피어튜터링 프로그램에 참여한 튜터의 경험 탐색, 학습자중심교과교육연구 20(24), 학습자중심교과교육학회, 67-98.
- 이희영, 김화선(2019), 학생 동반 성장을 위한 온라인 글쓰기 튜터링 -배재대학교 글쓰기교실 사례를 중심으로, 학습자중심교과교육연구 19(4), 학습자중심교과교육학회, 731-745.

📎 참고문헌

- Lundstrom, K. & W. Baker(2009), To give is better than to receive: The benefits of peer review to the reviewer's own writing, Journal of Second Language Writing 18, 30-43.

- Rollinson, P.(2005), Using peer feedback in the ESL writing class, ELT Journal, 59(1), 23-30.